信息服务学导论

陈建龙 申静 著

图书在版编目(CIP)数据

信息服务学导论/陈建龙,申静著. —北京:北京大学出版社,2017.9
ISBN 978-7-301-28707-1

Ⅰ.①信… Ⅱ.①陈…②申… Ⅲ.①信息管理学 Ⅳ.①G203

中国版本图书馆 CIP 数据核字(2017)第 214131 号

书　　　名	信息服务学导论 XINXI FUWUXUE DAOLUN
著作责任者	陈建龙　申　静　著
责 任 编 辑	王　华
标 准 书 号	ISBN 978-7-301-28707-1
出 版 发 行	北京大学出版社
地　　　址	北京市海淀区成府路 205 号　100871
网　　　址	http://www.pup.cn　新浪微博:@北京大学出版社
电 子 信 箱	zpup@pup.pku.edu.cn
电　　　话	邮购部 62752015　发行部 62750672　编辑部 62765014
印 刷 者	北京大学印刷厂
经 销 者	新华书店 730 毫米×980 毫米　16 开本　16.75 印张　311 千字 2017 年 9 月第 1 版　2019 年 5 月第 2 次印刷
定　　价	33.00 元

未经许可,不得以任何方式复制或抄袭本书之部分或全部内容。
版权所有,侵权必究
举报电话:010-62752024　电子信箱:fd@pup.pku.edu.cn
图书如有印装质量问题,请与出版部联系,电话:010-62756370

内容简介

本书以信息服务基本的、普遍的和发展的问题为研究对象,探索和建立了关于信息服务的宏观理论体系,包括以"信息服务"为基本概念的基础理论,以信息服务活动、信息服务产业、信息服务发展等主题概念为基础的活动理论、产业理论、发展理论等分支理论,以及以问题解决模式为导引的思想方法和以用户导向原则为遵循的工作方法,并联系实际分析了面向企业、政府和公众的信息服务实务,以及实践中积累和形成的独特的信息服务文化和管理体系,旨在促进以探究信息服务的基本原理和方法及其创新应用与发展为己任的信息服务学学科建设。

目 录

第一章 概述 …………………………………………………… (1)
1.1 信息服务的概念来源和定义 ………………………………… (1)
1.2 信息服务的知识图谱 ………………………………………… (9)
1.3 成长中的信息服务学 ………………………………………… (18)

第二章 信息服务的基本原理 ………………………………… (40)
2.1 信息服务的特性和生产过程 ………………………………… (40)
2.2 信息服务四要素及其逻辑关系 ……………………………… (43)
2.3 信息服务的内部和外部条件 ………………………………… (54)

第三章 信息服务的基本方法 ………………………………… (58)
3.1 信息服务的基本原则 ………………………………………… (58)
3.2 信息服务的专业原则 ………………………………………… (65)

第四章 信息服务模式 ………………………………………… (69)
4.1 信息服务的基本模式及其生成模式 ………………………… (69)
4.2 网络信息服务模式 …………………………………………… (75)
4.3 信息服务模式发展的机制 …………………………………… (79)

第五章 信息集成服务 ………………………………………… (82)
5.1 信息集成服务面对的问题和基本含义 ……………………… (82)
5.2 信息集成服务的主要类型和做法 …………………………… (89)

第六章 用户导向的信息服务系统 …………………………… (101)
6.1 面对的问题和基本含义 ……………………………………… (101)
6.2 设计理念 ……………………………………………………… (105)
6.3 系统基本架构 ………………………………………………… (108)
6.4 运营中须处理好的几个关系 ………………………………… (114)

第七章 面向企业的信息服务 ………………………………… (119)
7.1 企业面临的问题及信息需要 ………………………………… (119)
7.2 面向企业的信息服务模式 …………………………………… (127)
7.3 面向企业的信息服务实施 …………………………………… (132)

第八章 面向政府的信息服务 ·············(142)
   8.1 政府的功能及信息需要 ·············(142)
   8.2 面向政府的信息服务模式 ············(149)
   8.3 面向政府的信息服务实施 ············(155)

第九章 面向公众的信息服务 ·············(160)
   9.1 公众的问题及信息需要 ·············(160)
   9.2 面向公众的信息服务模式 ············(166)
   9.3 面向公众的信息服务实施 ············(172)

第十章 信息服务业的形成和发展 ···········(176)
   10.1 信息服务的产业化发展 ············(176)
   10.2 信息服务业形成的标志 ············(182)
   10.3 信息服务业的社会生态链和产业关联 ·····(187)
   10.4 信息服务业的行业结构 ············(189)
   10.5 信息服务业的发展机制 ············(192)

第十一章 信息服务文化 ···············(197)
   11.1 信息服务的文化意义 ·············(197)
   11.2 信息服务文化的概念及功能 ·········(203)
   11.3 信息服务文化建设 ··············(210)

第十二章 信息服务管理 ···············(217)
   12.1 信息服务管理的基本原理 ···········(217)
   12.2 信息服务管理体系 ··············(224)
   12.3 信息服务要素的管理 ·············(228)

第十三章 信息化生态中信息服务的创新和前景 ····(234)
   13.1 信息化生态 ·················(234)
   13.2 信息服务创新 ················(239)
   13.3 信息服务的发展前景 ·············(250)

后记 ·······················(258)

第一章 概 述

"信息服务"作为一个词语或概念名称,在人们的日常生活中、在业界、学界和政界,处处可见;作为一个研究领域和课程名称也经历了较长的发展过程,而且硕果累累;以其为研究对象的学科名称"信息服务学"(以前为"情报服务学")也早已出现,一直吸引着专家学者们孜孜以求。我们一直在思考这样的问题:作为学术研究中的概念,信息服务的概念源头在哪里?其自身的内涵和外延是什么并如何演变?信息服务学又是一门怎样的学科?本章将对这些问题进行概要性的论述。

1.1 信息服务的概念来源和定义

信息服务的概念来源不是指其相关概念和所属概念,而是指来自其他领域且对信息服务有直接的基础意义的概念,如信息技术、信息资源、信息化、信息社会等。对这些概念的了解有助于更全面准确地理解信息服务概念。

1.1.1 信息技术与信息资源

1. 信息技术

"信息技术"这一术语名称出现于20世纪70年代,其概念内涵一直在扩展和演变。较为通行的观点认为,信息技术是指基于计算机和微电子技术的用于信息的生产、获取、处理、存储、通信、交换、传播和利用的各种技术的总称。信息技术也常被称为信息和通信技术,当前主要包括计算机技术、微电子技术、电子通信技术和软件技术等类别。

信息技术应该被认为是一门通用技术。这一方面是指信息技术具有很强的渗透力和巨大的应用空间,影响和促进着其他技术和产业的发展;另一方面是指信息技术是任何一个机构乃至任何一个个人都不可或缺的技术。

信息技术不断在发展,其应用具有明显的阶段特征。美国著名学者诺兰[1](Richard L. Nolan)考察了1960—2000年间信息技术的发展历程,区分出了数据处理时代(1960—1980)、微机时代(1980—1995)和网络时代(1995—),并指出任何一个行业或每个行业内的任何一个组织对信息技术的消化吸收都有一个尝试和学习的过程,这一过程可以分为四个阶段(称为组织学习的四个阶段),即引入阶段、扩展阶段、控制阶段和集成阶段,这些阶段形成一条"S"型曲线,如图1-1。

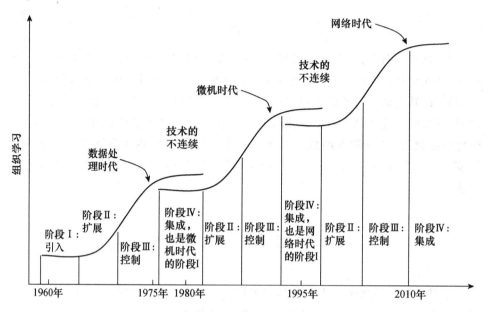

图1-1 信息技术成长的阶段理论

显然,信息技术与信息服务有着密切的关联。可供利用的信息越来越多地与信息技术分不开,成为一体,如网页、电子邮件等 Web 信息;信息服务活动越来越需要借助信息技术的应用,信息技术也被越来越多的专家学者认为是驱动信息服务业发展的根本技术;信息技术尤其是软件技术的发展越来越依赖信息服务产品和项目的开发和利用。云计算服务中的"软件即服务",就是生动的写照。

2. 信息资源

"信息资源"这个术语最早由罗尔科(J. O. Rourke)于 1970 年在"加拿大的信息资源"(Information Resources in Canada)一文中提出[2]。我们认为:信息资源是指具有可用性的信息。

在同一名称下,信息资源的概念内涵也是在不断地变化和发展。比如,霍顿(F. W. Horton)于 1974、1979、1985 和 1986 年分别提出了不同的信息资源定义。1974 年的定义认为,信息资源包括各种信息生产者、供应者、处理者、传播者,各种形式的信息,文献化和非文献化的,原始数据,经过评价的信息,图书馆的库藏,信息中心的库藏,信息系统和数据库中的数据、记录,报刊、录音带和影像以及其他存储和处理媒介中的信息;1979年的定义认为,信息资源包括所有的信息源、服务、产品和各种信息系统;1985年的定义认为,从政府文书管理的角度看,信息资源具有两层意思:一是当资源为单数(Resource)时,信息资源指某种内容的来源,即包含在文件和公文中的信息内容,二是当资源为复数(Resources)时,信息资源指支持工具,包括供给、设备、环境、人员、资金等;1986年的定义认为,对于整个社会和国家来说,信息资源包括四个方面的内容:一是具有与信息相关的技能的人才,二是信息技术中的硬件和软件,三是信息机构,如图书馆、计算中心、通信中心和信息中心等,四是信息处理服务提供者。

进一步的分析可以发现,由于信息资源具有可流动性、可扩散性和非均衡性,我们就能对其开展配置活动;由于信息资源具有可记载性、可整合性和稀缺性,我们就能对其开展开发活动;由于信息资源具有可交换性、可共享性和有用性,我们就能对其开展利用活动;由于信息资源具有可感知性、可增值性和效益性,我们就能对其开展服务活动。可见,信息资源是信息服务的重要基础,信息服务是发挥信息资源作用的重要渠道。

不可否认的是,从资源角度认识和利用信息,既是人们对信息的认识的深化,认识到了信息的战略意义,也是人们对信息发挥更大的实际作用的期待,期待着通过开发和利用信息资源来加速国民经济和社会的发展。

1.1.2 信息化与信息社会

1. 信息化

"信息化"这一术语名称产生于日本。据日本著名学者伊藤阳一[3]介绍,"信息化"一词是1967年开始使用的,日本政府的一个科学、技术、经济研究小组在研究经济发展问题时,依照"工业化"概念,正式提出了"信息化"概念,并从经济学角度下了一个定义,"信息化是向信息产业高度发达且在产业结构中占优势地位的社会——信息社会前进的动态过程,它反映了由可触摸的物质产品起主导作用向难以捉摸的信息产品起主导作用的根本性转变"。

人们对信息化的认识和了解也是多种多样,因时、因人而异,但对其重要性、动态性、复杂性和战略性等特性的理解是必要的。周宏仁研究并提出了信息化的理论模型和信息化推进的内涵[4]。他认为:信息化就是将我们生活的物理世界通过同态映射将其变换为数字世界;同时,又利用逆变换将数字世界转换至物理世界,成为人们认识和改造物理世界的工具。在这个同态映射过程中,人们利用的是信息时代的核心产业,即信息技术产业和信息内容产业,在这个逆变换过程中,人们所依赖的主要是信息服务产业,如图1-2。他指出:信息化推进的内涵应该包括四个方面,即实现传统产业的改造和优化升级、建立支撑国家信息化的新的产业体系并催生新兴的产业部门、掌握信息化的核心科学与技术、推进信息技术在各行各业的应用。

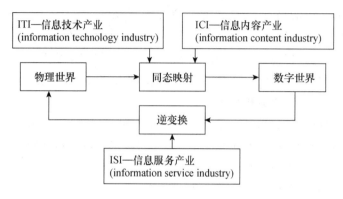

图1-2 信息化的理论模型

"信息化"这一名称在国际上由于语言等方面原因,其被认同的程度不够高,但其概念内涵却被广为接受。我国《2006—2020年国家信息化发展战略》中指出:"信息化是充分利用信息技术,开发利用信息资源,促进信息交流和知识共享,提高经济增长质量,推动经济社会发展转型的历史进程。""信息化是当今世界发展的大趋势,是推动经济社会变革的重要力量。""发达国家信息化发展目标更加清晰,正在出现向信息社会转型的趋向;越来越多的发展中国家主动迎接信息化发展带来的新机遇,力争跟上时代潮流。"我们认为,信息化这一历史进程可以区别出三个连续的、叠加的阶段:第一是注重电子产品和信息技术的开发和应用阶段;第二是同时还注重信息资源开发和利用阶段;第三是同时还注重人及其信息行为阶段。相应地,衡量信息化水平的主要指标也在发生变化,由当初主要从国民经济和社会发展的宏观层面,逐步增加或逐步转变为微观的人类信息行为表现。我国信息化建设已步入与工业化融合("两化融合")的新阶段。可以说,发达国家以及我国的北京、上海等城市已经开始向信息化的第三个阶段转型,我国整体上已经开始向信息化的第二个阶段转型。

我们认为,信息化是指信息产业的持续壮大并促进国民经济各个行业和社会生活各个方面的转型和升级的历史进程。这里的信息产业包括信息技术产业、信息资源产业和信息服务产业等新型产业类别。

通过对信息化概念的简单讨论,我们可以看出,信息化进程越来越突出"以人为本"的思想,信息化的高一级阶段对信息服务提出了更多的要求,信息服务是信息化进程的重要环节。

2. 信息社会

"信息社会"作为术语名称也产生于日本。日本著名学者梅棹忠夫(Tadao Umesao)于1963年1月在 Hoso Asahi 杂志上发表的《论信息产业》一文指出,在农业和工业发展到一定水平后,信息产业将会得到迅速发展。这一预言迅速引起了极大反响。虽然该文没有直接使用"信息社会"一词,但直接导致了《信息社会的社会学》一文于1964年1月在该杂志发表。该杂志还从1964年11月到1966年7月连续21个月逐月发表了论述信息社会特征的文章。

五十多年来,世界各国的学界、业界和政界关于信息社会的研究、争论和实践一直没有停止过。1994年,欧洲联盟(简称欧盟)出台了"信息社会行动计划";2003年,联合国和国际电信联盟在日内瓦召开了"信息社会世界峰会",提出了信息社会的《行动计划》和《原则宣言》;2006年3月第60届联合国大会通过决议,决定将每年的5月17日定为"世界信息社会日",国际电信联盟决定从2007年起把"世界电信日"与"世界信息社会日"合并为"世界电信和信息社会日"加以庆祝。

信息社会作为相对于农业社会和工业社会的一种新型的社会形态,自然是仁者见仁,智者见智。我们认为,对信息社会的特征的分析会因为研究视角和视野的不同而出现不尽相同的结果,但由于人类社会演进的最根本的动因是生产力,因此,生产力分析法可谓是研究信息社会特征的最基本方法。曲维枝和周子学等人[5]研究认为,"从生产力构成要素看,脑力劳动者、智能工具和数字化信息构成了信息社会区别于其他社会形态的本质特征",如表1-1所示,并考虑到新的生产力对社会的政治、经济、文化、军事等方面的广泛而深远的影响,预测了信息社会"新的特征和发展趋势",即① 新型的生产力与生产关系,② 新型的社会组织管理结构,③ 新型的社会生产方式,④ 政府管理模式的转变,⑤ 信息产业的壮大与产业结构演进,⑥ 数字化的生产工具与消费终端的广泛应用,⑦ 新型的就业形态与就业结构的形成,⑧ 产生了新的交易方式,⑨ 城市化呈现新特点,⑩ 数字化生活方式的形成,⑪ 生态环境友好、人与自然和谐发展,⑫ 产生了新的战争形态。

可以说,信息社会是指以信息工作者为主体的脑力劳动者运用智能工具从事数字化信息的生产和消费,并形成新的人类社会关系的社会形态。

通过对"信息社会"概念的简单讨论,我们不难发现,在人们的物质需求得到极大满足的同时,人们对文化的需求促进了信息生产力的极大提高,信息社会将是信息服务的"用武之地"。

表 1-1　信息社会的本质特征

社会形态	劳动者	劳动工具	劳动对象
农业社会	以从事体力劳动的农民为主	简单的手工工具。生产工具只是对人类体力劳动有限的缓解	土地。土地是人类社会生产和再生产最重要的资源
工业社会	产业工人成为主体，工业社会仍以体力劳动为主，但脑力劳动已开始出现	能量驱动的工具。人们发现了能量之间转换原理并用于劳动工具。能量转换工具使人类的体力劳动得到了一次又一次的解放	劳动对象被抽象为资本
信息社会	智力劳动者尤其是信息工作者成为劳动者主体，少数人从事体力劳动	工业社会的能量转换工具被智能工具所驱动，形成了智能工具，智能工具成为人类改造世界的基本工具	用"比特"来衡量的数字化信息，是信息社会最重要的资源。人类社会的生产和社会活动将围绕着数字化信息而展开

1.1.3　信息服务的定义

信息服务不仅仅是图书馆领域的实践和概念，而是有着广泛的社会生产生活实践基础和多学科理论的源头，"信息服务"也不是简单的词语组合，而是有特指的科学术语。对这一术语进行定义，是信息服务理论建设首要的基本要求。

1. 国内外多种定义的术语学评析

术语学研究表明，术语是由名称和概念组成的统一体[6]。概念一般都可以被看作是一组具体的或抽象的实体共同具有的全部本质属性的抽象表现，是去掉了实体的个别属性所形成的抽象表现。这些共同具有的本质属性包括形式、功能和性质三个因素。因而对定义的评析就要从共同具有的本质属性的这三个方面进行。

在国内外相关文献中，有针对性探讨并有抽象性表述的信息服务定义并不多见。这或许与信息服务的"具体的或抽象的实体"非常广泛而难以概括其"共同具有的本质属性"有关，也可能与信息服务的实践性很强而导致个别属性的多变性"掩盖"了共同具有的本质属性有关。下面几种是较有代表性的定义：

（1）定义1（1994）："信息服务包括图书馆或信息中心服务于用户的各个方面。"[7]

（2）定义2（1995）："信息服务是以独立的机构或机构的某一规定功能的形式所表现的一种资源，它的目的是为用户群提供信息。"[8]

（3）定义3（1997）："信息服务是向用户提供信息的过程或组织。这一过程包含用户与服务的相互作用及其理由和结果。"[9]

(4) 定义4(1999)："信息服务是指文献信息服务机构运用各种方式、手段和技术为用户提供特定的文献信息知识服务。"[10]

(5) 定义5(1999)："广义的信息服务概念泛指以产品或劳务形式向用户提供和传播信息的各种信息劳动,即信息服务业范围内的所有活动,包括信息产品的生产开发、报道分配、传播流通以及信息技术服务和信息提供服务等行业。狭义的信息服务概念是指专职信息服务机构针对用户的信息需要,及时地将开发加工好的信息产品以用户方便的形式准确传递给特定用户的活动,亦称信息提供服务。"[11]

(6) 定义6(2001)："信息服务是以信息为内容的服务业务,其服务对象是对服务具有客观需求的社会主体(包括社会组织和社会成员)。"[12]

(7) 定义7(2012)："信息服务是专职信息服务机构针对用户的信息需要,以信息技术为手段提供以信息内容为主的社会化服务的一切活动,它包括公益性信息服务和商业性信息服务活动"[13]。

具体来说,从术语学角度分析,定义1指出了信息服务的形式结构中的"图书馆或信息中心",但并未进行抽象,而且缺乏对信息服务的功能和性质的分析;定义2认为信息服务的形式是"独立的机构或机构的某一功能"和"信息",其功能是信息提供,其性质是"资源",但并不是对每个因素"共同具有的全部属性"的抽象;定义3识别出了信息服务的形式结构中的"用户"和"信息"、功能中的信息提供和性质上的"过程或组织",同样不够"全";定义4识别出了信息服务的形式结构中的"文献信息服务机构""方式""手段""技术""用户"和"特定的文献信息知识",以及"提供"的功能,但没有对信息服务进行定性;定义5的广义概念抽象出了信息服务形式中的"产品或劳务""用户"和"信息",功能中的"提供和传播",以及性质上的"劳动",而狭义概念则分别是"专职信息服务机构""用户""信息产品"等形式、"传递"功能以及"活动"性质,均未抽象出全部属性;定义6识别出了信息服务形式中的"信息""社会主体"等结构要素和"业务"性质,但在概念中没有对其功能进行抽象概括;定义7抽象出了信息服务形式中的"专职信息服务机构""用户",功能方面的"提供",以及性质上的"活动",也未抽象出全部属性。

看得出,上述信息服务的定义,要么没有对信息服务的形式、功能和性质进行抽象,要么抽象的不是共同具有的全部属性。因而这些定义还有或多或少的欠缺,难以完整地揭示信息服务的本质属性。

2. 信息服务的形式、功能和性质

根据术语学的定义要求,我们对信息服务在形式、功能和性质三个方面共同具有的本质属性分析如下:

(1) 信息服务的形式主要是指其结构。无论是哪种实际表现的信息服务都有哪些结构要素？又如何结合在一起呢？像信息服务实践中存在的"图书馆""信息中心""机构""机构的某一部分"，还有可能的"个人""团体""信息研究所""公司企业""产业活动单位"等其实都是属于"信息服务者"；像"用户""社会主体""用户的信息需要"，还有可能的"用户当前面临的问题""用户的期望"等其实都是属于"服务对象"；像"信息""信息产品""劳务"，还有可能的"知识""信息服务产品""服务劳动"等其实都是属于"服务内容"；像"方式""手段"，还有可能的"程序""方法"等其实都是属于"服务策略"。可以说，信息服务的结构要素在本质上有信息服务者、服务对象、服务内容和服务策略等。这些要素在具体的社会关系中按照一定的逻辑关系结合在一起，构成信息服务的完整的形式属性，这些要素的有用性及其整合而成的信息服务的使用价值往往以"活动"的形式存在。随着社会关系的变化以及这些要素的发展和结构形式的变化，信息服务出现了"产业"和"行业"的存在形式，可统称为"信息服务业"形式。

（2）信息服务的功能是指信息和服务所蕴藏的可以发挥的有利作用。如果我们综合考虑信息管理领域、产业经济领域、信息化和全球化进程，就能较为容易地发现，信息服务至少具备提供信息、释疑解惑、整序导引、保值增值等四项基本功能。这些功能是由语义信息的特性和服务之所能决定的，而且随着信息服务的发展，这些功能将得到进一步强化和拓展。这些功能在上述乃至更广阔的领域的具体的社会关系中可以发挥出重要的作用，与此同时，发挥这些功能的劳动还可以创造出新的价值；这些功能可以通过中介、代理、经纪、咨询、加工、生产等方式发挥作用。如果对这些功能进一步抽象概括，信息服务共同具有的功能就是"帮助"，服务者在帮助服务对象的同时帮助了自己。

（3）信息服务的性质是指信息服务区别于其他服务的根本属性。人们对信息服务性质的认识存在较大差异，就像前述定义中的"活动""资源""业务""过程""劳动"等多种定性。我们认为，信息服务是一种"特殊的社会行为"。信息服务的特殊性来自于独特的形式结构和独有的功能及二者的有机结合，来自其受用户目标的指引，因而与信息传播不同。另外，信息服务的社会属性是由信息服务对具体社会关系的要求决定的，也就是说信息服务会因不同的社会关系而出现不同的社会表现，因而与一般的服务不同。信息服务的行为属性是对"劳动""活动""业务"以及可能的"生产""管理"等表现的进一步抽象。

3. 信息服务的定义

综上所述，我们可以得出信息服务的定义：信息服务是指服务者以独特的策略和内容帮助信息用户解决问题的社会行为。

需要说明的是，信息服务的独特性体现在服务者、服务对象、服务内容和服务策略等多个方面，信息服务的这种社会行为广泛存在于各种实践当中，这一定义在实践中可以因具体的社会关系而派生出许多操作性定义,如强调服务者的"图书馆信息服务"、强调服务策略的"网络信息服务"、强调服务内容的"增值信息服务"、强调服务对象认知过程的"以用户为中心的信息服务"、强调服务功能的"信息咨询服务"、强调性质的"信息经营服务"等等,这里就不一一赘述了。

1.2 信息服务的知识图谱

知识图谱方法是基于科学研究成果的海量数据,探索繁杂的抽象信息之间复杂的概念关系和领域分布,从大量杂乱无序的信息集中发现隐藏在其中的本质的特征和规律的一种有力手段。本节主要采用基于共词网络的知识图谱分析方法,对国内信息服务研究的领域分布及其演化态势进行系统分析。

1.2.1 信息服务研究的共词网络分析方法

科学知识图谱方法的共词分析传统可以追溯到1983年卡龙(Callon)等人[14]提出的共词分析方法。该方法致力于在词汇维度上进行科学知识网络结构及其演化过程的研究,不仅可以描绘特定学科领域的知识结构,还能结合时间序列揭示学科结构的演变历程[15],因此得到了广泛应用[16,17]。20世纪末起,复杂网络研究的蓬勃发展对许多研究领域产生了深远影响。基于关键词共现网络的共词分析得到了许多研究者的重视。如国内数字图书馆[18]、信息服务[19]和信息资源管理[20]等领域开展的共词网络分析。基于图论的复杂网络分析手段,如图聚类分析、社群结构发现、演化动力学分析和演化路径分析等方法,在科学知识图谱中的应用越来越普遍,并成为未来发展的重要趋势。此外,近年来社会网络分析方法也越来越多地被引入到科学计量学研究之中,很多社会网络分析中的经典指标,如节点中心性、边介数、分层理论等,为解释概念在学科领域中的地位,以及概念与概念之间的关系提供了一种新的分析视角。

本研究的数据获取与预处理主要分为以下四个步骤开展:

1. 文献题录信息抽取

本研究基于中国知网(China National Knowledge Infrastructure,CNKI)和万方两大期刊文献数据库文献数据开展研究。检索两大数据库中所有学科领域、各种期刊中题名含"信息服务"("信息服务业")或"情报服务"("情报服务业")、"文献服务""知识服务""数据服务""用户服务""读者服务"、"情报研究"("情报分析")、"信息咨询"、"竞争情报"等精确匹配的论文,时间跨度为1979—2015年。

其中,检索CNKI数据库获得39 084篇文献,万方数据库获得30 114篇文献,合并重复文章后,得到 45 194 篇文献。去掉 2014 年以前发表却还没有任何被引用的文章,得到 28 936 篇文章。

2. 同义词归并

考虑到不同文献使用关键词中,大量存在同义异形词问题。结合对文献题录数据的专家审查,对以下二十余组同义词进行了归并处理,如表 1-2 所示(括号内的关键词归并为括号外的关键词)。

表 1-2 信息服务研究常见同义关键词一览

编号	关键词组
1	读者服务工作(读者服务卡、读者工作)
2	竞争情报(企业竞争、企业竞争情报)
3	农业信息服务(农业信息)
4	定题服务(定题)
5	情报分析(情报研究工作)
6	读者服务工作(读者工作)
7	图书情报机构(情报机构、信息机构)
8	个性化信息服务(个性化、个性化服务)
9	医学图书馆(医院图书馆)
10	信息用户(情报用户、用户、读者)
11	服务能力建设(信息服务能力)
12	服务方式(服务模式、信息服务模式)
13	信息咨询(信息咨询服务、咨询服务)
14	信息服务体系(服务体系)
15	信息咨询业(咨询服务业)
16	地理信息系统(Geographic Information System,GIS)
17	RSS(Really Simple Syndication)(RSS 技术、推送技术)
18	专利信息(专利文献)
19	专利(核心专利)
20	学科化服务(学科信息服务、学科化信息服务)
21	市场信息(市场信息服务)
22	智能代理(Agent、智能 Agent)

3. 共词网络构建

基于不同关键词在同一篇文献中的共现关系,可以构建出描述国内信息服务领域研究的概念网络。基本方法是:以文献关键词为顶点,关键词在同一篇文献中共现关系为边,共现的次数为边的权值,构建无向加权网络。最终得到一个包含

24 692个节点(关键词),141 084条边的无向加权网络。

通过分析发现,上述网络具有典型的复杂网络属性,即顶点度分布符合幂律分布特征,具有较高的聚类系数和较低的平均距离。

4. 共词网络抽样

以上构建的概念网络过于庞杂,只能进行宏观上的网络拓扑结构分析,而无法对学科发展的结构和演化态势有更加清晰的把握。为此,首先对以上关键词共现网络进行抽样。抽样的基本思路是:

首先,由于关键词共现的频次越高,说明两个词之间的联系越稳定,因此本研究首先在上述网络中剔除边权值小于5的无向边,并去除因此而产生的孤立点。取剩余网络中的最大联通子图,共1 167个节点。

其次,去除以下四类关键词:

① 检索用词。如:信息服务、竞争情报、读者服务、知识服务、文献服务、信息咨询、情报研究、情报分析、情报服务、用户服务、读者服务工作。

② 意义泛化词。如:网络环境、服务、企业、创新、信息资源、信息、网络、对策、高校、信息时代、模式、现状、发展、应用、策略、问题、发展趋势、情报、中国、管理、研究、网络时代、措施、分析、发展策略、构建、发展对策、建设、案例、比较研究、对策研究、发展模式、发展战略、方法、服务工作、互联网、技术创新、建设项目、竞争力、市场竞争、挑战、网络技术、网络信息、信息技术、因特网、知识创新、知识经济、知识经济时代、中小企业。

③ 广告词。如:建设项目、中国知网、会议通知。

④ 因度数过高不得不去除的词。如:图书馆、高校图书馆、公共图书馆、信息需求、知识管理。

最后,取剩余网络的最大联通子图,得到286个节点的最终网络。

1.2.2 信息服务研究的领域分析

通过以上抽样步骤后,我们得到了一个比较清晰的国内信息服务领域的概念网络。使用复杂网络可视化分析工具Pajek[21]绘制该网络,如图1-3所示:

可见,国内信息服务研究概念网络可划分出19个子方向。包括:档案信息服务、地理信息服务、公共信息服务、学科信息服务、交通信息服务、医学信息服务、图书馆服务、科技信息服务、三农信息服务、信息服务与用户、个性化服务、知识服务、数据挖掘、竞争情报服务、云计算大数据、Lib 2.0、移动信息服务、图书情报机构、信息服务业等。

进一步归纳,可以将国内信息服务研究归纳为六个学科基本领域如图1-4所示:

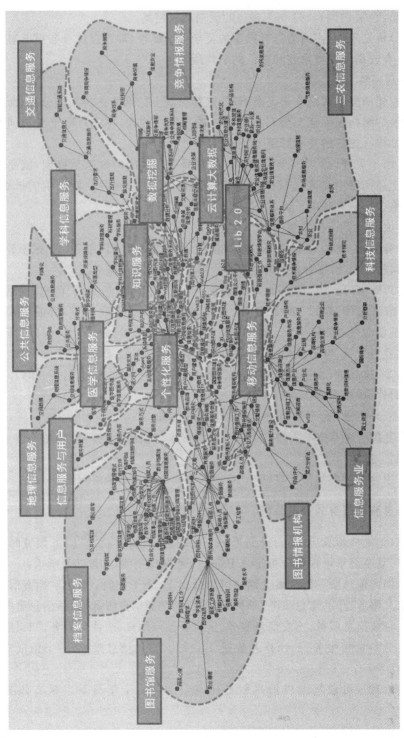

图1-3 国内信息服务研究概念网络内容方向分布图

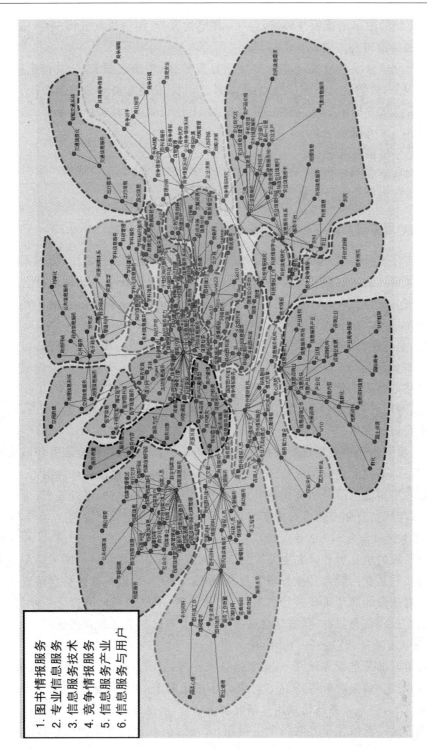

图1-4 国内信息服务研究概念网络学科领域分布图

1. 图书情报服务
2. 专业信息服务
3. 信息服务技术
4. 竞争情报服务
5. 信息服务产业
6. 信息服务与用户

（1）传统的图书情报服务领域，包括：图书馆服务、图书情报机构、学科信息服务和知识服务等研究方向；

（2）专业信息服务领域，包括：档案信息服务、地理信息服务、公共信息服务、交通信息服务、医学信息服务、科技信息服务、"三农"信息服务等研究方向；

（3）信息服务技术领域，包括：数据挖掘、个性化服务、移动信息服务、云计算大数据、Lib 2.0等研究方向；

（4）竞争情报服务领域；

（5）信息服务产业领域；

（6）信息服务与用户领域。

1.2.3 信息服务研究内容的演化脉络分析

三十多年来，国内信息服务领域研究一直处在不断演进过程之中，为对国内信息服务领域研究的内在演化趋势进行可视化分析，我们设计了一套利用社会网络分析中的划分（Partition）功能展示关键词共现网络历年演进趋势的方法。其基本思路如下：

首先，遍历所有信息服务相关研究文献集合，对于任意一个关键词 Ki，以关键词首次出现的年份 Y1 作为该关键词的划分归类，可以将国内信息服务领域关键词共现网络划分成为数十个以年份数字命名的 Partition 集合 $\{Y_1, Y_2, \cdots, Y_n\}$。

其次，利用 pajek 软件，对国内信息服务领域关键词共现网络按照 partition 前后顺序进行历时展示。

第三，参照不同年份涌现的新概念的具体内容，可以将国内信息服务领域关键词共现网络的研究演进脉络区分为五个阶段，分别绘制每个阶段的概念图谱。

通过对国内信息服务研究领域共词网络结构演化历时分析可以发现，可以将过去30多年间信息服务研究按照新出现的研究热点划分为五个阶段。

1. 图书情报阶段(1992年之前)

这一阶段的信息服务研究主要脱胎于传统图书情报工作领域。图书馆服务和图书情报机构是这一阶段的核心研究方向，如图1-5所示，也是我国信息服务理论和方法培育建设的两个重要摇篮。另外，信息用户（用户研究）、信息服务业（信息咨询业）、"三农"信息服务、科技信息服务等研究方向已呈良好的发展态势。

2. 领域扩展阶段(1993—1997年)

这一阶段的信息服务研究中，档案信息服务、数字图书馆、"三农"信息服务、信息服务业和竞争情报服务等研究方向成为热点如图1-6所示，原来的图书馆服务方向继续深入，信息服务与信息用户研究紧密结合，信息服务研究的六大领域格局初步形成。这一阶段位于互联网发展初期，大量面向办公自动化的信息技术应用被广泛引入到信息服务研究之中。

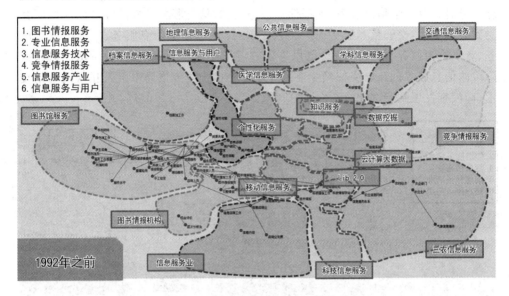

图 1-5 信息服务研究图书情报阶段概念网络

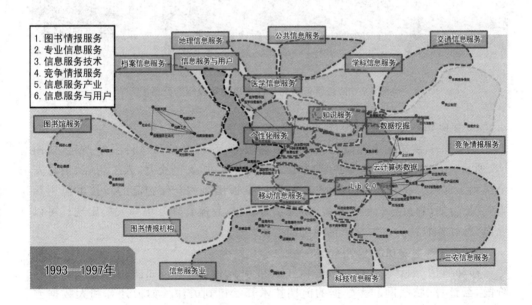

图 1-6 信息服务研究领域扩展阶段概念网络

3. 个性化应用阶段(1998—2002 年)

互联网对于传统信息服务的服务模式、服务范围和运作机制产生了极其深刻的影响,成为信息服务研究创新的重要催化剂。这一阶段,互联网背景下个性化信息服务研究及医学信息服务、地理信息服务、公共信息服务等专门领域的应用研究受到广泛关注,交通信息服务研究出现了良好势头,档案信息服务、"三农"信息服务、竞争情报服务、信息服务与用户等研究方向继续深化,如图1-7所示。但这一阶段的信息服务创新研究依然主要是立足于在传统业务格局中引入互联网通信技术,尚没有发展到智能化、泛在化的阶段。

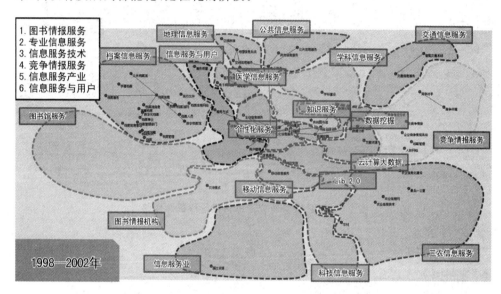

图1-7 信息服务研究个性化应用阶段概念网络

4. 智能化融合阶段(2003—2007年)

Web 2.0、语义网络等概念被引入信息服务,知识服务和学科服务兴起,如图1-8所示。与此同时,一些重点领域的新技术应用,如人机交互、人工智能、信息安全得到了深入发展。在应用领域方面,面向交通出行和仓储物流的新技术应用和服务模式,如出行控制、导航系统、路况实时播报、物流管理系统等大量出现。可以说,信息服务研究的六大领域格局更加明确。

5. 新技术驱动阶段(2008—)

移动通信、云计算、大数据等新技术被引入信息服务,如图1-9所示。这一阶段,云计算、物联网和大数据的前期技术开始得到关注。如云计算和大数据方面,这一时期面向大规模海量数据计算的网格计算、分布式计算、高性能计算技术等被广泛关注,成为后续云计算技术的前身。物联网方面,这一时期二维码、电子标签等智能传感技术及其应用开始出现,为后续物联网的出现奠定了技术基础。可以说,这一阶段出现了新一代信息技术驱动信息服务研究和应用的创新发展的良好局面。

需要说明的是,随着时间的推移和研究的深入,信息服务的研究主题和应用领域将进一步扩展,新一代信息技术的互动和融合作用将更加明显。我们将持续对信息服务研究内容的演化情况进行分析。

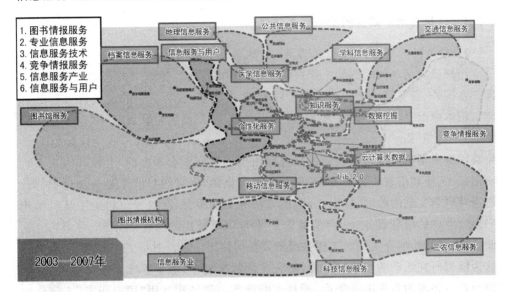

图 1-8 信息服务研究智能化融合阶段概念网络

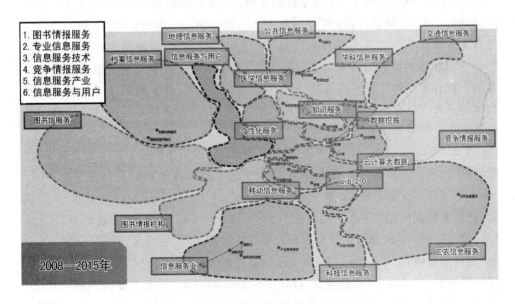

图 1-9 信息服务研究新技术驱动阶段概念网络

1.3 成长中的信息服务学

1.3.1 从信息用户研究到信息服务研究

1. 信息用户研究：从"信息需要"到"人类信息行为"

用户研究活动何时开始？用户研究领域何时形成？这两个都是难有定论的问题。在国外,研究第一个问题的学者较多,观点也多,较为统一的观点认为是1948年。根本原因是这一年的6月21日至7月2日,在英国伦敦召开了"皇家学会科学信息大会"(Royal Society Scientific Information Conference),该会议是因1946年英国皇家学会帝国科学大会的推荐而由英国皇家学会举办的,会议代表来自负责出版、文摘和信息服务的各图书馆、学会和机构,会议的目的主要是探讨如何改进当时科学文献的收藏、标引、分配的方法和文摘服务,会议专门讨论了从科学用户角度考虑的信息服务[22],会上提交了"科学文献使用的调查分析"[23]等报告。从此,研究者开始结合人们的工作去理解其如何使用信息。对第二个问题,学者们都认为随着研究活动的积累和发展,研究主题越来越多,似乎形成了一个研究领域,但对这一领域的名称颇有争论,而且不断演变。我们暂且用"用户研究"来统称由许多相互关联的研究主题构成的领域。在这一领域中,Case的研究发现,20世纪70年代的用户研究每年有30篇左右的成果,80年代早期每年有40篇左右,80年代后期每年有50篇左右,90年代每年有100篇左右,21世纪初(截至2005年)每年有120篇左右[24]。更令人称道的是,2003年,时任美国情报科学技术学会主席T. B. Hahn在回答美国科学学会主席团理事会提出的"20世纪情报学对世界最重大的贡献有哪5到7项?"问题时,经研究,总结了5项,其中的第4大贡献就是情报学的研究人员对用户的信息查询、需要和偏好,以及相关性和效用评定等有关方面历时半个世纪的卓有成效的研究[25]。

T. D. Wilson认为,"用户研究"(User Studies)被用作情报学的术语是从20世纪60年代流传开来的[26]。他发现在标题中最早使用该术语的期刊论文是Fishenden于1965年发表在《文献杂志》(*Journal of Documentation*)的论文[27]。其实,该论文使用的是"信息使用研究"(Information Use Studies)。我们还能发现1964年和1965年就分别在研究报告的标题中出现了"使用研究"[28](Use Studies)和"用户需要研究"[29](User Needs Studies)等术语。此外,在情报学的研究主题和文献评论中,还出现了"信息需要"(Information Needs)、"信息需要与使用"(Information Needs and Uses)、"信息查询行为"(Information-seeking Behaviour)、"用户行为"(User Behaviour)等术语。直到 1976 年,英国谢菲尔德大学创建了"用户研究中心"(Centre for Research on User Studies,该中心于 1989 年停止运行),在情报学领域首次直接出现了"用户研究"(User Studies)这一名称,次年,该中心的研究人员首次在研究成果[30]的标题中直接使用了"用户研究"这一术语。

可见,在国外的情报学研究中,虽然"用户研究"这一术语的名称在 1976 年才出现,但这一名称对应的概念(所指)从 20 世纪 60 年代中期就开始流传。我们可以认为,用户研究从 20 世纪 60 年代中期开始形成了情报学中的一个学术研究领域。此前出现的一些相关研究基本上只是关于科技人员使用文献资料情况的调查,到 20 世纪 70 年代末 80 年代初,在用户研究领域出现了"信息需要"、"信息需要与使用"、"信息查询行为"等众多热门的研究主题,以及大量的关于包括科学家、工程师、学者、管理人员、律师等从事各种职业的人员,包括市民、消费者、病人、学生等担任各种社会角色的人员,包括年龄、种族、性别、经济状况等不同人口学特征的人群在上述研究主题范围的调查研究。

国内在改革开放初期,图书馆学中的"读者研究"已经取得较多成果;情报学中的用户研究受到了足够重视。在我国社会大变革、经济大发展、技术大飞跃、观念大转变等背景中,"用户研究"领域取得了迅猛的发展和长足的进步。吴荣峰[31]、程刚[32]、邱燕燕[33]、邹艺[34]等人分别对不同时间段的用户研究成果进行了统计分析和评论,做了许多艰辛、细致和有益的工作。吴荣峰统计分析了 1980—1992 年发表的 619 篇情报用户研究论文(包括调研报告和译文),发现这 13 年的情报用户研究具有"明显的阶段性",1980 年总共只有关于"用户教育"的 2 篇论文,论文数量到 1987 年达到高峰的 110 篇,此后逐年减少,到 1992 年时也就 30 篇。程刚利用"中国期刊全文数据库",分别以"情报用户"和"信息用户"为检索词进行了篇名检索,得到了 1998—2004 年(2004 年为部分数据)间的 104 篇论文,发现论文作者中来自高校的占全部作者的 69.23%,其中来自高校图书馆的作者共有 45 位,占 43.27%,名列第一,来自高校院系的作者共有 27 位,占 25.96%,名列第二。这些文章还反映了我国改革开放以来用户研究活动的以下特点:

(1)"信息用户需求"和"信息用户教育"是用户研究活动中最集中的研究主题,分别占论文总数的 27.79%~44.13% 和 24.72%~40.10%,如表 1-3 所示,其他的研究主题还有"用户心理与行为""用户管理与情报服务组织""用户研究理论方法""用户满意度""用户市场"等。

表 1-3 不同时期"用户需求"和"用户教育"论文数量集中度

研究者及研究时期	用户需求/(%)	用户教育/(%)	合计/(%)
吴荣峰(1980—1992 年)	27.79	24.72	52.51
程刚(1998—2004 年)	38.46	33.65	72.11
邱燕燕(2000—2005 年)	33.42	40.10	73.52
邹艺(1996—2005 年)	44.13	33.20	77.33

（2）由于我国"科技情报"改名为"科技信息"，"情报用户"也跟着多用"信息用户"。

（3）"用户研究"领域内的研究主题没有较为统一的划分，显得概念体系不够清晰。这点从各自统计时的主题划分或检索时的主题词选择互不一致较易发现。

（4）20世纪80年代及90年代初期用户研究的开放程度似显不足，就像吴荣峰在文章中指出的"用户研究各主题引用的论文主要限于本主题，用户研究与情报科学以外的学科之间的联系相对而言显得过于薄弱"，在总共619篇论文中"情报用户研究论文共引用外文文献147次，其中英文124次，俄文21次，日文只有2次"。

总的来讲，"用户研究"领域的发展和进步可以概括为：

第一，用户研究的成果丰富了情报学的学科内容。情报学从一开始就把用户研究看作是重要的组成部分，在情报学的著作中均有专门章节论述用户问题。随着用户研究的不断深入和人们对用户研究的认识的不断提高，卢泰宏提出的"面向情报用户"作为"情报科学的三个研究规范"之一并成为新的核心的观点[35]被人们广为接受。

第二，用户研究的学科地位得到肯定和加强。学科是相对独立的知识体系。我国于1992年发布、1993年7月1日开始实施的《中华人民共和国国家标准学科分类与代码表》(GB/T13745-92)，明确指出"情报用户研究"包含在三级学科"情报服务学"范围内。这在一定意义上标志着"用户研究"在我国已经于20世纪90年代初成为了专门的研究领域。相丽玲和成列秀提出了"信息用户学"这一学科名称，并构想了其学科体系[36]。

第三，在介绍、吸收、借鉴和研究国外的用户研究成果方面取得成效，并对国内的用户研究起了重要作用。胡小菁总结了国外用户研究对象从自然科学用户到社会科学用户、从学术研究用户到应用开发用户、从专业人员用户到社会公众用户的"广泛化趋势"[37]，对开阔国内同行的视野很有积极意义。韩永青[38]研究了国外用户研究在"信息用户需求""信息用户安全""信息用户满意度""信息用户行为及心理""信息用户能力与学习""信息系统设计中的用户因素""信息系统、信息技术的使用"等研究主题的重要成果。

第四，用户研究的理论建设，尤其是研究体系的构建和"信息需要""信息行为"等专题理论的完善，取得了可喜的成绩。《情报用户研究》[39]《信息市场经营与信息用户》[40]《信息服务与用户》[41]等著作的出版，标志着我国用户研究领域的重要进展，也为相应的专业教学活动提供了基本教材，为用户研究与实际的信息系统建设、信息市场经营、信息服务工作等相结合提供了必要的理论和方法指导。

第五，用户研究活动广泛深入的开展，推动了相关的实际工作中人们的理念从

"以系统为中心"向"以用户为中心"的转变,并进而对图书馆工作、信息工作、信息系统开发与集成工作、信息服务工作等的改革和进步起到了积极的作用和影响。

更值得注意的是,"用户研究"这一领域名称在国外并没有能够被广泛接受,先知先觉者开始实际探讨这一领域的基础理论问题,并逐渐创立了既能融贯先前的研究,又有基础理论模型和广泛应用,且富有生机和活力的跨学科的"人类信息行为"研究领域。随着信息环境(尤其是互联网的诞生和发展)的变化,众多研究者不仅一直关注信息查询行为,而且适时开展了信息搜索行为(Information Searching Behavior)和信息使用行为(Information Use Behavior)研究。到了20世纪90年代中后期,"信息行为"作为图书馆学情报学的次级学科领域已经成为大家的共识[42]。经过多年的讨论研究,在21世纪初,人们倾向于认为"信息行为"是人类行为的一种,是人类与信息资源和信息渠道有关的各种主动和被动行为的总称[43],包括人们在不同环境下如何需要、查询、管理、提供和使用信息等行为,并出现了D.O.Case所撰写的专著,在美国各个图书馆学情报学学院开设了作为核心课程的"人类信息行为"。

在我国,相对于"信息需要与使用"研究而言,"信息查询行为"及"信息行为"的研究就显得薄弱许多。如果我们以"情报行为"为关键词在"中国期刊全文数据库"进行精确匹配检索,就可发现最早发表的题名中含"情报行为"的期刊论文,即王万宗的"用户的情报需求及其情报行为"[44];如果检索词换成"信息行为",就能发现1996年才出现期刊论文的题名中含有"信息行为"的论文,即林平忠的"论图书馆用户的信息行为及其影响因素"[45]。本世纪初开始,专门评述有关信息行为研究成果的文章和介绍国外信息行为模型的文章频繁出现,如2002年曹树金和胡岷的"国外网络信息查寻行为研究进展"[46]、2005年沙勇忠和任立肖的"网络用户信息查寻行为研究述评"[47],以及朱婕、靖继鹏和窦平安的"国外信息行为模型分析与评价"[48],2006年曹双喜和邓小昭的"网络用户信息行为研究述略"[49],2007年冯花朴的"网络用户信息行为研究进展"[50]等。从2006年开始,每年关于信息行为总体研究的论文猛增。

再通过查阅其他一些研究论文,我们大体上可以发现改革开放以来在信息(情报)行为方面的进展如下:

第一,无论早期的情报行为研究,还是后期的信息行为研究,在与情报需要或信息需要结合起来研究的同时,出现并逐步加强了情报行为或信息行为的专门研究,如张国海和张玉玲的"论用户情报行为"[51],孙德华的"关于信息行为社会控制体系的建立"[52]等。

第二,随着互联网的发展和普及,关于用户的网络信息行为研究成了热点,而且在用户群体和行为类别的细分、研究方法的多样化等方面取得了较大的拓展,如王益明的"北京市高校学生完成学位论文期间的互联网信息查询行为研究"[53]、任立肖的"网络用户信息行为研究方法与工具的三维框架"[54]等。

第三，比较及时和充分地介绍和评论了国外信息行为研究的主要理论方法模型和在多个方面的研究进展。

近年来，"人类信息行为"已经成为跨学科的专门研究领域。信息行为研究引起了多个学科极大的关注，更多的不同学科领域的专家学者开展了相应的研究。2005年出版的由来自10个国家的85名学者共同编写的《信息行为理论》[55]一书，提炼了全球74种信息行为理论和方法模型，其中2种出自计算机科学、3种出自人文科学、26种出自社会科学、43种出自图书馆学情报学。

这些研究已经呈现出了这样的趋势：信息行为研究不仅仅关注各种类型的信息行为，以查询、搜索、使用等行为类型为研究对象，而且已经关注不同人群的信息行为，把人群及其相应的信息行为共同作为研究对象；不仅仅旨在揭示人类信息行为的特点和规律，而且开始注重研究成果在更宽广的实际领域和行业的应用。正是在这种背景下，北京大学于2007年创建了北京大学信息化与人类信息行为研究所。

2. 信息服务研究：从"图书馆信息服务"到"信息服务业"

"信息服务"是实践性很强的研究领域。梁战平在回顾和总结我国情报学和情报工作时，研究发现了新中国情报学和情报工作的七大历史性贡献[56]，其中的第一项"为重大决策、重要工程项目、重点科研项目发挥'耳目、尖兵、参谋'作用，为四个现代化提供情报服务"、第五项"实现数字化信息资源共建共享"、第六项"跟踪报道发达国家科学技术"、第七项"科技成果推广与应用"等贡献，充分体现了信息服务研究和工作的重大意义。

我国改革开放初期开始的信息服务研究活动的蓬勃开展，除了受益于新的政策背景和人们的思想活力，以及图书馆系统、各级科技情报研究所和有关方面较好的研究基础外，同时还注意到国外的两项研究：一是 M. U. Porat 于 1977 年发表的研究报告《信息经济：定义与测量》[57]，不仅进一步明确了渗透于国民经济各个部门之中的信息活动，即与信息产品和服务在生产、处理、流通中所消耗的一切资源相关的经济活动，而且系统地提出了信息经济的测度方法。这项研究不仅在美国，还在世界范围内引起了极大反响。二是前文提到的 L. Maranjian 和 R. W. Boss 于 1979 年所进行的关于美国和加拿大收费信息服务机构的调查研究[58]，发现包括图书馆等非营利机构在内的多种机构和自由职业者所从事的，兴起于20世纪60年代末、在70年代中期飞速发展的收费信息服务，其重点已从计算机文献检索和传递服务转向专业化的信息服务。

我们曾分析出关于信息服务的五十多个概念名称，在中国期刊全文数据库分别进行题名精确匹配检索,发现题名中精确含有"图书馆信息服务"的发文量遥遥领先,占 1978—2008 年共 30 年题名中精确含有"信息服务"的总发文量的 25%。其余的依次是"信息服务业"(7.94%)、"个性化信息服务"(5.77%)、"信息咨询服务"(4.44%)、"信息服务模式"(2.92%)、"农业信息服务"(2.69%)、"档案信息服务"(1.84%)、"数据库服务"(1.30%)等。这 8 个概念名称或研究主题的发文量超过半数,达 51.9%。

可见,"图书馆信息服务"研究虽然不是信息服务研究领域的全部,但有其独特的和重要的地位。图书馆信息服务研究的不断深化是图书馆信息服务实践不断发展、服务创新理念的不断强化、可以利用的技术设施不断改进、研究队伍不断壮大等多方面原因促成的。"图书馆信息服务"明确了"服务者",即图书馆,其研究的深化主要表现在以下三个方面:

(1) 图书馆的服务对象不断细分。在传统的信息服务实践中,图书馆的服务对象主要是以人群划分的,如高校图书馆主要为本校的学生和教职员工服务、公共图书馆主要为本地或本社区的居民服务。在新的实践和研究中,针对互联网对传统图书馆服务在一定程度上的替代性等新情况,勇于创新的图书馆和研究人员进行了许多新的探索,把服务对象进行细分,提高服务的针对性和吸引力。如按学科类别、按科研项目等划分教学科研人员,按年级、课程、教学进度等划分学生用户。另外就是探索如何充分利用互联网等信息技术,不断扩大服务对象范围,发挥社会服务功能,如于晓梅的"高校图书馆信息服务市场开发度研究"[59]、刘莉的"电子商务与高校图书馆信息服务的思考"[60]等。

(2) 图书馆的服务内容不断丰富。图书馆在传统的书刊借阅、复制传递、辅导咨询、定题服务等服务项目和书目、索引、文摘等产品的基础上,不断探索和开发新的产品和服务项目,如毛军的"图书馆信息服务和搜索引擎的跨界合作"[61]、胡广霞和周秀会的"信息共享空间:高校图书馆信息服务的新趋势"[62]等。

(3) 图书馆的服务策略不断改进。图书馆在传统的馆内现场服务、文献服务、被动服务等服务方式和手段的基础上,不断探索和研究远程服务、数字服务、推送服务等新的服务方式和手段,如张燕萍和谷皓的"Web 2.0 模式对图书馆信息服务的挑战与机遇"[63]、黄炜宇的"数字图书馆个性化信息服务浅谈"[64]、王玉林的"数字图书馆信息服务基本法律问题研究"[65]等。

随着社会关系的变化以及信息服务基本要素的发展和结构形式的变化,信息服务出现了"产业"和"行业"的存在形式,可统称为"信息服务业"形式。这是信息服务实践和研究不断拓展的结果,也是信息服务研究的又一重要进展。

20 世纪 90 年代初,受到国家产业政策、经济社会形势、人们的思想观念等众多方面的积极影响,信息服务业研究开始迅猛发展,研究活动向信息服务在国民经济中的发展问题、发展趋势和对策问题等方面拓展。比如,娄策群和程鹏调查分析了我国信息服务业若干问题[66];符绍宏发现"网络环境下信息服务的变化是多方面的,既体现在服务内容的深化上,又体现在信息服务的提供与经营方式的改变上"[67];马海群结合我国加入世界贸易组织的情况,及时提出并探讨了"如何正视我国信息咨询业发展的不足,借助网络化技术条件以及政府上网良机,构建我国现代化、开放式信息咨询产业格局"[68]等问题;乌家培和周起凤针对21世纪的中国信息服务业,提出了六大信息服务体系建设,并呼吁"在国家领导决策层,把制定国民经济和社会信息化的长期发展规划放在重点战略地位"[69];马费成从信息需求的变化和信息技术的发展角度考察并提出信息服务的"典型趋势"[70];赖茂生在详细分析世纪之交的社会信息需求、信息技术和信息资源等信息环境的基础上,构建了由信息服务平台、服务对象、信息内容、信息服务方式和手段、服务机构组成的"21世纪的电子信息服务体系"[71];周智佑不仅较为全面地研究介绍了国外众多国家信息服务业的研究和发展状况,还针对国内的具体情况进行了大量的研究和探讨,形成了专著《现代信息服务产业与市场》[72];甘利人和张颖提出了数字环境下我国信息服务业创新"以人为本"的思想[73];王平军探讨了西部地区信息服务业的发展对策[74]。

随着研究活动的不断深入和拓展,信息服务理论建设在专题理论方面取得重大进展的同时,基础理论也取得了成果,我们称之为"用户导向信息服务理论"[75]。用户导向信息服务理论以信息服务基本的、普遍的和发展的问题为研究对象,不仅充分肯定信息用户在信息服务中的重要地位,而且强调信息用户的导向作用。

1.3.2 信息服务理念和概念的演变

1. 信息服务理念的演变

信息服务理念是指贯穿于信息服务研究和实践过程中的思想观念和指导原则。了解信息服务理念的变化轨迹,对于我们了解信息服务的发展进程有着重要的指导作用。

信息服务实践已有悠久的历史,作为指导实践的信息服务理念大体上经历了三个阶段的变化,即早期的"以文献(系统)为中心的信息服务",到后来的"以用户为中心的信息服务",及现在的"以用户为导向的信息服务"。这些变化是互相联系,逐步发展的。

(1) 以文献(系统)为中心的信息服务。

20世纪70年代以前,信息服务关注的焦点是信息系统和文献,很少关注用户及其使用图书馆和文献的效果。"以信息产品(文献、信息系统等)为中心"的服务理念在信息服务实业界和理论界一直占据着主导地位。该理念以克劳德·艾尔伍德·香农(Claude Elwood Shannon)等人提出的通信的一般模型[76]为基础,该模型将信息看作独立于人的、外界的、客观存在的事物,信息从发送方通过某种通道被传输到接收方,接收方通过接收信息来消除不确定性。信息被看做是存在于有序的世界中,能够被发现、定义和测量的事物。香农信息模型下的信息服务实践将重心放在如何更好地收集和管理信息资源、增加更多的服务人员、更好地利用索引与目录等方法提高信息系统的效率等。这样,信息系统被设计成标准化的格式,来应付一般用户的信息需求;而且,因为信息有其自有的秩序与组织,一经标准化,不同的用户必须使自己适应这些格式,以便能使用这些信息[77]。这种信息服务理念虽然也时常将用户考虑在内,但更多的是关注如何培训用户,使其更好地适应信息系统。概括地讲,"以信息产品(文献、信息系统等)为中心"的信息服务理念是从系统的角度来看待用户,而不是从用户的角度来理解和满足用户的信息需求[78]。

(2) 以用户为中心的信息服务。

20世纪60年代末、70年代初,"信息经纪人"(指为买卖双方合同的实现提供机会和帮助、从而收取佣金和费用的人)一词在美国的公司和个人间流行了起来,促成了收费信息服务在美国的飞速发展,同时也引发了图书馆界的大辩论。[79]图书馆界的专家学者调研了美国70年代末收费信息服务机构,包括大型公司(按需提供信息服务、文献传递服务、联机查找服务、全面研究服务、咨询与出版服务)、中型公司(文献传递服务、研究服务、咨询服务、按需提供信息服务、指导学术讨论会)、小型公司(手工查找服务、联机查找服务、书目服务、按需提供信息服务)、非营利性机构(联机查找和书目分编加工服务)、大公司的内部服务和无固定职业人员。从此,信息服务的实际工作和理论研究更多地关注到了信息用户及其行为效果。

1992年,正值美国图书馆参考服务工作关于未来发展的反思性大讨论在出版物、邮件组和专业会议中出现第一次浪潮,时任美国杜克大学负责图书馆事务和计算机系统的副教务长Jerry D. Campbell发表了一篇颇具争议的文章"动摇参考(工作)的概念基础"[80],引起了广泛的反响,坎贝尔本人也做了一系列演讲。他认为参考服务的很大部分将实现自动化,图书馆员将扮演新的角色,如从事用户分析;要筹划获得新信息资源的新路径;要确保用户在巨大的电子环境中找到所需要的信息。这些有远见的观点在当前都已成事实,但在当时都是很有争议的。

1994年,Ruth C. T. Morris针对以用户为中心的信息服务发展的大讨论中缺乏必要的理论和概念基础这种状况,发表了"以用户为中心的信息服务"[81]一文,在总结分析前人研究成果的基础上,运用认知心理学的原理,对图书馆的使命、传统信息服务的提供、系统设计和评估等问题进行了反思。Morris所用的"信息服务"(Information Service)术语指的是图书馆或信息中心服务于用户的各个方面。莫丽斯认为以前"以系统为中心"的信息服务研究在理论与实践之间存在巨大的鸿沟;需要为多变的信息服务实践提供有说服力的理论;"以用户为中心"术语是指承认信息是用户的组成部分,承认人类信息处理带有共同的特征,承认信息需要是信息系统和服务设计的重要因素,其出现是由于人们对信息系统用户的需要的高度关注;用户在满足需要过程中存在决策和需要的具体化、问题解决、知识转移等环节。

Morris 的观点是以被称作"构成派模式"(Constructivist Model)的研究为理论基础的。"构成派模式"以"感悟"(Sense-making)理论为核心,"感悟"理论由 B. Dervin[82]和 N. J. Belkin[83]、R. S. Taylor[84]、C. C. Kuhlthau[85]等人提出和建立,强调用户在信息活动中的认知过程和主动作用;信息的获得和使用是用户对当前问题状态的不断觉察和领悟的过程,是用户内部认知结构的构成内容;因而为用户的服务中要帮助他们"感悟",思考并解决"用户从查寻结果中理解或发现了什么""用户如何到达新的问题状态""信息服务提供了什么样的推动作用""用户如何发现信息的有用性"等问题,而不是"用户有哪些信息需要""用户需要哪些服务""用户需要哪些信息资源""如何帮助用户使用信息资源"等把信息与用户割裂开来、无视用户主观能动性的问题。

Morris 的"以用户为中心的信息服务"观点的形成和提出,是对信息服务的深刻反思的结果,对信息服务的理论建设和实际工作效率与效益的提高具有重要的、积极的意义。然而,用户在对信息的认知过程中所受到的外界因素的影响以及行为结果和社会表现等方面内容也是不可或缺的。这是该理论发展中要研究的问题。

1997 年,A. Robbin 等人沿用 Morris 的"信息服务"概念,并在其理论框架基础上,从社会和行为科学角度,专门研究了产生于科学研究、数据生产与应用过程中的交流环节的错误认知,发表了"以用户为中心的信息服务的理论拓展:复杂的统计数据中错误的诊断和学习"[86]一文。A. Robbin 的研究有三个基本假设:第一,由于数据生产与应用之间的松散联系以及组织的、技术的和认知的过程的复杂性,错误的发生是不可避免的;第二,由于数据的生产与应用是发生在社会环境中的与语言有关的交流过程,因而在数据的测量、解释和交流中的错误是可以确认、改正和控制的,也是人们长期的学习机会;第三,由于知识生产和获取的社会性特点,关于数据和如何避免错误的知识是因人、活动和任务而异的。在此前提下,A. Robbin 识别和分析了五种错误类型,即推论性错误、变量模型错误、决策错误、方法错误和任务执行错误,并详细分析了这些错误的社会认知机制。

作为主要观点,A. Robbin 认为以用户为中心的信息服务是分布式的社会认知系统;为了发现和诊断错误并进行交流和学习,增强信息服务的效果,信息服务系统设计要有利于提高人们的交流能力和认知能力,把认知视为生产过程,促进专家、新手和技术看门人之间的相互交流。

至此,"以用户为中心的信息服务"的总体理论模型已较为完善,那就是服务活动以用户的认知过程为主线,充分考虑用户的认知发展和社会认知关系,发挥用户的积极性和主观能动性,促进信息的有效利用和问题的顺利解决。

与此同时,人们进行了用户利用信息和服务的过程、信息查询过程等中微观层面的理论研究,以求对信息服务实践的更为具体的指导和帮助。如 Tefko Saracevic 等人提出了用户利用信息的"获取-认知-应用"(Acquisition-Cognition-Application, ACA)模型和利用信息服务的"原因-互动-结果"(Reasons-Interaction-Results, RIR)模型[87],Kuhlthau 提出了包括开始(Initiation)、选择(Selection)、探索(Exploration)、确切表达(Formulation)、集成(Collection)和提交(Presentation)等六个阶段的信息查寻过程(Information Search Process, ISP)模型[88]等等。

(3) 以用户为导向的信息服务。

千年更迭,世纪交替,随着数字环境的显现,人们又开始了对信息服务的新的思考和新的实践。

2000 年,C. Ferguson 发表了"下一代信息服务的集成研究与技术支持"(又名"动摇概念基础")[89]一文。认为虽然未来是多变和包罗万象的,但是下一代信息服务至少能够做到信息服务与信息技术的结合、致力于无处不在的轻便的计算支持服务、提供新时代信息服务价值的新解释。并提出了突破物理空间与电子空间界限的已有实践基础的分为三层的"现场/远程(On-site/Remote)服务模式",如表1-4 所示。

表 1-4 现场/远程服务模式

服务层	现场用户可得的服务	远程用户可得的服务	工作人员
第一层 入门服务	基本使用和发现与核心信息资源相关的问题、支持性软件、硬件使用说明	通向客户支持中心的异步的用户帮助、搜索引擎、网络服务界面、电话等等	专业人员助理、学生
第二层 中等服务	常规的研究支持和软硬件复杂问题的初步帮助、通过电话或预约送交给专家等	电子邮件和计算机的常规参考咨询、通过指定联络人的研究群体的常规支持、通过电话或预约送交给专家等	专业人员助理、计算机咨询员、图书馆员
第三层 专业服务	通过预约或在工作时间的专业领域或资源专家的服务	通过预约或在工作时间的专业领域或资源专家的服务	图书馆员、有高水平知识和技能的计算机咨询员

在商业运作中,也出现了人-机、人-人友好交互的智能化的多代理信息服务系统,如日本日立公司与德国国家开放式传播技术研究所联合开发的"自主的分布式服务系统"(Autonomous Decentralized Service System)[90],如图1-10所示。

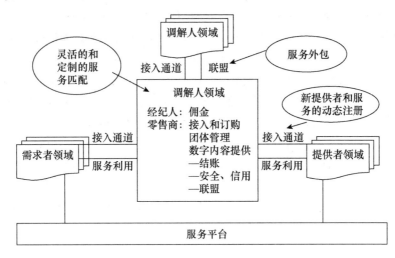

图1-10　自主的分布式信息服务系统(略有删节)

另外,原"美国情报学学会"(American Society for Information Science)因信息技术的巨大发展及其应用的重要意义,从2000年起更名为"美国情报科学与技术学会"(American Society for Information Science and Technology),以期"重新肯定并建立学会的核心价值,即理论、研究、应用和服务"[91];而英国的拉夫堡大学(Loughborough University)信息科学系从2001年起开设了"用户导向的信息服务"课程[92],对以前的信息服务课程进行了改造。

值得注意的是,上述情况体现了"用户导向"的思想。与"以用户为中心"相比,"以用户为导向"的理念有其独特内涵:在肯定信息用户的中心地位的基础上,突出信息用户的类型细分(直至个体用户)、问题类别(如简单问题与复杂问题)、需要层级、参与方式及其导向作用,立足于在满足用户信息需要的基础上帮助用户利用信息并解决问题,强调信息用户的指向性和参与性以及信息服务者的积极性、主动性、协同性、灵活性和动态性,高度重视信息技术的充分应用和市场作用,大力发展信息服务的智能化环节,等等。

2. 信息服务概念的演变

信息服务概念是对信息服务实践的反映,其发展主要表现为形式、功能和性质等方面的变化,其复加进程可以分析出公益事业导向的文献信息服务、对外经营导向的有偿信息服务、用户市场导向的企业信息服务、生产导向的信息服务业等阶段。

（1）公益事业导向的文献信息服务。

在我国，20世纪80年代以前，信息服务主要是以"图书馆"和"科技情报研究所"为主体开展的文献阅览、外借和复制服务、信息刊物报道服务、文献检索服务、咨询服务、情报分析研究和提供服务等。这些服务都因"图书馆"和"科技情报研究所"的公益事业性质而属于公益性、事业型，服务对象局限于所属单位内部，经费由上级拨给。1958年国务院批准实施的《关于开展科学技术情报工作的方案》明确规定："科学技术情报工作的任务是，报道最近期间在各种重要的科学技术领域内，国内外的成就和动向，使科学、技术、经济和高等教育部门及时获得必要的情报和资料，便于吸收现代科学技术成就，节省人力时间，避免工作重复，促进我国科学技术的发展。"[93]

完成上级交办的任务、为领导决策服务是公益事业导向的文献信息服务的基本功能和作用。毫无疑问，这是计划经济体制下的必然选择，虽然服务对象较为单一、服务质量缺少刚性指标，但其所发挥的重要作用是有目共睹的，而且在市场经济中仍将发挥重要作用。

（2）对外经营导向的有偿信息服务。

进入20世纪80年代以后，由于经费严重短缺和我国经济形势的变革等原因，加上美国收费信息服务迅速发展的影响，人们开始探索"有偿情报服务"，并很快形成了三种主要的创收途径："一是通过'硬设备'创收，如利用现代化技术设备开展声像、复制服务等。这类收入比较高，是有些情报所的创收'主力'；二是通过'软技术'创收，如开展检索咨询、研究报道及其他文献情报服务。此类收入一般较少，个别报刊依靠广告收入例外；三是利用'经济实体'创收，如自办、合办公司或承包、租赁企业，开展横向经济联合等。该类创收情况不一，有的经济效益较好，有的却很差。"[94]其实，这中间的做法和效果多种多样，有的做得不错，本职工作与创收工作两不误，效果也不错，在较大程度上弥补了经费的不足；也有的既耽误了本职工作，又挣不到钱，甚至有的还造成了国有资产的流失。

有偿信息服务本无可非议，而且其对外经营导向和尝试值得肯定。然而在服务者的性质和管理体制没有改变之前，如果把对外经营导向当作全部工作的主导方向，就会出现这样那样的问题，引来非议，就显得不妥。正因此，我国图书馆界在20世纪80年代也展开了关于"有偿服务"的大讨论。

（3）用户市场导向的企业信息服务。

20世纪80年代后期，随着经济体制和科技体制的进一步改革和发展，在1987年"国家信息中心"的成立和1988年《国家科委关于加快和深化科技情报体制改革的意见》的出台等举措的引导和作用下，以企业或公司性质出现的信息服务者不断涌现,"科技信息研究所"正式开始向产业型和经营服务型转变,并按"一业为主、多种经营"的原则兴办了经济实体。尤其是受1992年国务院颁布并实施的《中共中央　国务院关于加快发展第三产业的决定》和同年召开的全国科技情报工作会议的鼓舞和影响,信息服务企业和企业化管理的信息部门大量涌现。最值得关注的是在1995年互联网投入商用并飞速发展的震撼和诱惑下,从事网上、网下信息服务的公司迅猛增加。

虽然信息服务企业或公司的发展中出现了"产权不清"、"经营不规范"、"短期行为"、"泡沫现象"等问题,但这类企业或公司(尤其是发展得较好的企业或公司)所坚守的"市场导向"原则和"以用户为中心"的理念及其给人们带来的关于信息服务的观念转变,以及网络信息服务市场的开拓等,是值得充分肯定和高度赞赏的。这使得信息服务的结构形式更加完善,使得信息服务的功能充分施展,使得信息服务的性质发生积极的重大的变化。

(4) 生产导向的信息服务业。

世纪之交,信息化已突破行业和领域范围而成为国家的发展战略。在这种形势下,信息服务的发展空间更大了,信息服务的功能被充分挖掘,发挥其在各行各业各个领域的重要作用,信息服务的行为性质包含了经济学、管理学等更多学科和领域的特征,信息服务的存在形式也由以"活动"为主转变为以"产业"或"行业"为主。

从其他服务产业的发展情况看,信息服务业也要坚持"生产导向",强调服务和信息服务产品的生产。当然,信息服务的生产有其特殊性,比如必须坚持用户导向性,在服务与产品的关系中以服务为核心等。

3. 信息服务概念的演变规律

从上述关于信息服务概念发展进程的分析中可以看出,信息服务概念的发展不是人为造成的,而是有其相应的服务实践和社会环境基础,有其自身的发展机制和规律的。

信息服务概念的发展是多因素作用的结果,这些因素包括政府行为、服务者性质、信息化进程、用户依赖度、技术手段和经济形态等,如图1-11所示。信息服务概念发展的机制有以下特点和规律:

(1) 信息服务概念的发展是复加的过程。

无论是从公益事业导向的文献信息服务到对外经营导向的有偿信息服务,还是从对外经营导向的有偿信息服务到用户市场导向的企业信息服务、再到生产导向的信息服务业,都不是简单地从一种概念到另一种概念,而是前一概念为后一概念提供基础,后一概念涵盖前一概念。就像目前仍然存在有公益事业性质的文献信息服务和有偿信息服务那样,新的信息服务概念只是表明信息服务实践的新发展,而不替代原有概念,原有概念内涵的信息服务实践依然存在。这是复加的过程,而不是替代的过程。

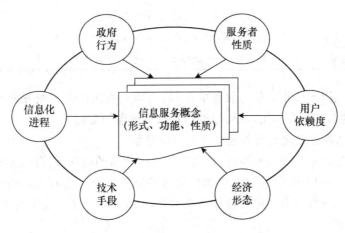

图1-11 信息服务概念发展的机制

(2) 信息服务概念的发展是多因素综合作用的结果。

政府行为主要是通过政策法规、投资方式等渠道鼓励、指导、规范或参与信息服务实践的发展,从而影响信息服务概念的变化。如《国家科委关于加快和深化科技情报体制改革的意见》《中共中央国务院关于加快发展第三产业的决定》等政策措施的出台引起变化。

服务者性质对信息服务概念发展的作用也是明显的,不同性质的信息服务者,有其不同性质的规定性,有其不同范围的基本功能、不同内容的基本任务和不同层次的追求目标。公益性非营利的服务者就不能从事盈利活动,信息服务企业如果不盈利就无法生存。

信息化进程对信息服务概念发展的影响不仅体现在信息化对其他产业的带动而出现的对信息服务的需求,而且催生了信息服务的产业化发展。

信息用户对信息服务的依赖度表明的是用户对信息服务的观念水平、需求范围、参与程度,能在一定程度上反映出信息服务市场规模的大小。能提供的信息服务如果没有用户,就没有存在的意义和发展的必要。

信息技术手段和社会经济形态对信息服务概念发展的作用同样是不可低估的,技术手段对服务策略、甚至服务内容的作用和对服务功能的发挥,以及经济形态对服务形式和功能的整体影响,都是极其明显的。如表1-5,列举了时间序列上不同的信息服务概念所对应的技术手段和经济形态,足以说明这一点。

表 1-5　技术手段和经济形态与信息服务概念的关系

概念进程	技术手段	经济形态
文献信息服务	文献信息检索技术、复制技术、联机技术等	计划经济
有偿信息服务	个人计算机、信息处理技术等	商品经济
企业信息服务	网络技术、多媒体技术、系统集成和搜索引擎等	市场经济
信息服务业	宽带技术、智能技术、"三网合一"技术等	服务经济

上述这些因素分别对信息服务的形式、功能或性质产生不同方面和不同程度的影响，彼此间也相互作用，从而导致信息服务概念的变化。

（3）信息服务概念的发展是动态演变的过程。

随着上述因素的发展和变化，以及其他相关因素的出现，信息服务实践总是处在不断发展的过程中，信息服务概念也处在动态发展中。随着当前的一些信息服务产业内容演变成为普通的社会性基础设施，以及新的产业内容的开拓，信息服务概念还将变化。

4.信息服务的概念体系

概念体系的形成是理论发展的结果和理论成熟的表现之一，可以用表征不同知识点的概念及其相互关系来说明。就当前情况看，信息服务已形成了由基本概念及其派生概念组成的概念体系。

（1）基本概念。

信息服务的基本概念，或称核心概念，是指反映信息服务在形式、功能和性质等方面共同具有的本质属性的概念，包括源于形式的"信息服务活动""信息服务业"（"信息服务产业"和"信息服务行业"）等，源于四项基本功能的"信息提供服务""信息咨询服务""信息经纪服务""信息增值服务""信息处理服务""信息研究服务"等，源于性质的"信息服务社会化""信息服务行为"等，如表 1-6 所示。

表 1-6　信息服务的基本概念

概念因素	基本概念
形式	信息服务活动、信息服务业（信息服务产业　信息服务行业）
功能	信息提供服务、信息咨询服务、信息经纪服务、信息增值服务、信息处理服务、信息研究服务
性质	信息服务社会化、信息服务行为

相应地，以基本概念为基础而形成的信息服务理论，就是信息服务的基本的、核心的和宏观的理论。这样的理论有最广泛的实践基础和来源，有最普遍和最基本的指导意义。

(2) 派生概念。

信息服务的派生概念主要是指从信息服务基本概念派生出来的概念,如派生于"信息服务活动"的"信息服务者""信息服务对象""信息服务内容""信息服务策略",派生于"信息增值服务"的"网络增值服务""数据库服务""系统集成服务"等,如表1-7所示。

表1-7 信息服务的派生概念

基本概念	拓展概念
信息服务活动	信息服务者、信息服务对象(用户)、信息服务内容、信息服务策略
信息服务产业	信息服务产业化、信息服务部门、信息服务企业、信息服务经济等
信息提供服务	信息传递服务、信息交流服务、信息平台服务等
信息咨询服务	产业咨询服务、生活咨询服务、公共咨询服务等
信息经纪服务	产业经纪服务、生活经纪服务、公共经纪服务等
信息增值服务	网络增值服务、数据库服务、系统集成服务等
信息处理服务	信息整序服务、信息检索服务、应用软件服务、网络应用服务等
信息研究服务	信息调查服务、信息分析服务等
信息服务社会化	信息服务文化、信息服务规模、信息服务模式、信息服务管理等
信息服务行为	信息服务环境、信息服务目标、信息服务能力等

其实,上述派生概念还可以进一步派生,如"产业经纪服务"还可以拓展为"人才经纪服务""技术经纪服务""资本经纪服务"等,"信息服务部门"还可以拓展为"图书馆信息服务""科技信息研究所信息服务"等。这里就不再一一赘述了。

相应地,以派生概念为基础形成的理论,就是信息服务论的分支理论,如"信息服务用户理论"、"图书馆信息服务理论"等。这种理论来源于某个方面,符合信息服务的普遍原理,又主要在某个领域发挥指导作用。

1.3.3 信息服务学理论体系基本形成

人们通常认为,人类的活动产生经验,经验的积累和消化形成认识,认识通过思考、归纳、理解、抽象而上升为知识,知识在经过运用并得到验证后进一步发展到科学层面上形成知识体系,处于不断发展和演进的知识体系根据某些共性特征进行划分而成学科。学科是相对独立的知识体系,"相对"强调了学科分类具有不同的角度和侧面,"独立"则使某个具体学科不可被其他学科所替代,"知识体系"使"学科"区别于具体的"业务体系"或"产品"。

我国的学科分类与代码国家标准(GB/T13745-92),把二级学科"情报学"归入一级学科"图书馆、情报与文献学",并区分出"情报服务学(包括情报用户研究等)"等多个三级学科。在此后的新版国家标准(GB/T13745-2009)中仍然保留这样的划分。

1992年,北京大学图书馆学情报学系在新班子领导下,经过充分论证和学校校长办公会议批准,改名为北京大学信息管理系,并迅速在全国产生巨大影响。时任系主任王万宗教授在多年后的1999年回顾国内大多数同类院系纷纷讨论和效仿时,就信息管理与院系名称有关问题在内刊《信息科技动态》上发文[95]指出:信息管理是为各行业各部门搜集、整理、存储、传播并提供信息服务的工作,围绕这些活动进行了多方研究,发展了多门学科,形成了一个学科群。他还分析了社会上已经存在的信息管理系列的学科,认为从它们研究内容的侧重点和社会任务出发,信息管理学可以区分为三个部分:一是信息传播学,包括理论型的传播学和事业型的新闻学、宣传学、广告学等;二是信息服务学,包括含有用户研究但尚未形成的理论型学科、事业型的档案学、图书馆学、情报学、咨询学等;三是信息整序学,包括分类法、主题法、文字排检法、目录学等。时任系副主任赖茂生教授出谋划策,亲力亲为,在2015年北京大学6514级入学50周年纪念文集《北大改变了我们的人生》中撰文梳理了信息管理系名称的来历,他总结认为:"我系领头发起和推进的以'信息管理转向'为标志的教学改革,其意义是重大的、多方面的:它顺应了社会发展潮流和学科发展趋势(信息资源观、信息化),拓宽和调整了专业培养目标,大大地改善了学生的就业门路,拓宽和更新了学科的研究领域、专业课程设置和教学内容,壮大了专业教育的规模(成立学院、开设了新的专业),加强了与其他相关学科和领域的联系和合作。"

　　近20多年来,关于信息服务的工作研究和学术研究、工作研讨会和学术交流会等活动空前活跃,研究主题沿着综合与细分两个方向不断拓展,研究成果层出不穷,成果应用广泛高效,包括研究生培养的专业方向、本科生普通教育和远程、夜大等继续教育的核心课程等各级教育活动方兴未艾。除了前述大量的期刊论文,还有书名中含有"信息服务"的著作近300种(1992—2016年)、标题含有"信息服务"的国家自然科学基金项目近80个(1997—2016年)和社会科学基金项目近90个(1994—2016年)。

　　如果我们把用户研究的目的看作是改进信息服务工作,那么,把体现偏正关系的"信息服务与用户"当作学科领域名称无可厚非。可实际上经过长期的探索和发展,人类信息行为研究的多学科属性已经明显,其研究目的不仅仅是改进信息服务工作和信息系统建设,还可以促进以人为研究对象的多个学科的研究活动,还可以帮助与人类活动有关的各项实际工作。再者,用户是信息服务的基本要素之一。因此,"信息服务学"这一名称似乎能更好地概括文中讨论到的各个研究主题。

　　可以说,经过几代专家学者和有关方面的共同努力,信息服务学的学科特征已经显现,其包括以基本概念为基础的基本理论和以派生概念为基础的分支理论所组成的理论体系已经形成。信息服务学是探究信息服务的基本原理和方法及其创新应用与发展的学科。相信信息服务学不会仅仅是国家标准学科分类中的一个类目,而会成长为一个真正的学科、一个充满生机和活力的学科。

参考文献

[1] [美]阿尔弗雷德·D.钱德勒,[美]詹姆斯·W.科塔达.信息改变了美国:驱动国家转型的力量[M].上海:上海远东出版社,2008:220.

[2] 赖茂生.信息资源管理教程[M].北京:清华大学出版社,2006:3.

[3] 伊藤阳一.日本信息化概念与研究的历史[C]//信息化与经济发展.北京:社会科学文献出版社,1994:89.

[4] 周宏仁.信息化概论[M].北京:电子工业出版社,2009:72-75.

[5] 曲维枝.信息社会:概念、经验与选择(上册)[M].北京:经济科学出版社,2005:23.

[6] [加]G·隆多.术语学概论[M].刘钢,刘健,译.北京:科学出版社,1985.

[7] Morris, Ruth C. T. Toward a user-centered information service[J]. Journal of the American Society for Information Science,1994,45(1):20-30.

[8] Tague-Sutcliffe, Jean. Measuring Information: An Information Services Perspective. San Diego: Academic Press, Inc. 1995.转引自霍国庆、赵春旻:信息服务研究的定量化模型——兼评 Measuring Information: An Information Services Perspective[J].图书情报工作,1997,(10):12-14.

[9] Saracevic, Tefko, and Kantor, P. B.: Studying the value of library and information services, Part1: Establishing a theoretical framework, Journal of the American Society for Information Science,1997,48(6):527-542.

[10] 江小方.当代图书馆信息服务研究概述[N].广州师院学报(社会科学版)1999,20(4):103-106.

[11] 岳剑波.信息管理基础[M].北京:清华大学出版社,1999:141.

[12] 胡昌平,乔欢.信息服务与用户[M].武汉:武汉大学出版社,2001:5.

[13] 齐虹.信息中介规则——信息原理研究[M].北京:中央编译出版社,2012:34.

[14] Callon M, Courtial J P, Turner W A, et al. From translations to problematic networks: An introduction to co-word analysis[J]. Social Science Information,1983,22:191-235.

[15] 王晓光.科学知识网络的形成与演化(I):共词网络方法的提出[J].情报学报,2009(4):599-605.

[16] Morris S A, Yen G., Wu Z., Asnake B. Timeline visualization of research fronts[J]. Journal of the American Society for Information Science and Technology,2003,54(5):413-422.

[17] Hassan E. Simultaneous mapping of interactions between scientific and technological knowledge bases: The case of space communications[J]. Journal of the American Society for Information Science and Technology,2003,54(5):462-468.

[18] 王继民,王建冬,张鹏.我国数字图书馆研究论文(2005—2009)的统计分析:社群分析[J].数字图书馆论坛,2010(3-4):81-127.

[19] 王建冬.基于复杂网络方法的国内信息服务研究概念网络分析[J].现代图书情报技术,

2009(10): 56-61.

[20] 王建冬. 基于文献计量的国内信息资源管理研究领域分析[J]. 大学图书馆学报, 2010(02): 97-105.

[21] Networks/Pajek[EB/OL]. http://vlado.fmf.uni-lj.si/pub/networks/pajek/.

[22] Mcninch J H. The Royal Society Scientific Information Conference, London, June21-July2, 1948 [EB/OL]. [2008-09-06]. http://www.pubmedcentral.nih.gov/articlerender.fcgi?artid=194801.

[23] Bernal J D. Preliminary analysis of pilot questionnaire on the use of scientific literature [C]// Proceedings of the Royal Society Scientific Information Conference. London: Royal Society, 1948.

[24] Case D O. Looking for information: a survey of research on information seeking, needs, and behavior [M]. 2nd ed. London: Academic Press, 2007: 242.

[25] Hahn T B. What has information science contributed to the world [J]. Bulletin of the American Society for Information Science and Technology, 2003, 29(4): 2-3.

[26] Wilson T D. Information needs and uses: fifty years of progress [M]// VICKERY, B. C. Fifty years of information progress: a Journal of Documentation review. London: Aslib. 1994: 15-51.

[27] Fishenden R M. Information use studies. Part 1. Past results and future needs [J]. Journal of Documentation, 1965, 21: 163-168.

[28] Davis R, Bailey C. Bibliography of use studies(Project No. 195)[R]. Philadelphia, PA: Drexel Institute of Technology. 1964.

[29] Auerbach. DOD user needs study, Phase Ⅰ: Final technical report 1151-TR3 [R]. Philadelphia, PA: Auerbach Corporation. 1965.

[30] Ford G. User studies: an introductory guide and bibliography [R]. Sheffield: Centre for Research on User Studies. 1977.

[31] 吴荣峰. 国内情报用户研究期刊论文的统计分析[J]. 情报业务研究, 1993, 10(3): 153-157.

[32] 程刚. 近年来我国信息用户研究综述[J]. 情报理论与实践, 2005, 28(6): 667-670.

[33] 邱燕燕. 2000—2005年我国信息用户研究理论综述. 图书情报工作, 2006, 50(7): 58-61(72).

[34] 邹艺. 信息用户的研究热点分析[J]. 高校图书馆工作, 2006, 26(5): 20-23.

[35] 卢泰宏. 情报科学的三个研究规范[J]. 情报学报, 1987(1): 19-22.

[36] 相丽玲, 成列秀. 信息用户学学科体系构想[J]. 晋图学刊, 1998(1): 18-19.

[37] 胡小菁. 信息用户研究对象的广泛化趋势[J]. 图书馆, 1999(1): 29-31(47).

[38] 韩永青. 国外信息用户研究进展[J]. 情报科学, 2008, 26(7): 1102-1109.

[39] 胡昌平. 情报用户研究[M]. 武汉: 湖北科学技术出版社, 1987.

[40] 陈建龙. 信息市场经营与信息用户[M]. 北京: 科学技术文献出版社, 1994.

[41] 胡昌平. 信息服务与用户[M]. 武汉: 武汉大学出版社, 2008.

[42] Pettigrew K E, Fidel R, Bruce H. Conceptual frameworks in Information behavior [J].

Annual Review of Information Science and Technology,2001,35:43-78.

[43] Wilson T D. Human information behavior [J]. Information Science,2000,3(2):49-55.

[44] 王万宗.用户的情报需求及其情报行为[J].情报学刊,1984,5(1):59-62(74).

[45] 林平忠.论图书馆用户的信息行为及其影响因素[J].图书馆论坛,1996(6):7-9.

[46] 曹树金,胡岷.国外网络信息查寻行为研究进展[J].国家图书馆学刊,2002(2):46-53.

[47] 沙勇忠,任立肖.网络用户信息查寻行为研究述评[J].图书情报工作,2005(1):134-138.

[48] 朱婕,靖继鹏,窦平安.国外信息行为模型分析与评价[J].图书情报工作,2005(4).

[49] 曹双喜,邓小昭.网络用户信息行为研究述略[J].情报杂志,2006(2):79-81.

[50] 冯花朴.网络用户信息行为研究进展[J].情报杂志,2007(9):25-28.

[51] 张国海,张玉玲.论用户情报行为[J].图书情报工作,1994(1).

[52] 孙德华.关于信息行为社会控制体系的建立[J].武汉理工大学学报,2006,28(8):68-71.

[53] 王益明.北京市高校学生完成学位论文期间的互联网信息查询行为研究[J].数字图书馆论坛,2006(11):1-11(23).

[54] 任立肖.网络用户信息行为研究方法与工具的三维框架[J].中国信息导报,2007(10):59-61.

[55] FISHER K E,ERDELEZ S,MCKECHNIE L. Theories of Information Behavior[M]. Medford,NJ:Information Today,2005.

[56] 梁战平.情报学和情报工作的历史性贡献[J].情报理论与实践,2004,27(4):341-342(399).

[57] PORAT M U. The Information Economy:Definition and Measurement [M]. Washington, D.C.:Government Printing Office,1977.

[58] MARANJIAN L,BOSS R W. Fee-based Information Services [M]. New York:R. R. Bowker Company,1980.

[59] 于晓梅.高校图书馆信息服务市场开发度研究[J].图书馆建设,2007(5):92-93.

[60] 刘莉.电子商务与高校图书馆信息服务的思考[J].情报科学,2007,25(9):1317-1320.

[61] 毛军.图书馆信息服务和搜索引擎的跨界合作[J].现代图书情报技术,2006(9):2-7.

[62] 胡广霞,周秀会.信息共享空间:高校图书馆信息服务的新趋势[J].情报资料工作,2007(1):109-111.

[63] 张燕萍,谷皓.Web2.0 模式对图书馆信息服务的挑战与机遇[J].情报理论与实践,2006(6):719-722.

[64] 黄炜宇.数字图书馆个性化信息服务浅谈[J].现代情报,2007(10):81-83.

[65] 王玉林.数字图书馆信息服务基本法律问题研究[J].中国图书馆学报,2007(3):98-102.

[66] 娄策群,程鹏.发展我国信息服务业若干问题的调查与分析[J].情报学报,1994,13(3):192-200.

[67] 符绍宏.网络环境下的信息服务[J].情报学报,1999,18(5):455-462.

[68] 马海群.WTO与我国信息咨询服务业的创新发展[J/OL].中国科技产业.http://162.105.138.196/ceinet/hot topic/source/b/bc2001031209.html.

[69] 乌家培,周起凤.迈向二十一世纪的中国信息服务业——中国信息服务业的发展及其对策

[J]. 信息经济与技术,1994(10):8-13.

[70] 马费成. 步入 21 世纪的信息服务[J]. 武汉大学学报(哲学社会科学版),1996(6):112-117.

[71] 赖茂生. 21 世纪的电子信息服务体系(上、下)[J]. 中国信息导报,2000(1):6-9,(2):10-12.

[72] 周智佑. 现代信息服务产业与市场[M]. 北京:北京图书馆出版社,2001.

[73] 甘利人,张颖. 数字环境下我国信息服务业发展思考[J]. 图书情报工作,2003(5):98-101.

[74] 王平军. 西部地区现代信息服务业发展的对策研究[J]. 情报杂志,2007(10):120-122.

[75] 陈建龙. 信息服务论[D]. 北京:北京大学信息管理系,2002.

[76] Morris R C T. Toward a User-Centered Information Service[J]. Journal of the American Society for Information Science,1994,45(1):20-30.

[77] 柯青,王秀峰,孙建军. 以用户为中心的研究范式——理论起源[J]. 情报资料工作,2008(4):51-55.

[78] 胡磊. 论信息服务交互的用户信息行为理论基础[J]. 情报理论与实践,2010,33(3):46-49

[79] [美] L. 马兰建,R. W. 鲍斯. 收费信息服务[M]. 许鸿英,等译. 北京:中国科学院文献情报中心出版,1989.

[80] Campbell, J. D.. Shaking the conceptual foundations of reference: a perspective[J]. Reference Services Review,1992,20:29-35.

[81] Morris, R. C. T.. Toward a user-centered information service. Journal of the American Society for Information Science,1994,45(1):20-30.

[82] Dervin, B.. From the mind's eye of the 'user': The sense-making qualitative-quantitative methodology, In Glazier, J. D. and Powell, R. R.: Qualitative Research in Information Management, Englewood, CO: Libraries Unlimited,1992:61-84.

[83] Belkin, N. J.. Anomalous states of knowledge as a basis for information retrieval[J]. Canadian Journal of Information Science,1980,5:133-144.

[84] Taylor, R. S.. Information use environments[J]. Progress in Communication Science,1991,10:217-255.

[85] Kuhlthau, C. C.. Seeking Meaning: A Process Approach to Library and Information Services. Norwood, NJ: Ablex,1993.

[86] Robbin, Alice, et al. Extending theory for user-centered information services: diagnosing and learning from error in complex statistical data[J]. Journal of the American Society for Information Science,1997,48(2):96-121.

[87] Saracevic, Tefko, Kantor, P. B.. Studying the value of library and information services, Part1: Establishing a theoretical framework[J/OL]. Journal of the American Society for Information Science,1997,48(6):527-542.

[88] Kuhlthau, C. C.. Accommodating the user's information search process: challenges for information retrieval system designers[J/OL]. Bulletin of the American Society for Information Science,1999,25(3).

[89] Ferguson, Chris. 'Shaking the conceptual foundation,' too: Integrating research and tech-

nology support for the next generation of information service[J]. College & Research Libraries,2000,61(4):300-311.

[90] Aizone,T. et al. Autonomous decentralized service system supplying user oriented information services,7th World Congress on Intelligent Transport Systems,TORINO 2000. http://global.hitachi.com/Sp/TJ-e/2000/revnov00/pdf/r3_105.pdf

[91] Busch,Joseph A.. New ASIST president offers challenges and plans for 2001. Bulletin of the American Society for Information Science and Technology,2001,27(3). http://www.asis.org/Bulletin/Mar-01/busch.html.

[92] http://aisu.lboro.ac.uk:8080/owa/w1002.module_spec?select_mod=01ISC314.

[93] 刘昭东,陈久庚.信息工作理论与实践[M].北京:科学技术文献出版社,1995:551.

[94] 岳剑波.有偿情报服务的理论与实践[J].情报理论与实践,1990(3):5-8.

[95] 王万宗.信息管理与院系名称[J].信息科技动态,1999(8):1-3.

第二章 信息服务的基本原理

信息服务的基本原理是信息服务学学科建设中首先要研究的基本问题之一。本章将对信息服务的特性和生产过程、信息服务的要素及其逻辑关系、信息服务的内外条件等基本问题展开讨论。

2.1 信息服务的特性和生产过程

信息服务的特性是其区别于其他社会行为的特征表现,把握信息服务的特性和生产过程有助于更加全面、深入地理解信息服务的概念内涵和外延的演变,以及其产业化的发展过程。

2.1.1 信息服务的特性

信息服务在各行各业各领域普遍存在,又可以成为相对独立的行业。尽管如此,我们还是能够发现信息服务共同具有的和区别于其他社会行为的许多特性表现:

(1)用户导向性。这是信息服务的行为方向特性,是指以用户有待解决的问题及其目的为依据的服务方向、以用户利益为前提的价值取向和以用户的期望、体验和效用为核心的行为意向。表明的是信息服务不仅要求服务者以服务对象为中心,帮助服务对象提高认知水平和运用信息解决问题的能力,还强调信息服务的发展要同时发挥服务者和服务对象的积极性,发挥便于服务对象自助的智能化信息技术的作用。

(2)技术支撑性。这是信息服务的行为手段特性,表明的是信息服务与信息技术的密切关系。无论是信息服务的哪个环节,还是服务行为的哪种方式,往往要以技术为支撑。尤其是互联网信息服务,信息服务与信息技术在很多服务项目中已经融合在一起。

(3)专业性。信息服务的专业性有多方面表现:一是对服务者的素质有专门要求,专业队伍不断扩大;二是服务对象有专业基础;三是服务内容具有某学科领域的专业特征;四是服务策略是针对服务对象和内容专门制订的;五是信息服务已经成为专门的研究领域,信息服务学逐步成长成熟。

(4) 依存性。信息服务的独立存在是有其外围条件的,包括需求条件、技术条件和资本条件等;信息服务的发展中内部各个环节和各个方面紧密相连,外部与其他许多产业有较高的关联度。不具备这些条件,信息服务难以生存;不强化这些关联,信息服务难以发展。

(5) 交互性。信息服务的交互性表现的是服务者与服务对象之间互相交流的特性。通过交互,服务者全面、准确、及时、深入地了解和领会服务对象的真正需求和需求的来源,以及服务对象的认知变化和发展情况;通过交互,服务对象更多地意识到并表达出自身的需求,加深服务者对自身有关情况的了解和理解;通过交互,服务者与服务对象共同努力,发挥出两个积极性,促成任务的圆满完成和信息服务的发展。

(6) 模糊性。信息服务的有形与无形、可存与不可存只是同一连续体的两头,是难以截然分开的。虽然在很多情况下是无形的和不可触摸的,也是不可存的和即时消费的,但有形和可存的信息服务也是有的,这是由信息对载体的依赖性决定的。

(7) 社会性。信息服务实践都是在某种社会关系中进行的,都要运用一定的社会资源;信息服务的生产、管理和服务等劳动是社会分工中的一部分,具有社会规定性;信息服务的行为表现不仅是服务者自身的,更是人际间的、组织间的,属于社会行为。

(8) 独立性。信息服务是社会分工的结果,有其存在的相对独立性和实践领域的独特范围;信息服务形式结构中的要素组合有其独特要求和个性特征,往往表现为个性化服务;信息服务的帮助功能可以在实践中发挥独特的作用,具有不可替代性;信息服务的发展虽然常常跟随着经济和技术的发展,但更主要的是由于专门策略和措施的应用。

(9) 动态性。信息服务的动态性表现主要有:一是服务对象在解决当前问题过程中的信息需求随问题所处状态的演变而变化和发展;二是服务策略随着服务对象的认知水平和服务内容的变化而进行调整;三是信息服务随着生存条件和与其他产业的关联度的变化而变化,会有许多发展中的问题等待解决。

(10) 针对性。信息服务的针对性是指其功能的发挥是针对作用对象的。具体地讲就是针对服务对象的实际问题、素质状况和认知程度,不能好高骛远,片面追求高新与专深;针对服务对象的真正需求,认识到服务对象已经具有的基础和自身的作为,除非有服务对象的要求,不能什么情况下都采取"一条龙"的策略和做法;针对服务者自身的核心竞争能力,做力所能及的该做的事情。

(11) 适时性。这是信息服务的过程特性,表明的是信息服务在适当的时机发挥功能,无论是服务和产品的提供、疑惑的解释、秩序的引导,还是价值的保增,都有时机选择的问题,都有时间效应的问题。同时还表明信息服务的内容和策略选择、新项目开发和发展战略调整等的时代性特征。

(12) 实效性。这是信息服务的结果特性,表明的是信息服务对实际效果的追求。信息服务的实际效果直接表现为信息的消费、需要的满足、问题的解决、效益的取得等方面,有时难以测算。而且实际效果相对于服务者和服务对象而言有不同的侧重,有的侧重社会效益,有的侧重经济效益,有的侧重文化效益或其他效益。但是,追求整体效益的最大化和服务者与服务对象"双赢"的原则是要始终坚持的。

(13) 用户体验性。未来信息服务更加强调用户体验(User Experience),即用户在操作或使用一件产品或一项服务时的所做、所想、所感,涉及通过产品或服务提供给用户的理性价值和感性体验[1]。对信息服务来说,由于信息接受过程是一个复杂的心理过程,除了知识匹配等理性因素的作用外,感性因素如情绪、感受等在信息接受过程中同样起重要作用。呈现信息或传送信息的方式会影响用户接收和解释信息的方式,也会影响信息内容的传递效果。信息用户体验是用户与信息服务者互动的客观反映,它要求以用户为中心进行组织设计和提供服务。信息服务者在提供信息服务时,必须充分考虑用户在获知信息、获取信息、利用信息和共享信息等方面的体验。

随着我们对信息服务共同具有的特性的认识的不断加深和统一,信息服务概念的本质属性和信息服务的学科地位将越来越清晰,信息服务业发展的理论基础将越来越坚实,信息服务也将迎来健康、快速、持续的发展势头。

2.1.2 信息服务的生产过程

信息服务的生产过程不等于信息的生产过程,也不等于信息产品的生产过程,而是信息服务产品和特定服务的生产过程。这样的过程是指在一定的生产关系下,服务者以信息资源为劳动对象,借助信息技术等劳动资料,采用传递、处理、咨询或经纪等服务行为,经过需求对接、内容调研和综合集成等交互环节,形成可得、可见、可用的信息服务产品,并帮助信息用户解决问题的全过程。

也就是说,与其他服务和物质生产相比,信息服务的生产过程同样具有生产关系、劳动者、劳动对象和劳动资料等生产行为方面的要素。更重要的是,信息服务的生产过程中具有独特的服务行为和交互环节,以及对产品及其应用的独特要求。这也是区别信息服务与其他社会行为和生产领域的基本依据。

因此,在区分信息服务业的范围时要特别注意,不要把只符合上述过程中的某个环节或某个方面的生产活动归入信息服务业,如以信息资源为劳动对象并借助信息技术等劳动资料的还有广播、电视等信息传播活动、教育活动和科学研究活动,我们不能把广电、教育和科学研究等归入信息服务业,因为它的行为方式和目的等方面与信息服务不同;同样道理,设备技术服务等也不宜归入信息服务业,因为它虽然也用于用户的问题解决过程,但不是以信息资源为劳动对象。

可以说,信息服务的生产过程综合反映了信息服务的特性,表明了信息服务有别于其他服务活动和行业,也有别于其他领域的生产活动。同时,信息服务的生产过程体现了信息服务业务的基本流程。

2.2 信息服务四要素及其逻辑关系

2.2.1 信息服务四要素

从信息服务自身的结构角度考察,信息服务无论何时、何地、何类,都可以抽象出四种构成成分,或者说都有四个要素,这些要素就是服务者、服务对象、服务内容和服务策略。这些要素各自发挥独特作用,而且紧密相连和相互作用,共同构成信息服务活动,并促进信息服务活动的发展。

1. 服务者

信息服务者是指通过专门劳动提供信息服务的价值创造者,可以是个人或组织。

随着我国改革开放的推进和社会主义市场经济的发展,作为在一定的生产关系下与分配、交换、消费共同构成社会生产总过程的生产概念发生了重大变化,由原来只有物质生产的狭义的生产概念转变为同时包括物质生产和非物质生产的广义的生产概念。这种转变在我国国民经济核算体系中的反映就是国民账户体系的推行,也就是认为"全社会所有部门都有生产成果,都要计算其产出,包括从事非物质生产的各种服务部门"[2]。相应地,劳动的概念也发生了重大的变化,那些原来被认为不能创造劳动价值的非物质生产部门的劳动,也已被纳入了创造价值的劳动之中。

在这种情况下,探讨信息服务者的劳动性质和劳动价值就有了坚实的理论基础,也有了重要的实践意义,即纳入衡量一个国家的经济总量的国民经济核算体系。

我们认为,信息服务者的劳动是一种集生产劳动、服务劳动和管理劳动于一身的劳动,是能够创造新价值的劳动。

首先,信息服务者的劳动是生产劳动。判断一项劳动是否属于生产劳动,要考察其劳动对象、劳动资料、劳动产品等三个方面。劳动对象指的是为了生产而将劳动加于其上的一切东西,包括自然物和经过劳动加工的物质。显然,信息服务者在信息服务活动中要对已经经过别人劳动加工的信息产品(如文献)进行再度加工,形成信息服务产品,也就是要将信息服务者的劳动加于已经存在的物质形式的信息产品上。劳动资料,作为在劳动过程中用来改变或影响劳动对象的一切物质资料或物质条件,在信息服务者的劳动中投入的主要有高素质的劳动力、包含在信息设施等生产工具当中的资本和技术。信息服务者的劳动产品即信息服务产品,是信息服务者创造出来的精神产品(这并不否定信息服务产品价值的信息决定性),既可以当作生产资料用于其他生产,又可以当作消费资料用于满足人们的物质和文化生活需要。总之,信息服务者的劳动在一定意义上就是在一定的生产关系下利用信息设施等物质资料和物质条件将信息产品改变成为适合某种物质或文化生活需要的过程。

其次,信息服务者的劳动又是服务劳动。信息服务者在信息服务活动中,按照用户导向性原则,受用户的智能条件和有待解决的问题、信息需要或信息行为的拉动,在提供有针对性的信息服务产品的同时,还要时刻注意用户目的及有关条件的变化,指导和帮助用户逐步实现目的,求得问题的最终解决。这一过程表明,信息服务者是为用户工作,而不是为自己工作,而且自始至终要提供体力和脑力等活劳动,满足用户的各种相关需要。

再次,信息服务者的劳动还是管理劳动。信息服务者在信息服务活动中要生产、经营和发展,显然需要科学的管理;还要对用户的行为进展及有关情况进行管理。因而管理劳动也是不可或缺的。

信息服务者的劳动价值又是怎样创造的呢?

贝尔(Daniel Bell)说"服务是人与人之间的游戏。"[3]此话并非戏言。我们不妨运用博弈论来分析信息服务者的价值创造过程。博弈论将游戏分为游戏者(Player)、增加值(Added Value)、游戏规则(Rules)、战术(Tactics)、游戏范围(Scope)等主要组成部分[4]。虽然博弈论提供的是一种系统的战略方法,但其对人与人之间的价值关系的分析及对"合作竞争"思想的倡导,对本问题的讨论还是很有启发和借鉴意义的。

我们把信息服务活动中的"游戏者"区分为信息服务者、信息用户、供应者、竞争对手和辅助者,如图2-1所示。

纵向看,信息服务者向用户提供产品和服务,在帮助用户实现目的、获取利益的过程中获得产值。当然这一过程中要消耗来自供应者提供的劳动资料,产值中扣除这一部分就是增加值,也就是信息服务者创造的价值。这是信息服务者劳动价值的根本来源和创造价值的基本途径。这里的供应者主要是指与信息服务者有着后向关联的产业活动单位,如近年来迅速发展的"图书馆联盟"、"配送中心"等。同时,我们还要注意横向看,信息服务者价值的大小不仅由从用户那里获得的产值多少和从供应者那里转移过来的价值的多少决定,并且与游戏中的竞争对手和辅助者息息相关。竞争对手可能会降低服务者的增加值,但辅助者往往会提高服务者的增加值。辅助者就是因其产品被用户使用或其社会形象被用户首肯后而让用户更加看重服务者的产品和服务的个人或组织。比如"榕树下"网站[5],用户将自己原创的文学作品向网站投稿,供大家在网上免费浏览。网站在作者的授权下,采取编辑出版图书、向广播电台推荐稿件、交易版权等多种方式,以更多的载体形式、在更大的范围把优秀的作品推荐给读者,并转付给作者相应的稿费。显然,与该网站签约的出版社、电台等就成了辅助者,给该网站带来了可观的收益。

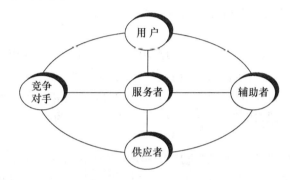

图 2-1 信息服务者的价值坐标

当然,我们还要看到,竞争对手、辅助者等身份不是固定不变的,今天的竞争对手可能就是明天的辅助者,反之亦然。总之,信息服务者的劳动是能够创造价值的,其价值也是复杂的、多来源的、多变的,就像坐标有正负象限,我们称之为信息服务者的"价值坐标"。

因此,信息服务者要具有独特的素质结构,包括一般素质、专门素质和专业素质等方面。当然,每个方面的素质越全越好、越高越好。

一般素质是指一般劳动者都要具备的素质和劳动者都要具备的基本素质。如健康的体魄、良好的心理状态、基本的道德规范、必要的文化修养等。

专门素质是指与信息服务活动相关的其他学科的知识和技能。信息服务活动往往同时涉及计算机科学技术、法学、经济学、管理学、心理学、社会学等学科;此外还经常属于某专业范围,这时就必须具备该专业的基本知识和技能。

专业素质是信息服务活动区别于其他服务活动的独特素质,是需要接受专门的教育或培训才能习得的。我们可以把信息服务者的专业素质概括为以下知识和技能:

(1) 分析和熟悉纷繁复杂的内外环境(尤其是经济环境、社会环境和信息环境);

(2) 理解信息用户;

(3) 分析和评定用户当前有待解决的问题;

(4) 研究和评定用户的信息需要和信息行为;

(5) 生产和评估信息服务产品;

(6) 匹配信息服务产品和信息与待解决的问题状态;

(7) 集成有关的信息技术、服务与技术、信息服务各要素、价值关系等;

(8) 评估、开发和管理信息服务;

(9) 了解和遵守职业道德和相关法律;

(10) 其他开展和发展信息服务的必要知识和技能。

2. 服务对象

概括地讲,信息服务的对象就是信息用户。我们知道,信息用户从事着各种各样的实践活动,面临着有待解决的各种各样的实际问题,需要使用特定的信息,遇到困难时经常需要有针对性的服务。因此,具体地讲,信息服务的对象就包括信息用户有待解决的问题、用户的信息需要、用户的信息行为等同一连续体上的众多环节。

用户信息行为就是指用户自觉地为解决问题而获取和使用信息的活动。信息查寻行为和信息使用行为是用户的基本行为。用户使用信息的过程是信息的消费过程,使用信息的结果是问题的解决。我们把用户使用信息所取得的效果称为信息效用。信息查寻行为和信息使用行为如何发生?又如何演变呢?演变的结果又是什么呢?我们根据图 2-2[6]加以简要地说明。

首先,用户因有待解决的实际问题而产生信息需要,信息需要经过一系列的复杂的心理活动导致用户的信息查寻行为。信息查寻行为以获得解决问题所需的相关信息为目的。用户获取所需的相关信息后,就可以完成为解决具体的需求提问而制订的查寻操作方案,并进而解决来自模糊的需要的需求提问,直至满足信息需要。

其次,用户通过信息查寻行为获取相关信息后,就会出现信息使用行为,包括信息消费行为和问题解决行为。信息消费行为的过程表现为:用户认知和吸收相关信息的内容;吸收到一定量后,经过用户的思维,对信息进行加工重组,再生新的信息;再生的信息用于与问题的目标状态相匹配。问题解决行为的过程表现为:用户先明确所要解决的问题的初始状态,然后依靠相关信息和再生信息改变初始状态(改变了的初始状态又称中间状态),直至达到问题的目标状态,也就是问题的最终解决。

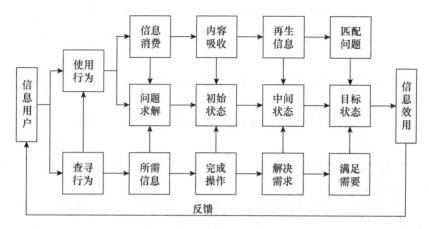

图 2-2 用户信息行为的过程和结果

第三，问题解决行为是用户信息行为的核心行为，信息查寻行为和信息消费行为都是因问题而产生又都为问题解决行为服务的。用户通过完成信息查寻的操作方案获得相关信息及直接吸收信息的内容，为的是进一步明确问题的初始状态；通过不断地解决需求提问和再生信息，为的是解决问题的某个或某些方面，求得问题的中间状态；用户的信息需要如果得不到满足，用户经过不断认知和思维而再生的信息如果不与问题的目标状态相匹配，用户的问题就得不到最终解决。

第四，信息效用是问题解决的结果，又是用户信息行为的动力或阻力。用户实际问题的阶段性解决或最终解决可能表现出多种意义，比如获得经济利益、取得研究或开发工作的进展等，这些意义只有用户自己最清楚，用户会在付出与得到之间进行衡量。也正因此，用户有时需要并接受信息服务，有时却不一定；在信息服务活动中时刻进行反馈，表现出有时积极，有时消极，甚至"莫名其妙"地退出。

3. 服务内容

信息服务内容是指信息服务者在信息服务活动中为用户提供的特定的服务和产品。因此，信息服务内容有两大类：一是特定的服务，二是独特的产品。需要进一步说明的是，特定的服务是信息服务的主要内容，这与用户导向原则是一致的，这种服务具体体现在帮助信息用户实现其上述目的和解决其问题的过程中；独特的产品不是一般意义上的信息产品，而是因特定的服务所需的为信息服务对象定制的产品，我们称之为信息服务产品。

需要说明的是，简单地把"信息"当作服务内容是不确切的。虽然信息服务产品的价值主要由其所含的信息决定，但这时的信息已不是一般意义上的信息，而是用于解决问题的具有明确指向性的信息。这种指向性程度的不同，也是信息产品与信息服务产品相区别的根源所在。

在"北美行业分类体系"(North American Industry Classification System,NAICS)中,人们对信息产品进行了可操作性界定,认为信息产品具有以下一些特性[7]:

(1) 信息产品不一定有有形的特征和固定的形式,如报纸、电视节目等,这与传统的物品是不同的;

(2) 信息产品的交付不要求供给者与消费者直接接触,如软件产品等,这与传统的服务是不同的;

(3) 信息产品对消费者的价值不在于其有形的特征,而在于其信息的内容,取决于对内容的理解吸收;

(4) 信息产品可以轻易地被复制,这与物品和服务不同,需要版权法来保护其无形资产;

(5) 信息产品在生产和分发过程中因其无形资产而与其他物品和服务明显不同,只有拥有所有权或得到授权的人才能复制、修改和分发,获得和使用这样的权利经常需要很高的成本,技术的发展改进了信息产品的分发方式,使得以物理形式或通过广播或网络分发成为可能;

(6) 信息产品的分销商能较为容易地增加分销产品的价值,与传统的分销商不同,他们不是从原始产品的销售中获利,而是靠向原始产品加入新的信息来获利,比如,一个光盘出版商在获得大量的以前出版的报纸和期刊论文的出版权后,通过提供查寻和软件、对信息进行重新组织以便易于查找和检索,这样的产品就可以卖出更高的价格。

信息服务产品作为因特定的服务所需为信息服务对象定制的产品,包括两类:一类是独特的信息产品;另一类是辅助服务的产品。

信息服务产品作为独特的信息产品,除了具备上述信息产品的特性外,还有其独特性。信息服务产品的独特性至少表现在以下几点:

(1) 信息服务产品的消费对象明确又直接,而一般信息产品的消费对象不明确,也不一定直接。为谁服务,信息服务产品就直接地被谁消费使用;而一般的信息产品可以被大众消费使用,购买者不一定自己消费。

(2) 信息服务产品所承载的信息的用途明确又单一,而一般信息产品所承载的信息的用途不明确,也不一定单一。这是因为信息服务产品所承载的信息是针对用户要解决的问题及问题的某个方面的,而一般信息产品却不是。

(3) 信息服务产品的生产是为信息服务对象定制的、个别的,而一般信息产品的生产是非定制的、批量的。信息的载体形态、知识形态和价值形态在信息服务产品的生产过程中,始终以用户待解决的问题及其需要和吸收能力为依据;而在一般的信息产品的生产过程中,主要是以生产条件或生产任务为依据的。比如,关于城市中的民工问题的调查报告,学者、政府有关部门都可以自行调查并写出来,都可以在报刊上发表、出版单行本或发布在网络上,这时可以成为一般的信息产品,供大家阅读了解有关情况;但假如是受某个企业或政府领导的委托,报告的内容就要体现委托者的要求,报告的文字就要符合委托者的阅读特点,写出来的报告就不能提供给他人,这时的调查报告就成了信息服务产品。

(4)信息服务产品的价值比一般信息产品的价值更高。这是由上述独特性决定的。

辅助性质的信息服务产品是指为了使信息服务活动顺利进行而转用的非信息产品。尤其是当今信息服务与信息技术的关系越来越密切,甚至无法分离的情况下,信息服务活动往往需要许多技术产品的支持和辅助。这类产品虽然不为信息服务活动带来增加值,但也是不可缺少的劳动资料。比如,把一篇报告传真给用户时,需要传真机的支持和辅助等。

4. 服务策略

就信息服务活动来讲,在服务对象、服务者和服务内容基本明确以后,服务者以什么方式和手段把服务内容提供给服务对象,也是非常重要和不可缺少的环节;如果说信息服务对象问题回答的是"向谁提供"、"什么时机提供",信息服务者问题回答的是"谁来提供",信息服务内容问题回答的是具有特定意义的"提供什么",那么信息服务策略问题就要回答具有特色的"怎样提供"。信息服务策略就是指信息服务活动中必要又充分的方式和手段的组合和运用。信息服务有哪些方式和手段呢?在某种信息服务活动中,如何运用必要又充分的方式和手段呢?

信息服务方式指的是信息服务活动中提供特定服务和信息服务产品的较为普遍的、一般的方法和形式;信息服务手段则是指提供的具体方法。信息服务方式和信息服务手段是信息服务策略研究重要的基本的内容。

信息服务方式多种多样,难以列举。我们可以从信息服务的不同维度来分析出信息服务的基本方式,如图 2-3 所示。

(1)从信息服务中服务者的能动性维度看,信息服务方式有主动服务和被动服务。

主动服务是指服务者在服务活动中充分发挥其主动性和积极性的服务方式。包括在服务活动开展之前不是等靠要,而是主动展示自己,主动寻求用户,主动了解用户当前有待解决的问题和信息需要,积极争取服务活动的立项;在服务活动进行当中,主动分析用户的具体要求及引发要求的信息需要和产生信息需要的问题,分析用户的心理变化和需求变化,帮助用户吸收理解问题解决所需的信息和总结前一阶段的经验,必要时主动寻求其他服务者和有关方面的帮助;在服务活动结束后,及时总结。

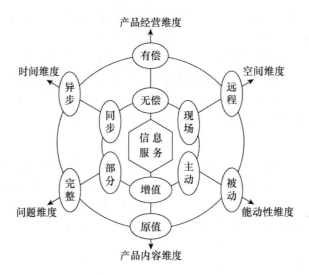

图 2-3　信息服务六个维度

被动服务是指服务活动的起因是用户提出的服务请求,服务者接受服务请求后积极开展的服务方式。看得出,被动服务只表明服务项目的来源相对于服务者是被动的,其他的环节与对主动服务的要求并无二致。

(2) 从信息服务产品内容的维度看,信息服务方式有增值服务和原值服务。

增值服务是指向用户提供的是经过服务者综合加工处理的信息服务产品的服务方式。信息服务的增值体现在信息获取性增值、序化积累性增值、交流服务性增值等三个方面。它是从用户受益的角度出发分析新服务的价值,其不仅包含信息服务机构追求的经济效益,也有它所产生的不同于物质商品的巨大社会效益。

原值服务是指向用户提供未经综合加工处理的信息产品的服务方式。其主要存在于传统的信息服务提供过程中,例如图书馆、档案馆等的借阅、咨询、培训等活动过程中,服务者只是帮助用户找到问题解决所需的信息,并及时提供给用户。因此,原值服务不等于服务劳动没有增加值。

(3) 从用户有待解决的问题维度看,信息服务方式有部分服务和完整服务。

部分服务是指服务对象并不是来自用户当前要解决的问题的全部方面,而只是问题的某部分引发的信息需要和行为过程的服务方式。用户解决有的问题,或解决问题过程中有的时候可能只需要服务者提供一个数据、一份资料或一件事实。

完整服务是指服务对象来自用户当前要解决的问题的全部方面的服务方式。也就是说,在这种服务方式中,服务者提供全方位服务,参与用户解决问题的全过程。如"一站式服务",既提高了服务质量和服务效率,又提高了用户满意度。

(4) 从需要与提供服务的时间维度看,信息服务方式有同步服务和异步服务。

同步服务是指用户提出具体要求与服务者提供服务之间没有延时或延时在限度(如24小时)内的服务方式。

异步服务是指用户提出具体要求与服务者提供服务之间有较长的时间间隔的服务方式。这种时间间隔不是由服务者有意拖延造成,而是由问题的复杂程度和最佳提供时机决定的。

(5) 从信息服务产品经营维度看,信息服务方式有无偿服务和有偿服务。

无偿服务是指服务者不以盈利为目的的服务方式。包括公益性质的不收取任何费用的信息服务、非营利性质的只收取劳动资料和劳动对象成本的信息服务、盈利性质的服务中尚处市场推广展示阶段的信息服务。

有偿服务是指以盈利为目的的服务方式。信息服务企业的服务从这个维度看主要是有偿服务方式。

(6) 从服务者与用户在信息服务活动中的空间距离维度看,信息服务方式有现场服务和远程服务。

现场服务是指服务者当面把特定的服务和信息服务产品提供给用户的服务方式。

远程服务是指服务者通过一定的技术条件把特定的服务和信息服务产品远距离地提供给用户的服务方式。这主要是信息技术(尤其是网络技术)发展和普及的产物。

其实,我们从图2-3中还能看出,信息服务的基本方式除了各个维度上列举的以外,还有更多的是由不同维度上的基本方式交叉组合而成的,如主动的增值服务、主动的部分的增值服务、主动的部分的同步的增值服务,等等。就像图中的圆圈,我们还可以绘出连接着来自不同维度的两种或两种以上方式的圆圈。

还要说明的是,各种基本方式都有各自相对的优势和不足,选择适当的信息服务方式对信息服务活动的顺利进行至关重要。判断所运用的服务方式适当与否,就要看这种形式能否与信息服务内容较好地统一起来。因此,信息服务的基本方式不存在孰优孰劣,能与信息服务内容很好地统一起来的方式就是很好的信息服务方式,无法与信息服务内容统一起来的方式只能影响或阻碍信息服务活动的顺利开展和发展。

同样地,信息服务手段也是多种多样的,在信息服务的各个环节都有许多相应的手段,而且随着科学技术的发展而不断地、快速地发展和增加。我们可以把信息服务手段横向区分出技术手段和经营手段两大范畴,也可以把信息服务手段纵向划分为传统手段和现代手段两大体系。这样,信息服务手段就可以分为以下四大类:

(1) 传统技术手段。这种手段主要是指长期以来一直在使用的人工信息服务方法和一些已经过时但仍能使用的技术方法,如书本式和卡片式目录、索引、电话、传真、缩微技术等。

(2) 传统经营手段。这种手段主要是指长期以来形成的信息服务产品生产和特定服务提供的具体方法,如新书通报、新书陈列、剪报、邮寄服务等。

(3) 现代技术手段。这种手段主要是指计算机技术、通信技术及二者的结合技术在信息服务活动中的具体应用所形成的技术方法,如数据库技术、搜索引擎技术、数据挖掘技术、专家系统、数字图书馆技术、数字地图技术、远程传递技术、计算机网络等。

(4) 现代经营手段。这种手段主要是指在现代企业的经营思想启发下,结合信息服务的特点所形成的具体经营方法,如广告促销、公共关系、大型展览、协同竞争、核心力竞争、用户满意导向、战略经营等。

其实,信息服务手段不仅在信息服务活动中的信息获取、加工、传递、使用和信息服务产品的生产、经营,以及特定服务的提供等众多方面发挥重要作用,而且技术手段和经营手段的发展变化往往会带来许多新的信息用户,新的信息服务项目,形成新的信息服务策略,创造出新的信息服务模式,也会带来新的信息安全问题、信息存储问题、知识产权问题、技术稳定性问题、信息服务市场秩序问题等有待解决的问题。比如,互联网技术的诞生和发展,使得信息用户数量猛增、信息意识增强、信息需求增加、自我服务能力提高;使得电子邮件、搜索引擎、网上购物等服务项目成为现实;使得实时传送、远程服务、增值服务等服务策略能够实施;使得"个人图书馆"、企业信息服务等服务模式应运而生;与此同时,信息被盗、无意泄密、侵犯知识产权和个人隐私、"网络泡沫"等问题也随之而来。

2.2.2 信息服务各要素间的逻辑关系

信息服务四要素各自发挥独特作用,而且紧密相连和相互作用,共同构成信息服务活动,并促进信息服务活动的发展。

首先,这些要素各自承担独特的角色,发挥独特的作用。服务对象是信息服务的出发点和导向。这不仅取决于信息服务中信息流的总体流向,而且还取决于服务目的的实现过程。虽然信息服务中的信息流是双向交互的,即流向和流出于服务对象,但流出于服务对象的需求信息是先行的,没有需求就无须服务;服务的目的是在服务对象实现目的后实现的,如何帮助服务对象实现目的是贯穿服务活动全过程的任务。

服务内容是信息服务的基础和质的规定性。作用于服务对象的服务内容有特定的服务和独特的产品,虽然服务对象需要的和对实现目的真正起作用的是信息,但这些信息在服务中是承载于能让服务对象感觉得到的"服务"和看得见的"产品"

中的。没有这些服务内容,信息服务就无从开展。不同信息服务之间在质上的区别主要是由这些内容的差异造成的。

服务策略是信息服务的保障和路径。服务内容与服务对象之间的有效匹配是有程序的,而不是随意和无序进行的;是需要适当的方式和手段的,而不是没有讲究的。另外,以服务方式和手段、服务程序为主要内容的服务策略,对于信息服务中如何为服务内容寻求合适的服务对象、为服务对象寻求合适的服务内容,也是同样具有重要意义的。

服务者是信息服务的纽带和桥梁。在全面、准确地了解和把握服务对象的需求后,服务者往往要运用适当的策略,把相应的内容提供给服务对象,成为服务对象与服务内容之间的纽带。随着智能化信息技术的发展,服务对象在很多情况下可以自助服务,服务者只须在服务对象与其所需的内容之间搭建起服务平台即可,只起到桥梁的作用。

其次,这些要素彼此间相互作用,而且紧密地联系在一起,共同构成信息服务活动。如图 2-4 所示。

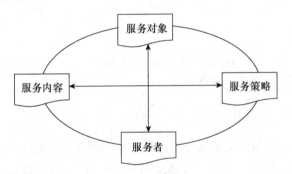

图 2-4 信息服务要素结构

不难发现,服务对象产生对信息服务的需求后,需要的是独特的信息及其载体和产品形式,对何时、以何种方式和手段提供是有条件限制的,对服务者的服务质量也是有明确要求和期望的;服务者为了全面、准确地了解、把握和满足服务对象的需要,必须得到服务对象的积极配合,必须制订并运用适当的服务策略,必须提供有针对性的内容;同样地,服务内容是否有针对性取决于服务对象、服务者和服务策略的综合作用;服务策略是否适当,取决于服务对象、服务者和服务内容的综合作用。

从这个角度看,信息服务活动就是以服务对象为导向、以服务内容为基础、以服务策略为保障和以服务者为纽带的社会行为。

第三,这些要素在新的社会关系中将促成信息服务形式的变化。包括生产关系在内的社会关系,随着生产力等方面的发展而不断调整和变化,是人类社会的任何实践活动赖以存在和发展的社会基础。信息服务更是不例外,在经济体制、科技体制和社会管理体制等方面进行重大改革和调整进程中,服务者的生产力作用得到进一步的解放和发展,可以在原有社会角色的基础上改换为企业等经济角色;信息处理和提供的技术手段随着计算机技术、通信技术和网络技术的发展出现空前的变化;包括信息产品、信息技术等在内的信息资源成了重要的劳动对象和劳动资料,发挥出了生产力作用;人们的日常生活和生产经营活动对信息的需求逐渐增强,而且越来越需要其他社会分工的帮助,信息服务的社会需求逐步形成和发展。

可见,信息服务的各个要素在新的社会关系中出现了重大的发展和变化。这种发展和变化不仅体现在量的增长上,而且还体现在质的变化上。其结果就是信息服务已不仅仅是以自然形式的"活动"存在,而且出现了带有社会规定性的"产业"和"行业"的存在形式,亦即"信息服务业"形式。当然,"信息服务业"这一形式也在发展和变化。

2.3 信息服务的内部和外部条件

与其他实践活动一样,信息服务也要具备必要的条件,而且更多、更严。这些条件大体上可分为内部条件和外部条件。

2.3.1 信息服务的内部条件

信息服务的内部条件主要是指信息服务活动和信息服务业范围内的无法回避的影响因素和标准要求。如果这些因素和标准不具备,信息服务就无法进行。这些条件主要有以下几个方面:

(1) 服务对象对信息和信息服务的明确需求和必要的智能基础。

我们知道,能够表达出来的信息需要被称为信息需求,信息需求只是整个需要状态中很少的一部分;另外,人们有了信息需求后,自己都能在一定程度上有所作为,并不是有信息需求的人都将成为信息服务对象。因此,如果没有服务对象对信息和信息服务的明确需求,也就无所谓信息服务了。同时,如果服务对象无法理解和吸收提供给他的信息内容,信息服务也就无法进行了。

(2) 服务者相应的服务能力和信息资源开发能力。

信息资源的开发能力包含很多内容,如对信息技术掌握、信息系统的使用、信息规则的熟悉、信息环境的了解、信息素养的培育等,以及具体的对信息的表达、搜集、整序、组织、存储、检索、重组、转化、传播、评价、应用的能力。很明显,服务者如果不能准确了解和把握服务对象对信息和服务的需求,不具备相应的服务能力和资源开发能力,不能利用现有的信息资源开发出服务对象所需的知识内容或产品形式,信息服务也就无法展开。

(3) 较高的信息可得性和易接近性以及相应的生产能力。

信息的可得性和易接近性对信息服务开展十分重要。因为并非所有的信息源对所有信息主体而言都是同样可得和易接近的,很多因素会限制特定信息源对特定信息主体的可得性[8]。这样看来,即使上述两个条件均具备,但服务对象所需的信息尚不存在或已经存在而得不到,或者所需信息被淹没在海量信息中而无法识别,从而导致信息服务内容无法生产,那还是不能开展信息服务

(4) 捕捉需求的变化和应变的能力。

从前面的分析中可以看出,信息需求是信息需要发展的产物,又是随着问题解决的进展而处在变化之中的;服务对象所需的信息也是不断地产出、不停地流动的。这就要求信息服务要随需求和信息的变化而进行调整,不能以不变应万变。否则,信息服务就难以继续进行。

(5) 可以利用的资本和技术条件。

资本和技术已成为重要的生产要素。在信息社会,信息服务的开展离不开社会资本、信息资本、智力资本等资本支持,也离不开互联网、通信网等网络技术的支撑。尤其是当前的信息服务,一方面是信息资源的开发和可利用程度不高,服务者只能更多地依靠自己的努力,另一方面是信息与技术、服务与技术的融合程度不断提高,都将因资本的不足和技术条件的不具备而寸步难行。

(6) 基本的标准和规范。

信息标准是对信息管理的过程、产品、方法等重复性事物的统一规定。信息服务虽然因其服务的特色化要求、服务方式更加多元化,以及服务对象的个性化程度更高,与其他服务相比,更难于制定标准和规范。但作为有组织的社会行为,信息服务同样要有标准和规范,要有并兑现"承诺"。否则,信息服务就难以在社会中生存。

(7) 科学合理的专门政策和法规。

信息服务涉及服务者与社会之间、服务者与服务者之间、服务者与服务对象之间、服务者与信息之间、服务对象与信息之间等众多的关系,劳动权益问题、劳动积极性问题、知识产权问题、消费者权益问题、合作与竞争问题等等问题必须通过科学合理的内部政策和法规加以妥善解决。

(8) 专门理论的指导。

离开实践的理论是空洞的理论,离开理论的实践则是盲目的实践。虽然信息服务的理论来源于信息服务实践,但理论对实践的指导作用不能忽视。否则,信息服务就会缺乏后劲,甚至迷失方向。

2.3.2 信息服务的外部条件

信息服务的外部条件主要是指信息服务活动和信息服务业范围外的不可缺少的影响因素和标准要求。如果这些因素和标准不具备,信息服务的纵深发展就会受到阻碍。这些条件主要有以下几个方面:

(1) 良好的社会环境。信息服务具有一定的社会性。社会性信息服务的开展需要政策、制度、法律、标准等社会环境的保障。信息服务在宏观上依赖于国家信息政策指导下的正确策略。制度方面主要包括良好的经济制度、政治制度、法律制度、科技制度、教育制度等。法律方面目前比较匮乏,仅有一些互联网内容管理和信息安全的条例和办法,但这在某些方面也确立了信息服务主体与客体的共同规则,起到了强制性的社会约束和管理作用。信息标准则可以为信息服务建立最佳秩序和取得最优效益提供保障。可见,良好的社会环境是开展信息服务不可缺少的支撑体系;另外,信息服务还会受到社会文化-心理特征、区位优势等文化环境因素的影响。

(2) 良好的社会关系。信息与社会具有不可分割的关系,一定社会条件和环境必然对应着基本的社会信息运动方式和体制,相应地,信息服务的基础存在于社会之中,包括能够促进生产力发展的生产关系、与其他社会系统的和谐关系等等。从社会经济形态上看,社会关系体现了社会发展过程中,信息服务的经济关系与生产关系,是一定社会条件下各种信息服务关系的总和,涉及信息服务生产能力的各个要素;从社会意识形态上看,这些社会关系是信息服务对社会存在的反应,是社会组织及其成员利用信息服务的社会综合作用的结果;从社会形态的客体与主体作用上看,它是一切形态的信息客体(包括信息与技术)与主体(社会成员)相互作用的反映,这种反映产生于各种社会活动之中,这些社会关系对信息服务的存在形式、资源分布、业态发展、信息资源的开发与利用起着关键作用。

(3) 有利的经济和社会发展政策。包括国民经济的产业政策、人事政策、税收政策、金融政策、信息化政策等等。

(4) 高效的人才培养体制。包括信息服务人才的培养和输送、信息服务者的继续教育等等。

参考文献

[1] Lucas Daniel. Understanding user experience[J]. Web Techniques,2000(8):42-43.
[2] 朱高峰.产业大观[M].北京:清华大学出版社,暨南大学出版社,2000:14-15.
[3] 秦言,李理.中国企业服务竞争[M].北京:中国计划出版社,1999:41.
[4] 王忠明,杨东龙.战略与管理变革[M].北京:中国经济出版社,1999:287-294.
[5] http://www.rongshu.com.

［6］陈建龙.信息市场经营与信息用户［M］.北京：科学技术文献出版社，1994：195-198.
［7］http：//www.census.gov/epcd/www/naics.html.
［8］于良芝."个人信息世界"——一个信息不平等概念的发现和阐释［J］.中国图书馆学报，2013（1）：4-12.

第三章 信息服务的基本方法

信息服务的基本方法也是信息服务学学科建设中首先要研究的基本问题之一。原则是说话或做事所依据的法规或标准要求,开展信息服务活动需要遵循一定的原则。我们知道,信息用户就是信息服务的对象,他们从事着各种各样的实践活动,面临着有待解决的各种各样的实际问题,需要使用特定的信息,经常需要有针对性的服务,即信息服务的对象包括信息用户有待解决的问题、用户的信息需要、用户的信息行为等同一连续体上的众多环节。在服务者为用户提供信息服务的过程中,其不仅要遵循"用户导向"这一基本原则,而且要遵循一些专业原则。践行并坚持这些原则,就是信息服务的基本方法。这些基本方法的运用,就能体现信息服务的专业精神。

3.1 信息服务的基本原则

信息服务的基本原则是对整个信息服务活动适用的、体现信息服务基本价值的原则。信息服务的基本原则是用户导向原则,要在信息服务活动中贯彻用户导向原则,必须首先了解用户的目的。

3.1.1 用户的目的和用户导向理念的新实践

1. 用户的目的

信息服务活动要想取得真正有效的结果,就必须准确理解信息用户,明确了解用户的目的。

(1) 理解信息用户。

准确理解信息用户并不是简单容易的事情。长期以来,信息用户一直是情报学、信息管理学等学科的重要研究内容,许多学者对信息用户进行了大量深入的调查研究,如以以郝兰德(L. Hogland)和伯森(O. Persson)为代表的致力于因素分析的"关系模型"研究及以威尔逊(T. D. Wilson)和费曼(S. Feinman)为代表的致力于过程分析的"程序模型"研究[1]。在允分吸收前人的研究成果的基础上,我们认为:信息用户因当前面临的实际问题而产生信息需要,因信息需要并经过复杂的心理活动而产生信息查寻行为,因获取所需信息而出现信息的使用过程,使用的结果导致实际问题得以解决。

这样的概括理解对实际中的信息服务工作是很有帮助的。我们在信息服务活动中至少要综合理解信息用户的以下一些具体内容:

① 信息用户在当时的自然属性是什么?如性别、年龄、民族、行业、职责、具体任务、社会地位、地域、知识水平、经济能力等;

② 信息用户在当时的个性倾向性是什么?如需要、动机、兴趣、世界观和人生价值观等;

③ 信息用户在当时的态度是什么?如认知程度、情感和行为倾向的强烈程度等;

④ 信息用户在当时所处的环境是什么?如社会环境、地理环境和信息环境等;

⑤ 信息用户的实际问题相对于个人和环境的重要性、紧迫性、可识别性程度如何?

⑥ 用户信息需要的意识程度和表达程度如何?

⑦ 信息用户的心理状态如何?

⑧ 用户的信息查寻条件、选择余地、查寻能力、运用能力和问题解决能力等如何?

⑨ 信息用户已有的成功经验和失败教训有哪些?

⑩ 用户对信息服务的期望是什么?

当然,并不是每次实际的信息服务活动中都需要依据上述十个方面逐一对用户进行分析,服务者可以根据具体情况和实际条件来确定需要重点分析和理解的方面,例如,当服务者对用户的自然属性、个性倾向和态度等比较熟悉时,那么这些方面的情况就成为服务者开展信息服务工作的背景,他们就要把主要的时间和精力用于去分析和了解用户其他方面的情况。但有一点需要明确的是,在开展具体的信息服务工作之前必须有针对性地了解和掌握用户的相关情况,这样才能够有的放矢,提高信息服务的效率,这也是实现用户导向性的基础和保障。否则,实际的信息服务工作则会事倍功半,甚至与用户的目的和期望背道而驰。

在准确而又充分理解信息用户的基础上,我们就可以找到信息服务活动中许多问题的答案,如"为什么用户意识到的信息需要已经满足而问题得不到解决?"、"为什么用户在问题解决的不同阶段会出现不同的信息行为?"、"为什么用户所需要的信息和服务是特定的?"等;我们就可以在信息服务活动中避免"以服务者自我为中心"、"偏离服务对象"、"忽视用户当前面临的实际问题"、"急于求成"等现象所带来的危害;同时,我们还可以进一步了解用户在信息服务活动中的目的。

(2) 明确用户的目的。

用户的目的与要解决的实际问题直接相关。问题解决的方法有多种,其中,手段-目的分析法(Means-end Analysis)是信息服务实践活动中使用较多的一种方法。手段-目的分析法是指把问题的目标状态(总目标)划分成若干子目标,通过逐步实现这些子目标最终达到总目标,即解决问题。此方法的核心是找出问题的当前状态与目标状态之间的差距,并逐步消除这种差距。纽厄尔(A. Newell)和西蒙(H. A. Simon)[2]描述了手段-目的分析法的一个经典例子,"我想送我的儿子去幼儿园。我现在的状况与我所要求的状况之间的差别是什么呢?主要是地理距离。什么东西能消除这种距离呢?汽车。我的汽车开不动了,凭什么才能开动它呢?新的蓄电池。什么地方有新蓄电池呢?汽车修理铺。我想请修理铺给我换装蓄电池,可他们并不知道此事。此时困难在哪里?通知他们。用什么手段通知呢?电话。……如此等等。"

上述例子采用"放慢镜头"的方式将"我想送我的儿子去幼儿园"这一总目标逐步分解成"消除地理距离""开动汽车""换新的蓄电池""通知汽车修理铺"和"打电话"等子目标,并分析和找出了这些子目标的当前状态与目标状态之间的差距。由此可见,如何把当前状态转变为目标状态以及如何寻找并运用某种手段消除差距,是手段-目的分析法的两大问题。如图 3-1 描述了手段-目的分析法在解决上述两大问题时相对应的两种信息流程。流程 1 把问题的差距分解为许多小的差距,以消除一个差距作为一个子目标,并试图消除被认为是最主要的差距。流程 2 企图找到一个能消除差距的手段,然而因手段与环境可能不一致,使得这个手段不能马上应用,这就先要消除阻碍手段应用的差距。

信息用户作为信息服务活动的重要的结构要素,其总的目的就是为了获取有针对性的特定的服务和信息,并求得当前面临的实际问题的解决。很显然,信息用户自身是有所作为的,能够在相当程度上自我服务,其所需的服务和信息是因人、因时、因地、因问题而有所不同的,也就是说,信息用户在信息活动中的目的是多样的、多变的、有条件的。具体地讲,主要有以下几方面目的:

① 当信息用户面临有待解决的问题时,如果已经具备"问题解决所需的信息",则不需要信息服务;如果信息不够,则可能需要信息服务。这时信息用户在信息服务活动中的目的就是为了得到必要的服务,获取自己所缺的信息或信息产品;或者是为了寻求合适的信息服务者,并得到"一条龙"式的外包服务。

② 当信息用户意识到信息需要时,如果能够"清晰地、具体地知道自己所需的信息",就会开始信息查寻活动,出现下述的相应的目的;如果其信息需要仍是模糊的、概括的,这时信息用户在信息服务活动中的目的就是为了得到必要的服务,以求得对自己所需的信息或信息产品有清晰的、具体的了解。

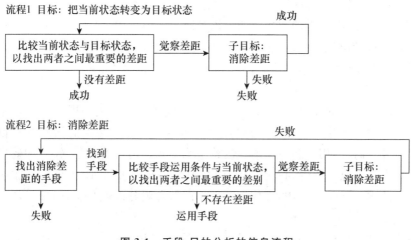

图 3-1 手段-目的分析的信息流程

③ 当信息用户已经处在信息查寻阶段时,如果用户自身具备"足够的查寻能力",那么这时信息用户在信息服务活动中的目的就是为了得到必要的服务,能够使用服务者提供的查寻条件,并获得所需的信息或信息产品;否则,就是为了得到指导查寻服务或委托查寻服务。

④ 当信息用户已经得到所需的信息或信息产品时,如果用户自身具备"足够的信息使用和吸收能力",就会开始信息消费活动,出现下述的相应的目的;否则,这时信息用户在信息服务活动中的目的就是为了得到必要的服务,以求得服务者的指导消费服务、信息分析服务或咨询服务。

⑤ 当信息用户已经处在问题解决阶段时,如果用户自身具备"足够的问题解决能力",就在这个问题上不再需要信息服务了;否则,这时信息用户在信息服务活动中的目的就是为了得到必要的服务,以求得服务者的指导解决服务或专业咨询服务。

⑥ 当信息用户在自身具备"足够的问题解决能力""足够的信息使用和吸收能力""足够的查寻能力""清晰地、具体地知道自己所需的信息"和"问题解决所需的信息"的情况下,仍然无法解决问题时(其实这种情况经常发生),如果用户不放弃解决问题,仍然需要信息服务,那么,这时信息用户在信息服务活动中的目的就是为了得到更强有力的服务者提供的诊断服务或问题解决方案服务,以求得当前问题的最终解决。

上述关于信息用户在信息服务活动中的目的多样性、多变性和有条件性特点告诉我们,相对于信息用户来讲,信息服务可能是全过程服务,也可能是阶段性服务;可能是全方位服务,也可能是单方面服务;可能是信息原值服务,也可能是信息增值服务;用户无论在哪些环节上需要服务,需要的都是特定的服务;无论是哪种服务,用户在信息服务活动中的目的应该是服务者的目的,服务者都要为实现用户的目的服务;任何在信息服务活动中的"搭便车""避重就轻""另有他图""无的放矢"等做法都是有害的、不道德的、不负责的、不应该的。

2. 用户导向理念的新实践

信息服务活动的成效受其他要素和许多因素的影响,坚持用户导向性是其中的关键。我们已经认识到,用户导向性就是指以用户有待解决的问题及其目的为依据的服务方向、以用户利益为前提的价值取向和以用户的期望、体验和效用为核心的行为意向。以用户导向性为核心内容的用户导向理念,既尊重用户在信息服务活动中的重要意义和作用,又体现了新型的信息服务价值观念,引领了新的信息服务实践。

在实践中,"以用户满意为目标"的信息服务实践就是用户导向理念的生动体现。其基本做法就是根据信息用户有待解决的问题及由此产生的信息需要和用户的自身条件提供有针对性的特定的服务和信息产品,努力让信息用户对服务者、服务质量和产品质量感到满意,通过帮助用户解决问题、获得实际利益来实现自身的价值,并以此为策略,巩固和发展用户,实现更大的价值。"以用户满意为目标"是对"以用户为中心"的理念和观念的进一步发展,在某种意义上是受其他行业的经营实践的启发而产生的,是"网络时代""服务经济时代"的产物。学界也对这一新的信息服务理念下的实践活动进行了许多研究和探讨,取得了不少有益的成果。例如,吕娜和余锦凤[3]通过对数字图书馆用户满意度的影响因素的分析,构建了数字图书馆用户满意度模型,并利用该模型对某大学的用户满意度水平进行了测定,提出了关于该大学图书馆需要改进之处的建议;关华和殷敏[4]基于顾客价值与顾客满意度相关理论,在实证研究的基础上,运用因子分析法对旅游网站信息资源用户满意度的影响因素进行了量化分析,并提出了相应的改进对策。在"以用户满意为目标"的服务实践的影响和支配下,综合程度更高、智能化程度更高和个性化程度更高的信息服务活动和项目不断涌现,并呈现出了其强大的生命力,还形成了信息服务新的价值观。

(1)用户收益观。

用户收益观首先要体现以用户有待解决的问题以及目的为依据的服务方向,而不是以服务者的收益最大化为服务方向。其次,要坚持以用户利益为前提的价值取向,在保证用户利益的基础上来实现服务者自身的利益。最后,用户收益观要了解用户对信息服务的期望,改善用户体验,努力提高信息服务效用。用户在信息服务过程中有所投入,那么,其在购买或接受信息服务之前会权衡自己的投入能带来多大回报,从而决定最终是否购买或接受信息服务,即用户对信息服务的效用怀有一定的期望。同时,服务者则需要在服务开始之前的洽谈过程中或服务过程中向用户告知服务过程中可能出现的风险,并承诺与用户一起承担该风险,而不能隐瞒或掩盖风险甚至让用户承担所有的风险,否则违背了用户导向性。

(2) 社会贡献观。

作为一种社会行为,信息服务能在经济效益和社会效益两个方面为社会的进步和发展作出贡献,具体体现在以下三个方面:

首先,信息服务能增强社会的创新能力。创新的领域有多种,其中技术创新和服务创新是当今社会最重要的两种创新领域。无论是技术创新还是服务创新都需要在已有成果的基础上研究或开发出创造性的新成果,可见,对已有成果的准确把握是技术创新和服务创新的基点。信息服务在帮助用户了解和掌握已有成果的工作方面功不可没,例如技术和课题查新等信息服务项目能帮助用户全面、快速、准确地了解相关领域的前沿技术和课题。

其次,信息服务能缩小社会的信息差距,加速信息流动,减小信息不对称,从而更好地促进社会协调发展。以政府信息公开为例,2007年,《中华人民共和国政府信息公开条例》正式颁布,并于2008年5月1日起施行,对公众了解政府信息提供了国家层面的法律保障。在政府信息公开的具体实施过程中,信息服务机构可以加速和规范政府信息的流动,为用户提供专业的政府信息服务,极大地保障了公众的知情权。

第三,信息服务能提高对国民经济的贡献率(增加值)。这主要是针对信息服务业而言的,信息服务业是新兴行业,其对国民经济发展必将作出重要贡献。

很显然,由信息服务的新理念和新价值观可知,用户导向性要求我们充分理解信息用户,准确了解用户在信息服务活动中的目的。信息服务活动能否坚持用户导向性,不仅关系到信息服务活动能否取得成效,而且关系到信息服务活动能否开拓创新、蓬勃发展,就像有人30多年前曾说得那样,"如果认为信息服务的发展更多的是因为沿袭了以前的案例而不是对潜在用户的真实分析,那就是对历史的不公正""对用户的真正理解的取向必然带来对传统信息实践的潜在价值更加谦逊的态度和对创新与试验更加积极的愿望。"[5]

3.1.2 信息服务的用户导向原则

信息服务是复杂多变、多环节的社会行为。为保持行为的连续性和有效性,信息服务除了要遵循"合法""有利""有节"等一般的行为原则以外,还要遵循"顾客至上""诚信""许诺践诺"等专门的服务原则,更要遵循能体现信息服务特性的专业原则。用户导向原则是信息服务的基本原则,不仅具有全局性的指导意义,而且是其他一些专业原则的基础。

用户导向原则是指信息服务要体现用户的导向性、服务者的实在性,确保用户与服务者之间的交互性和一致性、信息服务产品及特定服务的可用性和美好体验。以企业信息化进程中的"企业资源计划(Enterprise Resource Planning,ERP)"服务为例,如果企业没有意识到 ERP 对原有企业文化、原有企业管理思想和体系等方面的影响和冲击,或者没有考虑现有企业管理模式和内部环境对 ERP 的影响和阻碍;如果服务者不充分考虑企业现有的企业文化、管理思想和管理模式,不如实地向企业说明各种可能的不良影响和各种必要的调整;如果服务者与企业之间不进行充分的交流,服务者不了解企业的真实情况,企业不清楚 ERP 的来龙去脉;那么,这样的企业 ERP 系统注定要失败,这样的 ERP 服务也是失败的。其实,ERP 不仅是一种技术,更是一种思想;ERP 服务不仅是信息技术服务,更是信息服务。只有坚持用户导向原则,ERP 及其服务才能成功。这也是企业 ERP 系统及其服务难以发挥应有作用的主要原因。

同样道理,图书馆传统的参考服务也由于财政紧张、人力资源浪费(指专业人员经常回答极其简单的问题)和服务环境的巨大变化等原因,不再像以前那样进行全能式服务,而是根据用户的不同情况和需要,分成了互相联系又有区别的五种服务:图书馆基本情况指示服务、参考工具辅助服务、信息代查服务、咨询与研究服务、培训服务[6]。每种服务配备相应的服务人员和服务时间。贝尔公司渥太华实验室的信息资源中心,也根据变化情况,为提高服务效益,针对不同层次决策者的实际需要,提供相应的信息服务[7]。这些信息服务实例,都体现了用户导向原则。

需要专门强调的是,信息服务的以用户为导向并非一句空话或一种愿望。面对诸多的新颖的信息技术、服务内容、服务策略,用户是否能够认同、接受、使用并有良好的用户体验,是信息服务过程中很重要的问题。20 世纪 70 年代,未来学家托夫勒在《未来的冲击》一书中首次提到"体验经济"的概念,[8]随后他在《第三次浪潮》中指出"服务经济的下一步是体验经济,商家将靠提供这种体验服务取胜";1999 年,约瑟夫·派恩与詹姆斯·吉尔摩在《体验经济》一书中指出"从产品经济到服务经济之后,将是体验经济的时代。"[9]

如果说工业经济时代用户注重产品功能、质量,服务经济时代注重服务态度、品质,那么,体验经济时代用户很注重体验。在信息服务领域,用户体验是用户与信息服务互动的客观反映,它要求以用户为导向进行组织设计和服务提供。具体来说,信息服务体验包含功能体验、技术体验、美学体验等[10]。功能体验是描述信息服务"能否帮助用户完成任务"的属性,包括服务内容、服务策略等可供用户获取和使用的"可用",以及对用户来说是否解决问题的"有用";技术体验是描述信息服务"能否帮助用户高效率地完成任务"的属性,包括信息服务者能使用户快速完成任务的"省时",对用户来说操作简单的"省力"和花费较少的"省钱";美学体验是描述信息服务"能否使用用户身心愉悦地完成任务"的属性,包括信息服务给用户带来心理享受的"愉悦"和"轻松"以及满足用户心理需求的"认同"和"信任"。

因此,在信息服务实践过程中,如何坚持用户导向性,坚持服务者自身的实在性,加强服务者与用户间的沟通交流,形成关于待解决问题的一致意见,让用户得到的信息服务产品及特定服务有用且可用,并产生美好的体验,已经不仅是值得大力倡导的先进思想,更是必须坚守的基本原则。

3.2 信息服务的专业原则

专业原则是在信息服务这一专业领域中所要遵循的特定原则。在用户导向原则这一基本原则的基础上,信息服务还要遵循以下一些专业原则:

3.2.1 用户满意原则

这是在对待服务者与服务对象之间的关系时的要求。服务者和服务对象是信息服务结构中两个最为活跃的要素,服务者要为服务对象着想,坚持用户导向原则,服务对象要尊重服务者的劳动,充分发挥自身的能动性。信息服务要求二者相互配合,交互交流,达成对待解问题的理解、目标设定等方面的一致意见,确保用户满意。信息服务实践中推行信息推送服务、检索帮助服务、专题门户服务等个性化信息服务项目[11],就是让用户满意的积极探索。

用户满意原则要求服务者从服务对象的实际情况出发,包括服务对象对信息和服务的需求、引发需求的问题、服务对象的智能状况和信息素养等实际情况,帮助服务对象尽可能多地表达出信息需要、尽可能准确地表达出服务需求,帮助服务对象不断提高认知水平和对问题的把握能力。

用户满意原则要求服务者根据服务对象的实际情况组织信息服务产品的生产,包括选择适当的质和量的信息进行加工、把加工好的信息承载在适当的载体上等。

用户满意原则要求服务者采取符合服务对象实际情况的服务策略,包括选择适当的产品和服务的提供时机和方式、运用适当的传递技术、制订适当的价格等。

总之,用户满意原则对信息服务活动,尤其是其中的服务者,提出了严格的要求,就是信息服务要确立服务对象的中心地位和导向作用,围绕服务对象的需求确定服务内容和策略,确保服务者的行为与用户的目的、服务者的能力与用户的条件、服务者的供给与用户的执行力的统一,尽最大可能满足服务对象的要求,最大程度实现服务对象的期望,最大范围让服务对象感到满意。

3.2.2 服务定制原则

这是在处理信息与服务之间的关系时的要求。顾名思义,信息服务既有信息,又有服务,不是"信息"与"服务"的简单相加,而是以信息为内容的服务活动与以服务为载体的信息流的结合;也不应该像其他服务那样,以产品为主、服务为辅,而应该以服务为主、产品为辅;在注重服务的前提下,根据用户待解问题及其信息需要、服务需求和自身能力,有针对性地生产信息服务产品,并提供量身定制的帮助。信息服务实践中深受欢迎的科技查新服务、学科馆员服务、信息咨询服务等都是服务定制原则的生动体现。

服务定制原则要求服务者充分认识服务的重要意义和作用,形成集奉献与获取经济利益于一体的正确的服务理念,赋予信息服务新的价值。

服务定制原则要求服务活动在信息的可得性和易接近性普遍增强,以及服务者之间、服务者与服务对象之间的信息差异程度减弱的情况下,通过有特色、可定制的服务帮助用户解决问题,靠服务求生存,靠服务求发展,靠服务形成信息服务的核心竞争力。

服务定制原则要求服务者不断加强对服务对象的深入分析和研究上,确保所提供的产品和服务符合服务对象的问题状态、需要状态、智能状态和心理状态,并能因这些状态的变化而有针对性地定制相应产品和服务。

3.2.3 结果有效原则

这是在处理信息服务的过程与结果之间的关系时的要求。信息服务既表现为过程,又表现为结果。作为过程的信息服务,存在着许多复杂、多变的情况;作为结果的信息服务,也存在难以预期和难以检测评估的情况。与其他许多服务不同,信息服务的服务者只发挥帮助作用,不能替代用户的决策,也不能代替用户使用信息和有关服务。因而信息服务如何确保其结果相对于用户的有效性,就显得至关重要。信息服务实践中不断壮大发展的以决策者为服务对象的情报研究服务、以弱势群体为服务对象的社群信息服务、以数据处理为服务对象的内容挖掘服务等,都充分说明了结果有效原则的专业意义。

结果有效原则要求提供给服务对象的信息可以被用户利用和吸收,而不是像"以系统为中心"的服务理念支配的那样,只管为用户提供信息,不管用户能否利用和吸收。

结果有效原则要求注重用户使用信息的效果,确保有待解决的问题不断地朝着目标状态发展,确保用户获得积极的信息效用。

结果有效原则要求服务者与用户共同努力,提高工作效率和服务效益,并在保证用户收益的前提下,求得服务者自身的利益。

3.2.4 人格发展原则

这是在对待信息服务中技术与人格之间的关系时的要求。我们知道,作为信息服务要素之一的服务策略,受技术手段的作用非常明显,如网络传递、信息推送等;新的技术促成新的信息服务项目的情况时有发生,如从定题服务到专题门户服务、从手工检索工具到联机检索系统再到搜索引擎等;信息与技术、服务与技术的融合程度不断提高,出现了信息、服务、技术三者不可分离的信息服务项目[12],如网页、常见问题(FAQs)、网络咨询等。这充分说明现代信息技术,尤其是互联网技术对信息服务的重大影响和重要意义。我们在充分肯定技术的驱动作用的同时,不能忽视更为根本的人的信息需求及其变化发展的拉动作用。其实,技术的作用再大,也不能替代人的作用;发明并运用新技术是为了帮助人,而不是替代人。对信息服务来讲,尤其如此。信息服务实践中解决即时需求问题的在线呼叫中心服务、社交平台服务、"百科"查寻服务等的蓬勃发展,就体现了对人格发展的高度尊重。

人格发展原则要求尊重服务对象的思维和行为习惯、对技术的接受程度、对信息的认知程度和发展潜力、对信息服务的态度及改变的可能性。

人格发展原则要求充分体现信息服务的交互性特点,采取多种方式加强服务者与服务对象之间的及时和深入的交流,不断增进彼此间的了解和理解,不断协调双方对有关问题的看法。

人格发展原则要求注重服务对象的认知水平的提高和认知能力的增强,通过认知的发展求得问题的解决和服务目的的实现。

3.2.5 形态创新原则

这是在对待信息服务的规范与创新之间的关系时的要求。信息服务作为一种社会行为,在长期的实践中逐步建立了科学规范的工作流程、质量标准、服务承诺制度、风险防范机制等,并不断改进优化。同时,随着理念的改进和升华、社会制度和需求的变化、技术条件的改善和突破,信息服务在国民经济和社会发展中的作用和地位不断凸显,创新驱动发展的选择越来越成为自觉行为,新项目、新模式、新形式、新业态不断涌现。从信息服务的前景看,总结并固化成功的经验,是信息服务规范化发展的重要工作;但更重要的是积极探索和尝试新的业务形式及行业生态,求得信息服务的创新发展。信息服务实践中由技术驱动或需求拉动的云计算服务、大数据计算服务、嵌入式软件服务、融合式服务等众多近年来创新的业态,展示出了良好的成长性。

形态创新原则要求全面认识信息服务四个要素的独特地位,协调处理要素间的关系,重点发挥服务者的作用,深度挖掘服务内容,灵活应用服务策略。

形态创新原则要求全面认识和协调处理人与信息、技术、环境等方面复杂而多样的关系,既优化信息服务的生态状况,又培育信息服务活动和信息服务业新的增长点、新的产业形态。

形态创新原则要求信息服务活动以普遍联系的观点,探索信息服务与国民经济各行业和社会生活各领域的关联与融合,发现并扶持创新点。

参考文献

[1] 陈建龙.信息市场经营与信息用户[M].北京:科学技术文献出版社,1994:25-30.

[2] NEWELL A,SIMON H A. Human Problem Solving[M]. Englewood Cliffs,New Jersey:Prentice Hall Inc.,1972.

[3] 吕娜,余锦凤.数字图书馆以用户为中心的通用满意度模型的构建[J].情报学报,2006,25(3):322-325.

[4] 关华,殷敏.旅游网站信息资源用户满意度实证研究——以携程旅行网为例[J].北京第二外国语学院学报(旅游版),2007(11):64-68.

[5] Wilson,T. D.. On user studies and information needs,Journal of Documentation[J]. 1981,37(1),3-15.

[6] Whitson,William L.. Differentiated service:a new reference model[J]. The Journal of Academic Librarianship,1995(3),103-110.

[7] Bibi Patel,Karen Hlady,Jane Stewart. Synchronicity revisited:BNR's next generation of information services,Bulletin of the American Society for Information Science[J]. April/May 1996,12-14.

[8] [美] 阿尔文.托夫勒.未来的冲击[M].孟广均,等译.北京:新华出版社,1996:20.

[9] B. Joseph Pine II,James H. Gilmore. The Experience Economy[M]. Harvard Business School Press,1999:43.

[10] 邓胜利,张敏.用户体验——信息服务研究的新视角[J].图书与情报,2008(4):18-23.

[11] 史田华.因特网个性化信息服务[J].情报资料工作.2002(1),31-32(38).

[12] Kwasnik,Barbara H. et al:Identifying document genre to Web search effectiveness,Bulletin of the American Society for Information Science and Technology,2001,27(2). http://www.asis.org/Bulletin/.

第四章 信息服务模式

1981年,传播学领域出版了英国社会学家麦奎尔(Denis McQuail)与他人合著的《大众传播模式论》[1],并于1987年被翻译成中文出版;几乎与此同时,情报学领域发表了英国情报学家威尔逊(T. D. Wilson)与他人合写的论文"信息用户模式:研究进展与前景"[2]。他们用模式方法回顾了各自领域多年来的研究进展。此后,情报学领域经常有人用模式方法回顾历史或描述研究对象,并在介绍信息传播模式和信息交流模式时大量引用大众传播模式。确实,模式方法因其简洁、直观和所具的构造、解释、启发、预测等功能,有其独到的用处。当我们对信息服务的结构和功能进行抽象概括时,以图像、文字或数学模型为基本工具的模式方法也将发挥其重要作用。

我们已经知道,信息服务活动是以信息用户为导向、以信息服务者为纽带、以信息服务内容为基础、以信息服务策略为保障的活动。对信息服务活动的组成要素及这些要素之间的相互关系的描述,就可以构成一种模式。本章拟对信息服务的基本模式和生成模式、网络信息服务模式以及信息服务模式的发展机制进行初步分析,以推进信息服务研究的深入发展。

需要指出的是,信息服务模式与信息服务项目是不同的概念。信息服务模式所要描述的是用户、服务者、服务内容和服务策略等要素及其相互关系,而信息服务项目是指某种模式下的具体活动。

4.1 信息服务的基本模式及其生成模式

信息服务的基本模式是指对信息服务的组成要素及其基本关系的描述。也许是认为简单或其他什么原因,人们似乎对信息服务的组成部分及其相互关系等基本问题的研究热情并不高。虽然会提到某些组成部分,但缺乏依据和论证。信息用户、信息服务者、信息服务内容和信息服务策略等四个要素是信息服务的主要组成部分,是任何信息服务活动都存在的组成部分,只是彼此的关系程度和作用方式不尽相同。这些要素及其相互关系也就成了区别不同模式的主要依据。

4.1.1 信息服务的基本模式

信息服务的基本模式可区分为如下三种：

1. 传递模式

传递模式描述的是源于信息服务内容（信息系统、文献等）并以信息服务产品为中心的信息服务过程，如图4-1所示。

图4-1 信息服务的传递模式

从图中可以看出，信息服务者通过对文献进行加工或建立信息系统等，形成信息服务产品，并以某种策略提供给用户使用。在这一过程中，服务者的生产劳动使原有信息得以增值，信息服务产品的生产占有重要地位。这种模式包括源于信息交流的"米哈依洛夫模式"、源于信息加工传递的"兰卡斯特模式"和源于知识状态变化的"维克利模式"等[3]。虽然这些模式并没有明确区分服务要素，但我们可以从中分析出上述四个要素。像信息服务实践，尤其是图书馆服务实践中一直发挥着重要作用的阅览服务、外借服务、复制服务等文献服务和检索类、报道类、研究类信息出版物的报道服务，以及检索服务等基本上都是这一模式下的服务项目。

传递模式关注信息服务产品的生产是值得肯定的，但不重视信息服务者的特定服务和信息用户的能动性及信息使用情况是其缺陷。

2. 使用模式

使用模式描述的是源于信息用户的信息需要并以用户信息使用为中心的信息服务过程，如图4-2所示。

图4-2 信息服务的使用模式

从图中可以看出，信息服务者根据用户的信息需要，以某种策略生产信息服务产品并提供给用户，满足用户的信息需要。这是源于信息需要、终于信息需要的满足的过程。在这一过程中，信息用户对信息的需要和使用占有重要地位，信息需要成了服务活动的出发点和归宿，用户的信息使用则成了满足需要的重要保障。像信息服务实践中的参考咨询服务、定题服务、科技查新服务、社会调查服务等服务项目基本上可以归入这一模式。

这种模式的典型代表就是威尔逊(T. D. Wilson)的研究成果[4],我们称之为"威尔逊模式"。

使用模式充分注意到了信息用户在信息服务活动中所受到的个性因素和社会环境因素的影响,重视用户信息需要的发掘和满足,重视用户对信息服务产品的选择,但没有注意到信息需要是如何产生的、用户除了产品外还需要哪些特定服务等重要问题,因而服务效益经常受到影响。

3. 问题解决模式

问题解决模式描述的是源于信息用户当前有待解决的问题并以用户问题解决为中心的信息服务过程,如图 4-3 所示。

图 4-3　信息服务的问题解决模式

从图中可以看出,信息用户参与信息服务活动的前提假设是用户当前面临着有待解决的实际问题,并要寻求合适的信息服务的帮助,以求得问题的最终解决。服务者明白并了解这一点,对信息和信息产品进行加工生产,形成有针对性的信息服务产品,运用适当的策略把特定的服务和信息服务产品提供给用户,帮助用户解决问题。这是坚持用户导向性,以问题为中心的服务过程,是始于问题、终于问题解决的过程。

问题解决模式典型代表就是费古逊(Chris Ferguson)提出的"现场/远程服务模式"(On-site/Remote)。[5]

与使用模式相比,问题解决模式描述了用户信息需要的产生过程,以及为了解决问题所需的特定的服务。虽然都是从信息用户出发,但服务者的行为依据不同,前者以用户的需要为依据,后者以用户有待解决的问题为依据;虽然都要回归到信息用户,但对用户最终目的的假设不同,前者的假设是满足需要,后者的假设是解决问题。从信息服务实践角度看,我们认为问题解决模式更符合实际情况,更有利于信息服务活动的开展和积极的信息效用的取得。我们相信,传递模式和使用模式的信息服务不会消失,但其范围内的许多服务项目将转入问题解决模式,基于问题解决模式的信息服务项目会越来越多。这也是信息服务发展的必然要求和结果。

4.1.2　信息服务的生成模式

如果说信息服务的基本模式旨在描述信息服务四个要素之间的基本关系,那么,这些基本关系在实际中会因具体情况的不同而生成许多独特的关系,也就是实际中会有许多生成模式。信息服务的四个要素中,如果在某种情境下有一个是明确的或无需着重考虑的,也就是只考虑其他的三个要素,就可以组合形成四条关系链:"用户-服务者-服务内容""用户-服务策略-服务内容""服务者-服务内容-服务策略"和"服务者-用户-服务策略"。如果只考虑两个要素,就可以组合形成六条关系链。少于三个要素所形成的关系链,其关系已包含在三个要素形成的关系链中。下面,我们就以上述四条关系链为基础,探讨信息服务中相应的"交互-增值"模式"平台-自助"模式"用户-吸引"模式"内容-承包"模式等生成模式。

1. "交互-增值"模式

"交互-增值"模式描述的主要是"信息用户-服务者-服务内容"关系链,如图4-4所示。这种模式的主要特征是信息服务内容比较复杂,对服务者和用户的要求比较高,服务内容与服务者和用户的关系比较密切,并通过服务者与用户的充分交互得到增值,因而受服务策略的影响比较小。信息服务实践中的数据库服务、数字地图服务、咨询服务、为企业信息化提供的ERP等服务项目均可归入此模式。我们以数字地图服务为例进行说明。

数字地图服务是刚刚兴起的信息服务项目,与传统地图一样,其主要功能是查阅有关信息。所不同的是,数字地图的查阅功能要强大得多,能查阅的内容多得多,查阅效率也高得多。比如在决定是否在某条街上开办一个商场时,就可以快速、方便、准确地从数字地图中查到该街区范围内已有的商业网点及各商家的经营面积、品种、规模等重要信息,还可以查到交通状况、附近居民情况等必要的相关信息,而无需花大量时间去现场和有关部门调查,去翻阅大量资料。其实,数字地图还有诸如为政府规划服务、为市场分析服务等更多更大的用途。

当然,数字地图需要庞大的数据库支持,需要事先对各种数据的准确调查,需要数据的及时更新维护,需要强大的技术支持,还需要人们观念的转变。也就是说,数字地图服务的服务内容包括了非常复杂的、生产要求非常严格的、用户界面友好的信息服务产品和在用户当中树立良好形象、给予及时指导帮助、及时调整查寻策略等特定的服务;服务者要有较广的知识面和较强的技术能力;用户也要具备相当的素质。

信息服务的"交互-增值"模式是有前提条件的。其条件有二:一是服务者与用户之间能够及时充分地沟通交流,确保用户了解可能的服务内容,服务者明白用户的意图;二是服务策略对服务活动的影响较小,比如策略固定统一、用户不计较或哪种策略都能接受,就像数字地图服务中,无论是电话、书面委托查寻,还是直接在计算机终端查询都可以,数据费用可以统一定价。

2. "平台-自助"模式

"平台-自助"模式描述的主要是"信息用户-服务策略-服务内容"关系链,如图

4-5 所示。这种模式的主要特征是信息用户的主动性强,参与程度高,服务策略和服务内容的针对性强,用户在服务者搭建的平台上自助服务,因而服务进行中对服务者的特定服务的需求少。信息服务实践中的阅览服务、检索服务、公告板服务(Bulletin Board System,BBS)、远程登录服务(Telnet)、文件传输协议服务(File Transfer Protocol,FTP)、网上聊天服务等服务项目都可归入此种模式。我们以公告板服务为例来说明。

公告板服务是最知名的网络信息服务之一,网络用户,无论男女老少,都对此有兴趣,要么浏览公告板上面的各种信息和关于某个事件的各种评论,要么发布自己的信息或发表自己的评论,要么在公告板的有关版面中查寻自己所需的信息,要么寻找有共同兴趣爱好的"网友"并在计算机和通信技术基础上建立公共论坛等等。公告板成了开放式的即时性、区域性的信息交流和服务平台。

我们还能发现,公告板各个版面的版主和版副似乎就是"管理者"(严格讲是自我管理者),他们基本上都是志愿者,主要是整理和维持信息交流秩序,没有其他过多的管理任务;公告板上的信息主要是关于正在发生的事件的信息和生活信息,而且往往真假难辨、良莠不齐,这正说明了这种服务平台与人们希望及时了解新闻、及时发布信息又在一定程度上不希望更多的人知道自己所感兴趣的、所发布的信息等心理特点相吻合。

信息服务的"平台-自助"模式的前提条件是服务者主要以提供服务平台为任务,其过程影响力小、影响面窄。一种情况是服务者的劳动成果能在较长时间内发挥作用,像公告板建成后,可长期使用;另一种情况是同类服务者较多,服务者的可替代性强,用户能够较为容易地从一个服务者切换到另一个服务者。因而用户不仅需要自助,而且能够自助。有人甚至不无道理地断言,"在网络环境下,科学信息的查询将以'自助'的方式完全在网上进行作业。"[6]

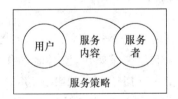

图 4-4 交互-增值模式

图 4-5 平台-自助模式

(3)"用户-吸引"模式

"用户-吸引"模式描述的主要是"服务者-服务内容-服务策略"关系链,如图 4-6 所示。这种模式的主要特征是服务策略特别讲究,服务者要细分服务内容,增强并保持对用户的吸引力。信息服务实践中的社会调查服务、解决方案服务、社团服务、互联网接入服务（Internet Access Provider，IAP）、互联网内容服务（Internet Content Provider，ICP）、互联网门户服务（Internet Portal Provider，IPP）等服务项目都可归入这一模式。我们以互联网内容服务为例来说明。

互联网内容服务主要是指各网站在网上提供的信息服务和网络技术应用服务，其中最为典型的是网络服务公司的服务。1998年前后，互联网内容服务曾经被众多网络服务公司确定为战略发展方向，并引发一股网络企业发展热潮，风险投资纷纷投向网络服务公司，带来了表面上的繁荣景象。没过一、两年，人们发现这种景象是被人吹起来的泡沫，许多公司在"烧"完风险投资后陆续倒闭。幸存下来的网络服务公司这才开始真正考虑服务的"内容"，步入内涵发展的正确轨道，虽然表面平淡一些，但每一步都较为踏实。透过这种粗略的发展轨迹，我们从信息服务的角度至少可以总结出以下五点经验教训：一是网络服务公司（服务者）除非是为了过把瘾，要有正确的独特的服务理念，服务不是轰轰烈烈、一夜之间的事情，而是需要积累，厚积而薄发；二是要冷静、理智，不能人云亦云，风险投资是短期行为，企业的长期发展必须依靠自身的盈利能力，用户的点击数只是表面现象，不能准确说明服务对象的数量，更说不上需求的市场力度；三是在用户不确定的情况下，必须尽快明确市场对象，研究并运用合适的市场策略，以吸引更多的真正的服务对象；四是针对确定的服务对象，要在加强自身建设的基础上，讲究沟通、交流和服务策略，培养并增强他们的忠诚度；五是要经常把"内容"与"专业"联系起来思考，要有专业思想、专业内容、专业技术和专门服务。可见，运用适当的技术策略、市场策略、产品（内容）策略和服务策略来吸引新用户、巩固老用户，是互联网内容服务之关键所在。

从上面的分析可以看出，信息服务的"用户-吸引"模式的前提条件就是潜在用户多、现实用户少，或者是用户明确固定且需求独特。

4. "内容-承包"模式

"内容-承包"模式描述的主要是"服务者-信息用户-服务策略"关系链，如图4-7所示。这种模式的主要特征是在确定了服务对象和服务策略后，服务者的作用非常突出，服务者是服务进行过程中的主角，承包了大量属于用户的事务，并对服务内容和用户负有明确的、重要的责任，服务者自身的素质要求和社会形象要求很多、很高。信息服务实践中的定题服务、专题门户服务、"个人图书馆"服务、应用服务（Application Service Provider，ASP）、专业服务、托管服务、外包服务等服务项目都属于这一模式。我们以应用服务为例进行说明。

应用服务是指服务者利用自身集中管理的软硬件设施和数据中心平台，通过网络将各种应用软件的功能及其可能的服务，以租赁、托管或外包等形式提供给用户进行有偿地使用的服务项目。这是网络宽带技术、安全技术和企业经营理念等方面发展的产物。其特点是让用户能够通过租用服务者的信息系统实现自己的信息管理,而无需承担前期一次性、大规模投资的压力和风险;用户的信息管理平台"托管"在服务者那里,而不是放置在用户那里,并实现了系统建设和维护管理的"外包";服务者不是到用户那里,而是在自己单位里实施各种功能和服务的管理、维护和更新。这种服务项目一问世,就深受企业(尤其是中小企业)用户的欢迎,也引起许多企业(尤其是软件企业)把注意力和精力投入到服务上,而不再是销售上。

信息服务的"内容-承包"模式的前提条件就是服务内容单一、明确,就像应用服务项目那样,服务者主要是承包加工用户所需的数据或出租软硬件设施。

毋庸置疑,随着信息服务实践、网络技术、经营理念、思想观念的进一步发展,信息服务的生成模式将不断涌现。当然,各种生成模式改变不了信息服务四个要素的基本关系。

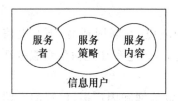

图 4-6 用户-吸引模式

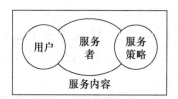

图 4-7 内容-承包模式

4.2 网络信息服务模式

网络信息服务概念是随着网络的发展、互联网(Internet)的诞生而出现和流行起来的概念。网络信息服务[7]是针对用户的信息需求,以现代信息技术为手段,依托计算机通信网络,向用户提供原始信息以及经过加工整理的有效信息、知识与智能的活动。它是现代信息服务的高级形式,是现代信息服务机构通过国际互联网络所进行的一切与信息有关的服务活动的总称,其中包括传统信息服务在网络上的应用和发展。网络信息服务与传统的信息服务相比具有很大的差异,主要表现在:提供信息资源的范围不同、提供服务的时间不同、查询信息的方式不同、提供的信息载体不同[8]等。诸如,数据库服务、搜索引擎服务、资源导航服务、信息推送服务等,都是在网络环境下成长起来的新型信息服务方式。从技术和信息角度看,当前除了电信网、广播电视网和互联网等现代社会的三大网络以外,物联网等新兴网络技术也为信息服务创造了良好的发展空间。

我们可以把网络信息服务模式概括为"认知-应用-创新"模式。"认知"是指人们对计算机技术、通信技术、网络技术和人类实践活动的认识和了解,并意识到这些技术的重大意义和在信息服务活动中的应用价值;"应用"是指人们在各种实践活动中利用这些技术,不断提高劳动生产率,在信息服务活动中就是利用这些技术手段,改进服务策略和服务效果;"创新"是指在充分利用这些技术的基础上,不断开发出新的应用技术,在信息服务活动中就是把各种技术与信息更好地结合、统一起来,不断开发新的服务项目。这种模式既描述了信息服务的技术应用过程,又反映了信息服务活动四个要素的基本关系。

同样道理,网络信息服务模式将随着互联网的发展和普及而出现不同的生成模式和服务项目,形成不同的发展阶段。我们根据互联网的发展和应用情况,把网络信息服务模式分为网络环境下的信息服务、信息服务进网络和互联网信息服务三个阶段。

1. 网络环境下的信息服务

网络环境下的信息服务主要是指在全新的环境(互联网环境)下开展信息服务,强调的是信息服务的环境发生了重大的变化,以及这种变化对信息服务活动新的影响。

不可否认,随着电报、电话的发明而形成的电信网和因广播、电视的发明而发展起来的广电网,及以计算机技术为基础的计算机网的建成,对包括信息服务在内的人类实践活动都产生了重大而深远的影响,对推动社会进步和人类发展都起到了积极而巨大的作用。然而,互联网的诞生和进入商用后的快速发展,对人类社会和实践活动的影响和作用是难以估计的,能肯定的是比以往任何一次技术发明和进步的影响和作用还大,而且大得多。

就信息服务来讲,互联网环境不仅是技术环境,还是信息环境、文化环境、经济环境和政治环境。与以前只能在科学技术领域并依靠专家帮助的计算机联机信息检索相比,互联网技术更多并在更大程度上是民用技术、商用技术,无论是什么人,只要愿意,都可以加以运用,而且互联网技术的通信速度和范围、信息搜索和处理能力等都是前所未有的;互联网的出现还使得信息的可得性和易接近性大大增强,也就是说,人们可以得到的信息和能够得到的信息越来越多,信息环境有了根本性改变;同样地,互联网的出现随即带来了所谓的"网络文化"、"网络经济"和"网络政治",这些网络产物都会对信息服务产生这样或那样的影响。

不难想象,互联网环境中人们的思想观念、行为方式、生活方式等方面也发生了巨大变化,这种变化比电视对人们的影响[9]有过之而无不及。比如,在年轻人当中,给父母写信的人越来越少了,而发电子邮件的人越来越多了;阅读印刷型报刊的人越来越少了,而浏览各种网页的人越来越多了;被动接收的知识和信息越来越少了,而主动学习和接受的知识和信息越来越多了。显而易见,这些方面的变化也给信息服务提出了许多新的课题。

信息服务环境的上述变化对信息服务活动的影响集中体现在信息用户、服务者、服务内容和服务策略的变化和调整。信息用户和服务者的变化除了他们作为普通人所受到的深层的思想观念等方面的影响和所发生的变化外,还表现在信息用户当前面临的有待解决的问题中有相当比例是互联网应用方面的问题、信息素养不断提高、对所需信息的查全率和查准率要求发生变化、对服务者的要求不断提高等变化,表现在服务者拥有的信息资源更加丰富、信息服务产品的加工条件更加优越、特定服务的难度不断加大等变化;服务内容的变化也非常明显,表现在服务产品的载体形式更加多样化、产品与技术的融合程度更高(如网页等)、信息产品的可得性和易接近性更强、特定服务更专业等变化;服务策略也随着服务者、服务对象和服务内容的变化而出现新的变化,如对用户有关情况的评定更加困难、服务的技术手段和经营手段的地位更加突出、测评及反馈要求更高等。

信息服务各要素的变化必然导致信息服务活动的战术和战略调整。战术调整的主要体现就是把已经开展的大量的信息服务项目引进网络;战略调整就是创造性地开展互联网信息服务。

2. 信息服务进网络

信息服务进网络是指在适应互联网环境下,利用互联网的功能拓展已有的信息服务项目,以符合用户的思想观念和行为方式等方面的变化,并提高服务的效率。从某种意义上讲,这是对原有信息服务的翻版,也就是把原有信息服务翻转成网络版。

互联网的基本功能主要有三项:即时完成节点之间、节点与用户之间的超文本双向传送、共享网络资源(包括软硬件和数据库及网上有关信息)、分布式处理一些复杂的任务。随着互联网功能的不断增强,可替代的人力劳动将会越来越多,替代效果也会越来越好。

从理论上讲,原来所有的服务项目几乎都可以翻转成网络版。当然,并不是网络版就比原版好。有些服务项目的网络版能取得更好的效果,如前文提到的数字地图服务和公告板服务,虽然在互联网出现之前也可以实现其功能,但利用互联网来实现这些功能可以节省成本、提高效率、满足更多用户的需要;相反,有些服务项目的网络版却不比原版有效,甚至有画蛇添足之嫌,如专深读物的阅览服务、有些内容的咨询服务等。

因此,什么项目进网络,什么服务环节进网络,一定要考虑信息用户的需要,考虑服务的实际效果,而不能只考虑技术的可能性和所谓的"时髦"。就目前情况来看,虽然许多服务项目应该进网络,但许多项目的特定服务的网络版不如原版的效果好,因为人机交互经常不如人人交互来得直接、丰富。比如,用户在使用某项服务中遇到网络技术上的问题时,他可以通过网上的"常见问题(FAQs)"求得帮助,也可以获得服务者的当面指导,显然,前者常常不如后者的效果好。

3. 互联网信息服务

互联网信息服务主要是指创造性地开发应用互联网的基本功能而开辟的前所未有的信息服务项目。像前文提到的应用服务和互联网内容服务等就属此范围。这是信息服务创新,是互联网发展的必然结果。

互联网信息服务随着互联网的诞生就有了一些新的服务项目,如远程登录服务、文件传输服务、新闻系统服务等等。

互联网信息服务随着人们认识的发展和网络技术的发展,其创新点有许多。当我们把互联网看作是前台服务者时,可以开辟众多的自助式服务项目;当我们把互联网看作是中间用户时,可以开辟游戏等众多的娱乐信息服务项目;当我们把互联网看作是服务内容时,可以开辟众多的数据服务项目和咨询服务项目;当我们把互联网看作是服务策略时,可以开辟众多的个性化服务项目;当我们把互联网看作是集成体时,可以开辟众多技术与信息统一的服务项目(如网页制作、网络常见问题解答、智能代理等);当我们把互联网看作是产业活动单位时,可以开辟众多信息服务产业群和产业,如2002年版的"北美行业分类体系"就突出了互联网产业,把原先分别含在出版业和广播电视业大类中的互联网部分单独列类,设立"互联网出版与广播电视业"大类,把原先含在"互联网服务提供、数据处理及其他信息服务业"大类中的在线服务部分单独列类,设立"互联网服务提供、网络检索门户、数据处理服务业"大类。[10]

不难想像,互联网信息服务将朝着技术与信息、四个要素之间的集成度更高,个性化服务、交互式服务、便捷服务等服务性能更高、智能化水平更高的方向发展。也许等到互联网的普及程度更高后,"网络信息服务"的概念名称就不像现在这样深奥和流行了。

4. 物联网信息服务

物联网通常是指:通过二维码识读设备、射频识别装置、红外感应器、全球定位系统等信息传感设备,按约定的协议,把物品与互联网连接,进行信息交换和通信,以实现智能化识别、定位、跟踪、监控和管理的一种网络。某种意义上说,物联网是互联网的应用创新,是新一代信息网络技术的高度集成和综合运用,可谓是网络发展的新阶段,成了世界新一轮产业革命的重要方向和推动力量,对培育新的经济增长点、推动产业结构转型升级、提升社会管理和公共服务的效率和水平等具有重要意义。我国在"十三五"期间,将在建设物联网应用基础设施和服务平台、推进物联网重大应用示范工程建设、广泛开展物联网技术集成应用和模式创新等方面取得重大进展。

物联网信息服务主要是指创造性地开发应用物联网的基本功能而开辟的前所未有的信息服务项目、业务和产业。当人们需要对有关物品的信息进行识别、定位、跟踪、监控和管理时,就可以直接通过相应的物联网应用服务平台求得帮助,或通过委托研发、外包服务等方式求得问题的解决。

随着人们对物联网信息服务的认识进一步加深、应用进一步拓展,更多创新性的信息服务项目、业务和产业将快速涌现和发展。

4.3 信息服务模式发展的机制

信息服务新模式与信息服务的发展是息息相关的。新的信息服务模式是信息服务发展的表征,信息服务发展的重要表现就是诞生了新的信息服务模式。因此,信息服务活动越是活跃、信息服务越是快速发展,新的信息服务模式就越能诞生。应该说,我们迎来了信息服务活动空前活跃、信息服务快速发展的新时期,信息服务模式出现了两种诞生机制,即以信息服务各要素为基础的衍生机制和以发展条件等外围因素为基础的催生机制。

1. 信息服务模式的衍生机制

信息服务模式的衍生机制要说明的是信息服务的用户、服务者、服务内容和服务策略等四个要素的关系变化情况和过程。这种变化的母体就是信息服务基本模式所描述的方向性、程序性的基本关系。我们可以假设,在某种情境下,信息服务活动可能特别突出四要素中的某一个、两个或三个要素,对突出的要素与其他要素关系的描述就可生成新的模式。按照这一假设,信息服务可以诞生 14 种生成模式,包括突出某一个要素的四种(C_4^1)、突出某两个要素的六种(C_4^2)和突出某三个要素的四种(C_4^3)。在突出某一个要素的生成模式中,其他三个要素处于相对稳定的状态;在突出某两个要素的生成模式中,其他两个要素处于相对稳定的状态;在突出某三个要素的生成模式中,就像前文中叙述的那样,另外一个要素处于相对稳定的状态。"相对稳定状态"是指固定状态或其变化基本上不会引起其他要素间关系变化的状态。

上述变化的可能性在信息服务实践中发生的条件又是什么呢?概括地讲就是各要素在某种情境下的状态。比如,当服务策略处于相对稳定状态时,就会衍生出"交互-增值"模式;当服务者处于相对稳定状态时,就会衍生出"平台-自助"模式;当信息用户处于相对稳定状态时,就会衍生出"用户-吸引"模式;当服务内容处于相对稳定状态时,就会衍生出"内容-承包"模式。

2. 信息服务模式的催生机制

信息服务模式的催生机制要说明的是信息服务因相关因素的作用和催动而引

起的变化情况和过程。不难发现,信息服务已不仅仅是图书馆、科技信息研究所、经济信息中心等机构的事情,即便是这些机构的信息服务也是对外开放程度越来越高,信息服务已经与产业的发展紧紧地连结在一起,已经与国民经济和社会发展市场化、信息化进程紧紧地联系在一起。在这种情况下,"新一代信息服务"、"下一代信息服务"的概念名称时有出现。不管怎么讲,随着环境的变化、联系的增强和需求的增加,信息服务确实迎来了许多发展的空间。

信息服务的相关因素有许多,主要的有社会的科学技术水平、信息资源共享程度等基础性因素,也有政府有关政策、经济和社会发展形势等环境因素,还有生产要素市场状况、其他产业发展水平等外围因素。这些因素与信息服务联系在一起时,都会相互作用,其结果是信息服务在作出贡献的同时,自身也获得发展,其他领域的一些技术方法被应用到信息服务领域中来。信息服务型企业的发展和企业信息服务模式的诞生,就很好地说明了这种作用及其结果。

信息服务型企业是指主要从事信息服务经营活动的企业,其类型多种多样,其中互联网服务提供商(Internet Service Provider,ISP,含 Internet Access Provider,IAP、Internet Content Provider,ICP、Internet Presence Provider,IPP 等)的出现和发展就是信息服务活动受上述基础性因素、环境因素和外围因素作用的结果。如果没有网络技术的支持、没有相关政策的保障、没有企业经营的经验等,这种信息服务型企业就不可能出现和发展。这种企业边实践边探索,又形成了有别于其他企业的各种经营模式,我们笼统地称之为企业信息服务模式。

显然,不同机制诞生的信息服务模式,描述的是信息服务各要素和有关因素的不同组合及其相互关系,是多种多样的,有描述四要素及其关系的基本模式,有突出四要素中某个或某几个要素的生成模式,也有描述信息服务与相关因素的关系的多种多样的模式。信息服务越是发展,其模式越是多样。当然,仅仅因某个要素或相关因素的某方面的变化,就归结为一种模式,是不妥的。当前和今后一段时期内,我们要特别加强信息服务与各种相关因素之间的不同关系所导致的各种服务模式的研究,尤其是信息服务与网络技术、信息服务与市场、信息服务与贸易、信息服务与企业、信息服务与产业等关系及相应的信息服务模式的研究。模式方法可谓是信息服务重要的思想方法。

参考文献

[1] [英]丹尼斯·麦奎尔,[瑞典]斯文·温德尔. 大众传播模式论[M]. 祝建华,武伟,译. 上海:上海译文出版社,1987.

[2] Wilson,T. D. ,et al. Models of the information user:progress and prospects in research[A]. In:SWEENEY,G. P. :INFORMATION AND THE TRANSFORMATION OF SOCIETY [C]. North Holland Publishing Company,1982,361-367.

[3] 倪波.信息传播原理[M].北京:书目文献出版社,1996:124-130.
[4] Wilson,TOM. Towards an information management curriculum[J]. Journal of Information Science,1989,15:203-209.
[5] FERGUSON,CHRIS. Shaking the conceptual foundation,too: Integrating research and technology support for the next generation of information service [M]. College & Research Libraries,2000,61(4):300-311.
[6] 方卿.基于网络载体的科学信息服务模式初探[J].情报科学,2002,20(2):209-212(221).
[7] 毕强,史海燕.网络信息服务现状分析[J].情报科学,2003(5).
[8] 郗沐平,王乐.网络环境下的信息服务与资源共享[J].图书情报工作,1998(11).
[9] [日]山上定也,温元凯.惊人的信息推理术[M].李涛,译.上海:上海文化出版社,1987:33-69.
[10] KORT,JOHN R. The North American Industry Classification System in BEA's Economic Accounts[J]. Survey of Current Business,May 2001:7-13.

第五章 信息集成服务

作为帮助用户解决问题的社会行为,信息服务不仅自身有多个要素,而且与社会生产生活实践紧密相连,而社会实践又存在于一定的时代背景中,因此,信息服务的特点和模式随时代的发展而变化。在网络化、数字化、智能化的时代背景下,信息服务又呈现出新的表现形态,即信息集成服务。本章将重点探讨信息集成服务面对的问题和基本含义、主要类型和做法等内容,以期对新时代背景下的信息服务实践有更加深入、更为全面的认识和把握。

5.1 信息集成服务面对的问题和基本含义

5.1.1 信息集成服务面对的问题

随着人们众多社会角色中的"信息用户"角色的不断彰显、有待解决的复杂问题不断增加、信息资源和技术条件不断丰富等实际情况的变化,人们对信息服务实务的整体性、交融性、发展性等方面的要求逐步增强。相应地,信息集成服务需要面对并要解决好的问题主要有三类,即整体性问题、交融性问题和发展性问题。

1. 整体性问题

从一般意义上讲,整体观点是系统论的重要观点之一,认为系统的性质功能和运动规律只有从整体上才能显示出来,系统的整体呈现了各个组成要素所没有的新特性。这就要求我们在追求系统的整体效应时不仅要分析系统组成要素的情况,根据系统的目标,注意提高要素基质;还要分析整体中各要素的组合情况对整体效应的影响,注意使各要素达成有机的结合,而不是机械的总和;更要分析整体、要素、环境在系统运动过程中相互作用的情况,研究整体性的形成和变化趋势。

在传统信息服务实践中,整体性问题主要表现在三个方面:

(1) 信息服务实务包含的要素的挖掘和识别不够到位,容易出现照搬、散乱、偏离等现象。虽然我们在理论上识别出了信息服务的四个要素,但是在具体背景和情景下的信息服务实务可能还存在起到关键作用的重要因素。比如,尚处于市场培育阶段的信息服务实务经营活动,资金资本因其重要性就可以当作要素来对待;已经成熟的且持续运行的信息服务活动,第三方业务监管也可以成为要素之一。就算只有信息用户、服务者、服务内容和服务策略等四个或其中的三个抑或是两个,那么每个要素的具体情况也需要加以充分挖掘并发挥相应作用,比如,当无论如何都存在的"信息用户"这一要素表现为一个企业而不是个人时,对从企业决策层到执行层直至每个员工的有关情况的了解都是必要的,尽可能让更多部门的有关人员参与服务项目的相关工作也是必要的。

(2) 信息服务项目执行中各要素的组合和结合不够到位,容易发生脱节、低效、重复等行为习惯。虽然信息服务有多个要素同时或先后运行,但是运行过程和结果的整体效应难以充分显现。比如,服务者必须始终坚持的用户导向原则和若干专业原则在信息服务产品生产、服务策略选择执行等过程中未能体现,没有处理好先进性与适用性的关系;必须贯穿始终的为解决用户的问题服务的行为要求未能达到,没有处理好通用性与针对性的关系。

(3) 信息服务项目定位时对关联因素的分析和综合不够到位,容易形成封闭、僵化、保守等思维方式。虽然信息服务项目有其自身的独特性和运行规律,但是与其问题源头所属的实践领域之间的关系、与用户所从事的任务、与其他项目之间的关系、与所处环境之间的关系以及这些关系的变化情况都会对信息服务的整体效应产生影响,都需要科学、合理、合情地对待和处理。

2. 交融性问题

如果说整体性问题主要是源于信息服务实务的内部结构和项目运行等方面,那么,交融性问题主要是针对信息服务实务整体效应的外在表现,是信息服务项目与有关方面的交互融合关系所呈现出来的独有形式和业务模式的问题,主要表现在以下三个方面:

(1) 信息服务生产实践中的产品、服务、业务三者之间的关系不够平衡。信息服务也有产品、服务和业务等概念的区分,但与一般意义上的产品、服务和业务概念有明显的不同。我们在讨论"信息服务内容"时已经分析了信息服务产品和服务的独特性。信息服务业务是指信息服务者追求价值目标过程中的专业性劳动,是在信息服务产品和独特服务的基础上形成的更大范围的社会性行为。这样的劳动包括针对用户背景和情景的有效需求确认、针对用户待解决问题的产品研发、针对用户收益和期望的服务保障等;这样的行为包括确保体现用户导向性的交互行为、确保形成专门的产品和服务的生产行为、确保取得良好经济社会效益的管理行为等。只有如此,信息服务业务才能成"形"、成"范"。

现阶段,关于信息服务业务的形式研究和整体呈现还存在重产品、轻服务、隐业务等现象,信息服务业务尚未形成由整体决定部分的性质、部分依从于整体的"完形"效应和可作为理论研究和实际操作的坐标或参照系的"范式"。

(2) 信息服务业务的行为规范与特色创新的关系不够鲜明,存在业务流程封闭、行为标准低等、服务特色缺乏等现象。比如,近年来发展迅速的平台类信息服务业务,是信息服务的"平台-自助"模式在实践中的生动体现,但谁是信息服务者、谁是信息用户呢?一般来讲,平台所属机构是服务平台的提供者,平台的信息发布者和信息使用者是其用户,前者利用平台发布信息,后者通过平台获取和使用信息;相对于信息使用者而言,平台提供者和信息发布者均是服务者,前者提供信息平台服务,后者提供信息内容服务;相对于信息发布者而言,平台提供者是其服务者,信息使用者是其用户,通过服务平台提供信息内容服务,也通过信息用户求助和反馈信息了解信息需求。如果再考虑服务内容,其中的行为关系就更加复杂多样。为了体现用户导向原则,就必须对平台提供者和信息发布者的业务流程、行为标准和服务特色进行规范、改进和创新。

(3) 信息服务业务的责权利关系不够清晰,存在责任难究、权益难保、风险难控等现象。比如,互联网信息服务中的经营性与非经营性业务,在我国的《互联网信息服务管理办法》中分别建立了许可制度和备案制度,并在多个领域制订了具体规定,但是在法律底线和道德底线之上建立起合情合理的责权利关系,对服务质量的提升和服务业务的持续有着至关重要的影响,对检索服务中求全不求准、满足于语词相关性而不追求概念相关性等专业技术问题以及互联网广告经营和推广服务中重自身利益而轻用户利益、重业务责任而轻社会责任等管理问题的深入破解同样十分重要。

3. 发展性问题

信息服务的发展性问题主要是指信息服务业务与国民经济其他行业和社会生活其他领域的共生发展关系所呈现出来的行业状态和产业生态的问题,是信息服务的整体性和交融性表现达到一定程度后出现的新问题,主要表现为信息服务业的行业结构有待优化升级、信息服务业与其他产业的协同关系有待深化加强、信息服务业的经济和社会地位有待固化提高、信息服务业在信息化建设和发展中的生态效应有待扩展等方面,具体情况可参见"信息服务业的形成和发展"一章。

5.1.2 信息集成服务的基本含义

信息集成服务概念是人们在发现并分析解决信息服务实践存在的整体性、交融性和发展性问题的过程中形成和深化的,同时也是集成思想和方法的实际应用,尤其是系统集成、过程集成和信息集成的巨大需求和生动实践,在信息服务领域的延伸和发展。

1. 集成

在科学技术范畴,集成不仅仅指称一个概念、一种方法,更因其应用的广泛性和有效性,成了一个专门的研究领域。刘晓强于1997年提出了以"各种集成以及它们之间的相互作用"为研究对象、以系统论为重要理论基础的"集成论"[1],他认为"集成是普遍存在的现象"、"科学技术的发展呈现综合化、集成化趋势"、"人类面临的重大社会问题需要'综合集成'地解决",并把集成概念理解为"一些事物集中在一起构成一个整体"。海峰等认为"集成是两个或两个以上的集成要素(单元、系统)集合成为一个有机整体的行为和过程,所形成的有机整体(集成体)不是集成要素之间的简单叠加,而是按照一定的集成方式和模式进行的再构造与再组合,其目的在于更大程度地提高集成体的整体功能,以便更加有效地实现集成体(系统)的目标。"[2]并提出了集成论的"五要素",即集成单元、集成模式、集成界面、集成条件和集成环境,其中集成单元的内在性质决定了集成关系的行为和组织模式,集成环境是影响集成模式的外部因素,集成条件与集成界面是集成关系形成过程中选择与优化的标准。

集成的理论和应用研究取得了丰硕的成果和重大的进展,但"集"什么、如何"集"、"成"什么、为什么等是无论哪种情况下都必须明确和回答的问题。

2. 系统集成

系统集成不仅是一种思想,更是一套技术和方法体系,而且在不断演变和发展,为的是更好地实现各单元信息系统与自动化系统的异构同化和同构整体化、更多地促进集成对象之间的交互和融合、更顺地解决利益相关者彼此的协同与发展问题。

一般而言,系统集成是适应某种目的的相关对象类的有机集合与完备操作。[3]其中,适应性体现系统不断适应环境变化的开放程度,目的性体现系统目标与功能的统一要求,相关性体现集成对象的相容与互斥属性,集合性体现单元与整体的作用关系,完备性体现集成事件的完整与统一程度。集成对象类包括相关的管理信息系统(Manager Information System,MIS)、工程信息系统(Enterprise Information System,EIS)、质量保证系统(Quality Assurance System,QAS)等众多单元信息系统,对象属性包括结构方面的同构与异构、状态方面的集中与分布、时间方面的同步与异步等。系统集成的研究内容包括系统理论、集成技术和实施方法等方面。系统集成的研究方式和问题域可从宏观、中观和微观三个层次加以区分,宏观层包括系统集成体系结构、问题求解框架、技术标准与规范、建模方法集、辅助工具集、实施参考指南等,中观层包括以人为核心的企业系统、以机器为核心的应用系统和集成平台系统等集成对象,微观层包括可集成的单元系统、可操作的关键技术、可引用的集成机制和规划、可实现的工程措施与编程算法等。

系统集成的技术和方法在企业中得到了广泛的应用,而且相对于具体的集成产品而言,为业务应用提供运行环境的集成服务平台越来越显得更加重要。集成服务平台从简单到复杂可区分出面向信息的集成、面向过程的集成和面向服务的集成。面向信息的集成重点是解决多个系统之间信息交换时数据流程和数据的一致性问题,面向过程的集成重点是解决企业内部多个业务数据源和多种分离应用系统的自动化协同处理问题,面向服务的集成重点是解决企业与关联的供应商、分销商、零售商、物流运输商等其他企业之间的动态的自动化互操作问题。

3. 综合集成

随着系统科学的理论和应用研究的不断发展,"开放的复杂巨系统"作为新的研究领域引起了科学家们的高度关注。钱学森等在社会系统、人体系统和地理系统等多个开放的复杂巨系统的研究实践基础上,开创性地提出了"定性定量相结合的综合集成方法"[4],用以处理开放的复杂巨系统,并得以广泛应用。"综合集成方法的实质是把专家体系、数据与信息体系以及计算机体系有机结合起来,构成一个高度智能化的人、机结合系统。这个方法的成功应用,就在于发挥这个系统的综合优势、整体优势和智能优势。"[5]

从方法论意义上讲,综合集成方法明确了其"从整体到部分再由部分到整体,把宏观和微观研究统一起来,最终是从整体上研究和解决问题"的研究路线和以人为主、人机结合、人网结合的技术路线,实现信息、知识和智慧的综合集成。这一方法论在指导具体的开放的复杂巨系统的研究实践时,将有相应的技术方法或技术方法体系加以支撑。

作为系统科学重要组成部分的综合集成方法,在系统科学、软科学、管理科学和复杂性科学等的研究工作中得到广泛应用,尤其是在解决开放的复杂巨系统问题时发挥了不可替代的作用。

4. 信息集成服务的概念内涵

信息集成服务是集成思想和理论在信息服务领域的体现,是综合集成方法论和系统集成技术方法在信息服务领域的应用,是信息服务理论和实践发展到一定阶段而出现的新的形态。在激发人们集中开展发展趋势和发展战略思考的世纪之交,国内外先知先觉的专家学者不约而同地思考和研讨了"信息集成服务"问题。1999 年 11 月,"信息集成与网络应用和服务"(Information Integration and Web-based Applications & Services,IIWAS)工作坊在印度尼西亚举办,并连续举办 2 次后于 2001 年起改为"信息集成与网络应用和服务"国际会议,每年举办一次,2016 年已是第 18 次,同名的非营利国际组织也于 2003 年在印度尼西亚正式注册。国内的《情报理论与实践》期刊于 1999 年开始陆续发表有关信息集成服务的论文。其主办单位"中国国防科学技术信息学会"会同"中国科技情报学会",于 2000 年 8 月,组织召开了"信息集成服务与集成管理"学术研讨会,集中探讨了网络环境下信息集成服务和集成管理的必要性、必然性、重要性和可行性,以及集成的发展战略、内涵与范围、体系结构、集成方法与模式、运行机制与管理、集成服务中的信息流通与知识产权保护等问题，普遍认为进行信息集成服务与管理是新形势下信息工作发展的方向，科技信息部门只有转变观念，充分利用信息技术带来的机遇，针对用户需求，实现综合集成，才能实现科技信息工作的可持续发展。[6]霍忠文认为，"信息集成服务理论"是21世纪图书馆学情报学的研究方向之一，"不论是在宏观层次，还是在中观层次、微观层次，在网络环境下，文献信息服务于21世纪初都必然是由集中服务或分散服务转向集成服务，集成的信息服务实践呼唤集成服务理论。文献信息业内传统的信息管理理论已不能解释当代的信息集成现象。需要从系统工程的高度，构建信息集成和信息集成服务的概念及其概念体系，探索信息集成服务的体系结构及其运行机制，并进而赋予××学（情报学、图书馆学、文献信息学、信息管理学等）以时代气息。"[7]

在信息服务领域，许多专家学者深入探讨了信息集成服务的概念。比如，霍忠文提出，"信息集成服务是基于信息集成理念基础上的信息服务，是一个现代化的服务概念，是分布服务的飞跃，是对集中服务或离散服务的否定"，并认为："信息集成服务"与"集成信息服务"的提法没有本质上的区别，都是强调"集成了"的信息服务，意味着集成后的服务总效益大于集成前的服务分效益之算术和。[8]另外，信息集成服务的应用研究和实践运行也是层出不穷。比如，焦玉英等开展了"图书馆2.0环境下信息集成服务研究"[9]，揭示了图书馆2.0环境下信息集成服务的参与性、开放性、个性化、友好性等特征，以及信息资源集成、技术集成、服务集成、人员集成等内容；梁孟华开展了"面向用户的档案信息集成服务模式研究"[10]，提出了三种档案信息集成服务模式，即个人数字档案馆集成服务模式、档案信息集成检索服务模式和基于智能代理的档案信息集成服务模式；罗英伟等开展了"基于Web Services的城市空间信息服务集成框架研究"[11]，设计了一个基于Web Services技术的、可实现城市空间信息服务集成与互操作的框架；刘毅等开展了基于Liferay Portal的所级图书馆集成信息服务平台的研发工作[12]，并实现了该平台的实践运行，在提升一线科研用户信息服务能力方面发挥着较好的作用。

结合上文对集成、系统集成和综合集成的讨论，可以看出：

信息集成服务，是基于用户导向的理念、原则和问题解决模式的专业化、综合性、整体式信息服务。其内涵主要包括以下三个方面：

（1）信息集成服务是信息服务理论和实践发展到一定阶段而出现的更加专业化的新形态，要更加自觉地坚持用户导向理念，更加坚定地遵循用户导向原则，更加深入地运用问题解决模式，实现功能更强、效率更高、效益更好的专业服务，而不是自我、粗放、低效的普通服务。

（2）信息集成服务是综合性的信息服务，要充分发挥信息用户和服务者两个方面的积极性,确保信息用户在服务者的提示、引导等帮助下更加全面准确地认识到问题实质并表达出信息需求,确保服务者始终围绕信息用户有待解决的问题组织合适的服务内容并制定合适的服务策略,实现更有针对性地帮助用户解决那些开放的、复杂的、巨大的问题的综合服务,而不是孤立、离散、浅层的单一服务。

(3) 信息集成服务是整体式信息服务,要在具体的信息服务项目中把各种要素汇聚在一起,组成统一的项目整体,可谓"汇集成体",求得信息服务的整体效应;在实际的信息服务业务中把多种有效的服务模式交聚在一起,构成独特的业务形式,可谓"交集成形",求得信息服务的完形效应;在从事的信息服务产业中把可能的服务业务类别齐聚在一起,形成有机的产业生态,可谓"齐集成态",求得信息服务的生态效应。从而实现在信息服务实践中统一、独特、有机的整体服务,而不是拼凑、脱节、无序的异构服务。

可见,信息集成服务重在集成,旨在服务。从集成对象("集什么")看,可有信息用户、服务者、服务内容、服务策略等要素以及各种服务模式和业务类别在具体实务中的同类集成或异类集成,如与服务内容关联的信息集成、信息资源集成,与服务策略关联的技术集成、过程集成,与服务模式关联的系统集成,与业务类别关联的管理集成等,这些相关联的集成往往是信息集成服务的基础或某一个点、一条线、一方面。从集成体("成什么")看,可以成为某种"项目整体"、"业务形式"或"产业生态",这些集成体在信息服务实务中往往表现为富有特色和成长性的服务项目或服务产品、服务业务或服务部门、服务产业或服务行业。从集成目的("为什么")看,为了更好地发挥能够增强服务性能和用户导向性的信息服务整体效应,发挥能够提高交融程度和问题解决能力的信息服务完形效应,发挥能够激发发展潜力和创新动能的信息服务生态效应。

5. 信息集成服务的主要特点

信息集成服务除具有信息服务一般特点外,还具有以下几个特点:

(1) 创新性。前文提到,信息集成服务是集成思想和理论在信息服务领域的体现,是综合集成方法论和系统集成技术方法在信息服务领域的应用,是信息服务理论和实践发展到一定阶段而出现的新的形态。同时,在信息服务的集成过程中,服务者的创造性思维融入其中,而且要把所需的集成对象进行组合优化,形成有机融合的统一体,用以解决此前难以解决的问题。

(2) 综合性。这主要是由用户有待解决的问题的复杂性和开放性决定的。无论是个人用户,还是集团用户,经常会遇到结构多层、关系多样、边界不清的问题,难以自行解决而需要外界帮助。这时服务者与信息用户之间需要充分的交流互动,综合识别待解问题,综合运用多种求解方法,综合考虑服务效益。

(3) 整体性。这主要是由信息集成服务的基本要求决定的。从服务目标来看,信息集成服务更加追求整体的最优效果,即更好地解决用户所面临的问题。这就有可能发生适当牺牲局部目标的效果而达到整体效果最优的情况。从服务项目来看,服务者、服务对象、服务内容、服务策略四要素要有机地联系成一个整体,达到时间和空间上的统一。从服务业务和产业活动来看,多种服务模式和业务类别要有机地形成一个整体,达到所需与所能的统一。

(4) 开放性。信息集成服务作为一个统一的整体,一方面与外界环境和其他整体保持动态的信息和能量交换,并成为新应用的基础或研发平台;另一方面在内部要建立友好界面,实现互操作、数据共享和"一站式"服务。

(5) 增值性。信息服务要素、服务模式和业务类别的优化整合及智能代理,为信息集成服务的增值提供了多种可能的途径,服务内容创新、服务方式与手段创新等既增加了用户的满意度和价值,又"超额"地实现了服务者自身的价值,达到了用户与服务者收益双赢的局面。

(6) 发展性。信息集成服务的上述特点,决定了其可能的良好的成长性和巨大的发展空间。信息服务活动将在人们社会生活的方方面面发挥越来越大的作用,信息服务业将在国民经济发展中占有越来越重要的地位。

上述信息集成服务的创新性、综合性和整体性特点主要是从集成角度进行的分析,开放性、增值性和发展性特点主要是从服务角度进行的分析。这些特点综合反映了信息集成服务的本质属性。

5.2 信息集成服务的主要类型和做法

5.2.1 信息集成服务的主要类型和实施原则

1. 信息集成服务的主要类型

(1) 根据集成对象的不同,信息集成服务可以区分出要素类信息集成服务、模式类信息集成服务和业务类信息集成服务及其同类信息集成服务、异类信息集成服务。要素类信息集成服务以信息服务的要素为集成对象,既有同类要素为集成对象的信息集成服务,也有异类(两类或多类)要素为集成对象的信息集成服务;模式类信息集成服务以信息服务模式为集成对象,既有同类模式为集成对象的信息集成服务,也有异类(两类或多类)模式为集成对象的信息集成服务;业务类信息集成服务以信息服务业务为集成对象,既有同类业务为集成对象的信息集成服务,也有异类(两类或多类)业务为集成对象的信息集成服务。无论是要素类、模式类,还是业务类的同类信息集成服务,主要是为了增强和改进信息服务相应要素、模式或业务的性能和效益,其异类信息集成服务主要是为了信息服务要素间、模式间或业务间的进一步有机融合和创新发展。

(2) 根据集成体的不同,信息集成服务可以区分出项目级信息集成服务、业务级信息集成服务和产业级信息集成服务。项目级信息集成服务强调集成的结果是某种信息服务项目整体,业务级信息集成服务强调集成的结果是某种信息服务业务形式,产业级信息集成服务强调集成的结果是某种信息服务产业生态。

(3) 根据集成目的的不同,信息集成服务可以区分出整体性信息集成服务、交融性信息集成服务、发展性信息集成服务。它们分别以信息服务的整体效应、完形效应和生态效应为集成目的。

(4) 根据集成方法的不同,信息集成服务可以区分出内聚型信息集成服务、内联型信息集成服务、互补型信息集成服务和互惠型信息集成服务。内聚型信息集成服务和内联型信息集成服务是相对于集成体形成之前所进行的内部集成,前者主要是对同类集成对象的聚集,后者主要是对异类集成对象的关联;互补型信息集成服务和互惠型信息集成服务是相对于集成体形成后所进行的再次集成,前者主要是指现有集成体与互补性强的其他集成体或集成对象的新的集成,后者主要是指现有集成体与其他集成体或集成对象以互惠互利为行为目的的新的集成。

2. 信息集成服务的实施原则

无论是哪种类型的信息集成服务,其实施都要遵循以下几条原则:

(1) 以问题为中心。信息服务的宗旨是为了解决用户所面临的问题,对信息服务进行集成的根本目的也是为了更好地实现这一宗旨。信息集成服务要以问题为中心是指服务者要在明确用户所要解决的问题的目标状态以及用户所处的问题解决的当前状态的基础上,针对当前状态与目标状态之间的差距,对信息服务诸要素进行集成,为用户提供更加便捷、优质的服务,致力于缩小当前状态与目标状态的差距,最终解决用户所面临的问题。

(2) 系统原则。系统理论是信息集成服务的基础。信息集成服务的实施过程是将零散的、相关的要素通过集成形成一个富有活力的系统,即构造系统的过程。具体来讲,信息集成服务的系统原则包括整体性、层次性和有序性三个方面:整体性是信息集成服务的特性,信息集成服务的实施要从整体的角度考虑问题;层次性是指信息服务的集成要遵循一定的逻辑结构,例如,应用集成的层次位于信息集成和技术集成之上;有序性是指信息服务各要素集成并不是杂乱无章的,而要遵循一定的顺序和规则。

(3) 重在应用。信息集成服务实施的"重在应用"原则可以从两个方面来理解:一方面,从信息服务的宗旨来看,服务者最终依据特定的主题,形成新的服务(应用)项目、业务或产业,来帮助用户解决所面临的问题;另一方面,从信息集成服务的逻辑结构来看,相对于信息集成和技术集成而言,应用集成属于高层集成,信息集成和技术集成围绕着应用集成而进行,前者为后者服务。

（4）旨在增效。这是由集成本身的特性决定的,之所以要对信息服务进行集成,就是因为集成能够实现信息服务要素、模式和业务等集成对象有意识、有选择的优化和整合,从而实现集成系统整体的功能倍增,而不仅仅是集成对象的简单叠加。

5.2.2 项目级信息集成服务的主要做法

项目级信息集成服务以信息服务的要素为集成对象,以信息服务项目为集成体,既有同类要素的集成,也包括异类要素的集成。

1. 服务者集成

信息服务者以个人或组织的形式存在,因此,服务者集成包括个人服务者和组织服务者的集成。由于个人服务者的集成与组织内部的人员集成类似,因此,我们重点讨论组织服务者的集成,简称组织集成。组织集成又可以分为组织间集成和组织内部集成。

（1）组织间集成是指面向共同的主题,不同组织之间通过信息服务过程中诸要素的整合,以达到不同组织间资源共享、优势互补的协同效应,以期达到共同的最终目标。需要强调的是,目标集成是跨组织集成的首要问题,目标集成使得组织间形成共同的利益基础,保证组织合作的成功。由于组织的目标有大有小,有长期目标,也有短期目标,因此,组织间集成具有层次性。有的组织间集成是一种暂时的协作,为共同完成一个项目而在一起合作,例如为解决用户的某一个具体问题而合作。这种集成的程度较浅,这些组织只是在短期目标和组织资源上有一定程度的集成,项目完成后,这种集成关系随之解体。另一种组织间集成则是一种长期的、持久的协作,这些组织间拥有共同的长期目标,例如拥有共同的用户群体,这是一种深入的、稳定的集成关系。

我们以"全国图书馆信息咨询协作网"（以下称图信网）为例进行说明。图信网由中国国家图书馆信息咨询中心主办,以中国国家图书馆为依托,建立网员制咨询服务协作关系。图信网的主要宗旨是通过网员间的优势互补,共同创造一个良好的信息服务环境,实现文献信息和参考咨询人才资源共享以及全国图书馆界的合作。只要拥有一定规模的信息源,或具备信息咨询与服务能力,或需要长期获得定题文献信息服务的社会成员,并遵循相关的入网规定,都可以成为咨询网的网员。图信网以网员资源为主,组建资源数据库,供网员使用。可见,图信网通过对服务者进行集成,实现网员的优势互补和资源共享,为用户提供信息咨询服务。

（2）组织内部集成是指组织为了达到目标,对组织内部的人力、技术、设备等资源进行集成,便于集成化管理和业务运作。组织内部集成一般引起组织的业务和机构重组。

我们以学科馆员服务为例进行说明。学科馆员是指兼具某学科与信息服务的专业知识和技能,并为该学科领域用户提供嵌入式定制化服务的复合型专业人才。学科馆员服务作为图书馆的服务项目之一,在大学和科研系统已有较为悠久的历史,而且不断深化和发展,在履行和创新图书馆的使命、帮助和参与用户的科研工作、创立和优化信息服务的专业精神等方面发挥着巨大的作用。可见,学科馆员作为直接的个人或团队服务者,与其所在的拥有丰富信息资源和便利条件的图书馆等服务机构,在具体实践中汇集成项目整体。

2. 服务内容集成

服务内容之集成是指综合应用各种方法和途径,对特定的信息产品和服务进行集成,以满足用户的需要。以学科信息门户为例进行说明。学科信息门户是伴随着互联网的快速发展而出现的一种信息集成服务形式。学科信息门户根据特定学科领域内的用户需求,利用信息组织技术和网络技术,将信息服务产品即学科信息资源集成起来提供服务。国外学科信息门户的建设始于 20 世纪 90 年代中期。国外比较优秀的学科信息门户有英国社会科学信息门户(Social Science Information Gateway, SOSIG)、美国加州大学的"图书馆员因特网索引(Librarians' Index to the Internet, LII)"等。国内的学科信息门户建设也应势而为,比较著名的有上海图书馆 1999 年开始建设的"数字式图书馆资源总汇"、中国科学院的"国家科学数字图书馆(CSDL)项目"的学科门户建设项目、高校学科导航资源库、中国高校人文社会科学信息网等。

CSDL 学科信息门户建设分为两个层次:第一层次是按学科大类组建的学科信息门户,由国家科学数字图书馆项目管理中心规划组织,已经有化学、生命科学、资源环境、物理数学、图书情报等门户建成并投入使用,并初步形成了资源选择和标引组织的规范;第二层次是针对具体的专业领域或跨专业、跨学科领域的专业信息门户,提供深入、具体的专业信息资源的选择、组织和服务。目前中国科学院国家科学数字图书馆已建成微生物、科技政策与科研管理、青藏高原研究、长江流域生态环境、天然产物和天然药物、海洋科学、中国种子植物、新生性传染疾病、专利信息等 10 个特色门户。这些学科信息门户将服务内容进行集成,大大方便了用户的使用。

3. 服务策略集成

服务策略集成是指综合运用各种服务方式和手段,确保信息服务的顺利进行。具体来讲,服务方式集成包括服务方式六维度的集成,服务手段集成包括技术手段集成、经营手段集成以及技术手段与经营手段之间的集成。还是以上文中的图信网为例。网员加入图信网时需要交纳一定的服务费。图信网设有《网讯》编辑部，通过《网讯》（印刷与电子版）建立网员间的信息交流关系。而且，在开展协作信息咨询的过程中，网员可通过电话、传真、邮件、国际互联网等多种手段与图信网联系。可见，图信网将有偿服务、增值服务、远程服务、同步服务与异步服务等服务方式进行整合，同时也将传统技术手段、现代技术手段和现代经营手段等服务手段进行集成，努力为用户提供更好的信息咨询服务。

4. 异类要素集成

异类要素集成是指服务者、服务内容、服务策略和服务对象等要素中的两个、三个或四个要素之间的集成。事实上，信息服务的四个要素之间本身就是紧密相连的，它们之间的集成实质上只是将其中突出的几个要素更好地进行整合，例如，服务者与服务内容的整合、服务者与服务策略的整合、服务内容与服务策略的整合、服务内容和服务对象的整合等。

我们以"中国农业科技文献与信息集成服务平台"（以下简称平台）为例来说明服务内容和服务策略之间的集成。对服务内容而言，平台充分整合了国家农业图书馆与农业信息所丰富的馆藏和系统的信息研究成果等信息资源，包括 OPAC 书目信息、期刊、视听资料、中外文网络数据库、电子图书、电子期刊、光盘资源以及包括古籍数据库在内的特色馆藏资源；对服务策略而言，从服务方式来看，平台整合了包括目录检索、资源检索、定题服务、SCI 咨询服务、网站导航、网络参考咨询、信息订阅与推送和网上资源推荐等在内的传统和现代服务方式。从服务手段来看，平台整合了信息采集、组织、检索和推送等技术手段。可见，平台正是通过服务内容和服务策略的有机整合，为用户提供"一站式"的信息服务。

5.2.3 业务级信息集成服务的主要做法

业务级信息集成服务以信息服务的模式或产品为集成对象，以信息服务业务为集成体，既有同类模式的集成，也包括异类模式的集成。

信息服务业务作为信息服务者追求价值目标过程中的专业性劳动，是在信息服务产品和独特服务的基础上形成的更大范围的社会性行为，包括确保体现用户导向性的交互行为、确保形成专门的产品和服务的生产行为、确保取得良好经济社会效益的管理行为等，因而往往也是机构或部门行为。

1. 问题解决模式集成

问题解决模式是信息服务的基本模式之一，是信息服务的主流和趋势性模式。在这类模式中，对用户当前面临的待解问题的快速和准确识别、对服务内容的针对性和有效性生产显得尤为重要，因而也是增强该类模式的服务性能的重要方面，以在线呼叫服务业务为例。

在线呼叫服务是指用户遇到待解问题时,通过电话等手段向服务机构寻求帮助,并求得问题解决的专门服务。人们生产生活活动中常见的在线呼叫服务主要有三种类型:一是常规问题的及时解答服务,如114电话导航、金融和电信等行业的呼叫中心等呼入式服务;二是电话营销或电话调查等呼出式服务;三是复杂问题的中介服务,如近年来迅猛发展的农牧业生产呼叫中心服务,农牧民在田间地头发现生产技术问题时,向呼叫中心求助,呼叫中心帮助对接相关专家,以及像宁波81890服务平台的居民生活呼叫中心服务,居民生活中遇到各种各样的问题时都可以通过此平台间接得到专门的服务。既通过呼入式服务识别问题,又通过呼出式服务对接专门服务。

看得出,如能集聚更多的坐席力量(如智能机器人的应用)、集聚更多的愿意提供帮助的专业技术人员,并得到社会有关方面支持,在线呼叫服务的性能和效益将得以提高,也将成为众多机构的重要的信息服务业务形式。

2. 生成模式集成

信息服务的生成模式多种多样,如凸显服务内容而隐含服务策略的"交互-增值模式"、凸显信息用户而隐含服务者的"平台-自助模式"、凸显服务策略而隐含信息用户的"用户-吸引模式"、凸显服务者而隐含服务内容的"内容-承包模式"等。

"交互-增值模式"的集成主要是通过增强服务者与用户之间或信息系统的各部分之间的交互性,生产出更有针对性的服务内容,求得整体服务性能和效益的提高。如"面向服务的系统架构(Service-Oriented Architecture,SOA)"服务业务。SOA是一个组件模型,它将应用程序的不同服务单元通过这些单元之间定义良好的接口和契约联系起来。接口采用中立的方式进行定义,独立于实现服务系统的硬件平台、操作系统和编程语言。从而使得构建在各种这样的系统中的服务单元以统一和通用的方式进行交互,极大地增强了系统服务的交互性和灵活性。

"平台-自助模式"的集成主要是通过交聚服务内容平台与用户终端之间的界面友好性、便捷性和智能化程度,更好地发挥信息用户的能动性和自身的作用,求得整体服务性能和效益的提高,如数据库服务业务。数据库可谓是信息服务产品,产品的内容范围和用户对象较为明确,其数据质量、信息组织方式、相关性算法、检索路径设置、产品可用性等方面情况直接影响用户使用的广度和深度。数据库的产权所有者或直接或授权有关机构为用户提供服务时,要准确捕捉用户的行为方式和行为习惯,不断优化和完善产品功能。

"用户-吸引模式"的集成主要是关于特定服务内容,通过优化升级并形成更有吸引力的服务策略,采用更有针对性的服务方式和服务手段,求得整体服务性能和效益的提高,如"应用程序App"服务业务。App是智能手机时代快速发展起来的应用软件,生产难度较低,同类产品较多,可帮助用户解决各种各样的具体问题。

其产品立意的新颖性、问题解决的彻底性、服务方式的独特性、服务效果的美誉度等,直接影响其吸引力和市场份额。App服务业务的成长和发展不仅取决于它能提供哪个方面的帮助,更取决于用户的信任和使用。

"内容-承包模式"的集成主要是通过运用多种可行的策略,提升服务者的社会影响力和公信力,增强服务者的积极性和服务能力,求得整体服务性能和效益的提高。如情报研究服务业务。

情报研究服务业务是指根据用户特定的需求和目标,情报研究人员运用科学的方法,获取、处理和使用已公开的信息,形成增值的情报研究产品,供相应层次用户决策参考的工作。其业务类别主要有四类:一是基本情报研究,旨在全面准确地掌握某特定领域的国内外相关情况,为用户了解相关情况提供情报产品,为更高层次的情报研究活动提供背景情况和支撑资料;二是动态情报研究,旨在跟踪特定领域或事件的最新进展,以要闻、简报、专报、参考等产品形式为用户及时准确地了解有关情况提供帮助;三是专题情报研究,旨在通过对特定专题和问题的相关资料的分析推理,求得新的发现,帮助用户解决相关问题;四是决策咨询研究,旨在通过复杂的综合的研究活动,为用户的重要政策或重大方案等决策提供参考和选择。无论是哪种类型的情报研究业务,其研究人员和所属机构的研究能力、服务能力和社会知名度等至关重要,有关方面的交流交融缺一不可。

3. 互联网模式集成

互联网信息服务模式是因互联网而催生的关于信息服务新的"认识-应用-创新"模式。互联网本身就是高度集成的产物,从信息服务角度看,互联网的技术特性、文化特征、社会属性、信息流特点和助人性能及其演变发展,催生出了大量新的信息服务项目,而且随着人们对互联网和各式各样的服务项目的认识不断深化、应用不断扩展,将持续创造出新的服务项目以及相应的服务业务。信息服务的服务者、用户、服务内容和服务策略等要素及其关系也在互联网上不断彰显。人、信息技术、信息三者之间的关联关系和交融需求因互联网的诞生得以强化,也将随着互联网的发展而逐步融合。我们可以把互联网模式集成概括为关于互联网信息服务的认识、应用和创新的综合集成,以"互联网+"服务业务为例。

2015年7月4日,国务院印发《关于积极推进"互联网+"行动的指导意见》(国发[2015]40号)。"互联网+"是指把互联网的创新成果与经济社会各领域深度融合,推动技术进步、效率提升和组织变革,提升实体经济创新力和生产力,形成更广泛的以互联网为基础设施和创新要素的经济社会发展新形态。意见明确了11项重点行动,分别是"互联网+"创业创新、"互联网+"协同制造、"互联网+"现代农业、"互联网+"智慧能源、"互联网+"普惠金融、"互联网+"益民服务、"互联网+"高效物流、"互联网+"电子商务、"互联网+"便捷交通、"互联网+"绿色生态、"互联网+"人工智能。"互联网+"行动同时带来了"互联网+"服务的需求，"互联网+"服务商应运而生。他们本身不从事传统企业的生产、制造及运营工作，而是帮助线上及线下双方的协作，从事的是做双方的对接工作，盈利方式则是双方对接成功后的服务费用及各种增值服务费用。可以说，"互联网+"行动的效果在很大程度上取决于相应的专门服务，尤其是有更高集成要求的信息服务。

4．异类模式集成

异类模式集成主要是指信息服务的跨模式集成，既有信息服务不同的基本模式之间、不同的生成模式之间、不同的互联网模式之间的集成，也有基本模式、生成模式、互联网模式之间的集成。异类模式集成是业务级信息集成服务实务中最为复杂的集成，在解决复杂问题时优先考虑。以"三网融合"服务业务为例。

随着数字技术和网络技术日新月异的发展，原本产业界限分明的电信网、广播电视网和计算机网三大网络的内核逐渐趋同，界限逐渐模糊，正在日益走向融合。它们的融合，将有利于实现语音、数据、图像在综合网络平台上进行交换和传输，可以看作是人类向智能网络时代的又一次跨越。在我国，三网融合的发展战略一直受到政策层面的高度重视。2010年1月13日，国务院常务会议决定加快推进电信网、广播电视网、互联网三网融合，并于21日下发推进三网融合的总体方案，标志着三网融合开始进入实质性推进阶段。然而，三网融合是一个长期和渐进的过程，这一过程中还存在着许多的困难和不确定性。有专家估计，在全球范围内最终实现三网融合的时间可能在2024年左右。我国的三网融合过程也会比较漫长。三合并不意味着三大网络的物理合一，而主要是指高层业务应用的融合。通过三网融合，用户可以手机看电视、上网，电视可以打电话、上网，电脑也可以打电话、看电视。三者之间相互交叉，形成你中有我、我中有你的格局。三网融合的根本优势在于它提供的信息服务将由单一业务转向文字、话音、数据、图像、视频等多媒体综合业务。

5.2.4　产业级信息集成服务的主要做法

产业级信息集成服务以信息服务的业务或机构为集成对象，以信息服务产业为集成体，既有同类业务机构的集成，也包括异类业务机构的集成。研究表明，信息服务业可以区分出信息传输服务业、信息处理服务业、信息分析与咨询业、信息经纪与代理业和公共信息服务业等5类。

1．信息传输服务机构集成

信息传输服务机构是指信息服务业中主要从事电信服务和信号传输等产业活动的单位。这类机构的产业活动，围绕信息的传输环节，涉及面广，技术性强，集成对象多，有些业务会随着机构的调整和市场的变化，进行拆分或整合；有些业务，尤其是基本业务,关联度高,密不可分,需要无缝连接,如 BOSS 系统。

业务运营支撑系统(Business Operation Support System,BOSS)是电信运营商普遍使用的信息资源管理系统,它涵盖了以往的计费、结算、营业、账务和客户服务等系统的功能,对各种业务功能进行集中、统一的规划和整合,是一体化的、信息资源充分共享的支撑系统。该系统以客户服务、业务运营和管理为核心,以关键性事务操作(客户服务和计费为重点)作为系统的主要功能,为网络运营商提供一个综合的业务运营和管理平台。一般来说,BOSS 是业务支持系统(Business Support System,BSS)和运行支持系统(Operation Support System,OSS)的合集,其中 OSS 是主体,BSS 是基础,从客户的角度看,OSS 和 BSS 之间没有区别。随着"以客户为中心"理念的盛行,服务商也渐渐淡化了 OSS 和 BSS 之间的区别,从而出现了一体化的 BOSS 系统,由计费及结算系统、营业与账务系统、客户服务系统和决策支持系统等四部分组成。

2. 信息处理服务机构集成

信息处理服务机构是指信息服务业中主要从事数据处理、软件服务和文献出版等产业活动的单位。这类机构的产业活动,围绕信息的处理环节,专业性强,市场竞争度高,做大做强的愿景明确,如 CNKI 系统。

1999 年 6 月,由清华大学光盘国家工程研究中心、清华同方光盘股份有限公司、中国学术期刊(光盘版)电子杂志社联合提出了建设"中国知识基础设施工程规划"的宏伟蓝图:以各学科基础和前沿知识以及专家知识与经验为基本内容,以高性能计算机和信息基础设施为支撑,以建设国家级知识基础和创新体系为目标的超大型知识信息管理系统。随后建立了 CNKI(China National Knowledge Infrastructure)工程中心网站。经过多年努力,采用自主开发并具有国际领先水平的数字图书馆技术,建成了世界上全文信息量规模最大的"CNKI 数字图书馆",涵盖了我国自然科学、工程技术、人文与社会科学期刊、博硕士论文、报纸、图书、会议论文等公共知识信息资源;用户遍及全国和欧美、东南亚、澳洲等多个国家和地区;实现了我国知识信息资源在互联网条件下的社会化共享与国际化传播,提高了各级各类教育、科研、政府、企业、医院等各行各业获取与交流知识信息的能力。中国学术文献网络出版总库是 CNKI 的核心资源,采取系列文献资源数据库、专业知识仓库、知识元库组成的"三层知识网络"模式建构信息内容,通过知识元库和引文链接等各种知识链接方法,使三个层次的数据库融为一个具有知识网络结构的整体供用户使用。

3. 信息分析与咨询服务机构集成

信息分析与咨询机构是指信息服务业中主要从事各种专业分析和咨询服务等产业活动的单位。这类机构的产业活动,围绕信息的应用环节,专业技能和经验要求高,交互环节多,集成对象明确,服务目标清晰。如毕马威公司(KPMG)的知识共享方案。

KPMG 实施了一个基于局域网的知识共享型系统,帮助公司意识到并且分配那些可以获取的、重新定位并再利用的智力资本,并充分发挥其用途。KPMG 认为,一个公司最重要的竞争优势是它的智力资本,但前提是在日常工作中有效地利用它。一个公司面临的最难以解决的商业问题就是如何让智力资本在需要的时候掌握在需要它的人的手中。为了让知识工作者们有效率地工作,他们需要快捷地在相关的背景下掌握最新信息,如果最新信息只能随机检索,就毫无用处。一个成功的知识共享型系统必须反映核心的商业需要,为管理和存取代表"商业目标"的多种形式的内容提供帮助,并将经过专门分类的内容与有关的背景情况建立关联关系。

4. 信息经纪与代理机构集成

信息经纪与代理机构是指信息服务业中主要从事经纪、中介和委托代理服务等产业活动的单位。这类机构的产业活动,围绕信息的交流环节,待解问题明确,链接关系复杂,对接难度大,互惠特征明显。如酷讯网。

酷讯网(www.kuxun.cn)是一种新的依托互联网和垂直搜索技术的专业信息代理商,它主要向用户提供机票、酒店、度假、火车票等多种旅行产品的搜索、比较和智能筛选等服务,同时向旅游爱好者提供分享旅游感受、结交驴友等众多互动沟通类服务。通过深入研究不同旅行产品的数据特征,酷讯网自主研发的旅游垂直搜索和数据处理技术,使酷讯网能够实时搜索数以千计的旅游网站,并且全方位的分析处理每个旅行产品数据,包括价格、描述、图片、评论、地理位置、时间、服务商等等众多信息,以帮助不同需求的用户都能通过酷讯网,高效地找到经济而完美的旅行产品。在用户最终做出产品选择后,酷讯网能够快速准确的通过关联链接,将用户直接引导到所选产品的提供商网站,帮助用户顺畅完成从寻找产品、选择产品直至购买产品的全部过程。酷讯网不是最终的旅行服务提供商,而是一个帮助用户收集、比较和处理旅行产品数据的有效工具。酷讯网不提供任何类似机票预订、酒店预定服务,所有从酷讯网链接出去的产品提供商或者服务商都不是酷讯网控制的企业或者机构,酷讯网只是根据用户需求,告知用户可以选择的产品提供商而已。此外,酷讯网也会通过技术、第三方评测以及用户监督等手段,来随时检查所有产品提供商的服务品质以及商业诚信,并对不好的产品提供商采取必要的技术处理办法,来提醒和引导用户选择,或者从搜索结果中删除这些对用户带来伤害的产品提供商数据,从而确保其信息资源的安全性和可用性。

5. 公共信息服务机构集成

公共信息服务机构是指信息服务业中主要从事公共信息产品供给服务和管理等产业活动的单位。这类机构多为公益事业单位和非营利组织,着重解决信息资源重复建设、共享程度低、建设效益差、服务范围封闭、服务标准不一等问题,如中国高等教育文献保障系统(China Acamedic Library Information,CALIS)和国家科技图书文献中心(National Science and Technology Libarary,NSTL)。

中国高等教育文献保障系统,是经国务院批准的我国高等教育公共服务体系之一。从 1998 年开始建设以来,CALIS 管理中心引进和共建了一系列国内外文献数据库,包括大量的二次文献库和全文数据库;采用独立开发与引用消化相结合的道路,主持开发了联机合作编目系统、文献传递与馆际互借系统、统一检索平台、资源注册与调度系统,形成了较为完整的 CALIS 文献信息服务网络。迄今参加 CALIS 项目建设和获取 CALIS 服务的成员馆已超过 500 家。

国家科技图书文献中心是根据国务院领导的批示于 2000 年 6 月 12 日组建的一个虚拟科技文献信息服务机构,成员单位包括中国科学院文献情报中心、工程技术图书馆(中国科学技术信息研究所、机械工业信息研究院、冶金工业信息标准研究院、中国化工信息中心)、中国农业科学院图书馆、中国医学科学院图书馆;网上共建单位包括中国标准化研究院和中国计量科学研究院。中心设办公室,负责科技文献信息资源共建共享工作的组织、协调与管理。NSTL 的主要职责是根据国家科技发展需要,按照"统一采购、规范加工、联合上网、资源共享"的原则,采集、收藏和开发理、工、农、医各学科领域的科技文献资源,面向全国开展科技文献信息服务。其发展目标是建设成为国内权威的科技文献信息资源收藏和服务中心、现代信息技术应用的示范区、同世界各国著名科技图书馆交流的窗口。

6. 异类机构集成

异类机构集成主要是指信息服务业发展实践中不同类机构之间的集成,也就是信息服务业所属各子行业之间及其与非信息服务业机构之间的集成。这是信息服务业自身的生态系统构建所需的,也是更好地发挥信息服务业作用的必然选择。如云计算服务。

云计算是推动信息技术能力实现按需供给、促进信息技术和数据资源充分利用的全新业态。云计算服务是指基于互联网的相关服务的增加、使用和交付模式,通过网络以按需、易扩展的方式获得所需服务,包括 IT 和软件、互联网相关、也可以是其他服务。云计算服务的特征是通过使计算分布在大量的分布式计算机上,而非本地计算机或远程服务器中,在任何时间、地点,使用不同的 IT 设备互相连接,实现数据存取、运算等目的。这意味着计算资源可以有偿共享,也意味着计算能力可作为一种商品通过互联网进行流通。云是网络、互联网的一种比喻说法。云计算服务的基本形式主要有三种:IaaS(基础设施即服务,消费者通过 Internet 可以从完善的计算机基础设施获得服务)、PaaS(平台即服务,将软件研发的平台作为一种服务)、SaaS(软件即服务,用户可向提供商租用基于 Web 的软件)。2015 年

1月,国务院印发《国务院关于促进云计算创新发展培育信息产业新业态的意见》(国发[2015]5号),我国的云计算自主创新能力和云计算服务能力及由此带动的相关产业将得到快速发展。

参考文献

[1] 刘晓强.集成论初探[J].中国软科学,1997(10):103-106.

[2] 海峰,李必强,冯燕飞.集成论的基本问题[J].自然杂志,2000,22(4):219-224.

[3] 万麟瑞,李绪蓉.系统集成方法学研究[J].计算机学报,1999,22(10):1025-1031.

[4] 钱学森,于景元,戴汝为.一个科学新领域——开放的复杂巨系统及其方法论[J].自然杂志,1990,13(1):3-10.

[5] 于景元,周晓纪.从定性到定量综合集成方法的实现和应用[J].系统工程理论与实践,2002(10):26-32.

[6] 志坚.信息集成服务与集成管理学术研讨会纪要[J].情报理论与实践,2000,23(6):444.

[7] 吴慰慈,皱志仁,霍忠文,吴晞,吴建中,王知津,卢小宾.专题:21世纪图书馆学情报学的研究方向[J].图书情报工作,2001(1):7-11.

[8] 霍忠文,张捷.信息集成服务发展战略[J].情报理论与实践,2001,24(1):1-5.

[9] 焦玉英,刘颖.图书馆2.0环境下信息集成服务研究[J].中国图书馆学报,2008,34(5):56-60.

[10] 梁孟华.面向用户的档案信息集成服务模式研究[J].档案学研究,2009(2):47-50.

[11] 罗英伟,王文俊,汪小林,许卓群.基于Web Services的城市空间信息服务集成框架研究[J].武汉大学学报(工学版),2003,36(3):95-98.

[12] 刘毅,汤怡洁,杨锐,李春旺.基于Liferay Portal的所级图书馆集成信息服务平台设计与实现[J].现代图书情报技术,2008(6):72-77.

第六章 用户导向的信息服务系统

在本书前面章节中我们曾谈到,信息服务发展至今,经历了从"以系统为中心"到"以用户为中心",再到"用户导向"的理念上的不断演变。作为信息服务发生的重要场景,信息服务系统也同样经历着这种设计和运营理念上的升级与演进。在服务经济时代,以用户导向为基本理念的信息服务系统将成为主流。本章主要阐述用户导向的信息服务系统在实践中面对的问题和基本含义、设计理念、系统架构以及运营中需要处理好的若干关系。

6.1 面对的问题和基本含义

6.1.1 用户导向的信息服务系统面对的问题

用户导向的信息服务系统面对并要解决的问题主要有两类:一是系统的出发点和落脚点问题,二是人机之间、人际之间(服务者与用户)的关系问题。第一类问题可以从传统的业务管理型信息系统(如管理信息系统、办公自动化系统等)、资源管理型信息系统(如知识管理系统、客户关系管理系统、企业资源计划等)、决策型信息系统(如决策支持系统、战略信息系统等)等多种运行于生产和管理实践的信息系统中发现,基本上都是从机构领导层的要求和设计者的理解出发,而不是从用户有待解决的实际问题出发,因而也难以真正落脚。此不赘述。第二类问题虽然注意到了用户的出发点要求和落脚点意义,但运营中的人机关系、人际关系多为线性关系,也就是交互关系不充分、共生关系未形成。这里以个性化信息服务系统、主动信息服务系统、智能信息服务系统等为例加以分析讨论。

1. 个性化信息服务系统

个性化信息服务系统是近年来信息服务研究中的热点概念之一,比尔·盖茨早在《未来之路》中就曾预言,未来信息服务系统必须满足用户高度个性化的要求。一般认为,个性化信息服务系统的主要功能是基于用户的学科、研究方向和使用习惯等特征,通过用户定制、系统推荐和推送功能,为用户提供个性化的信息服务,是网络环境下信息服务向纵深发展的趋势,也是未来信息服务的主流模式[1]。其目标就是实现"信息找人"、"自动推送",用户只需按照一定的方式向服务器提交服务请求后,系统就会遵照用户的要求,及时把信息送到用户的终端[2]。其基本内容包括两方面:个性化信息和个性化服务[3]。目前,国内外研究较多的个性化信息服务系统包括国外的 Cornell 大学图书馆 My library 和 North Carolina State 大学图书馆 My library,以及国内的中国人民大学图书馆个性化信息服务系统、浙江大学图书馆 My library 系统等。

个性化信息服务系统的实现机制多种多样,两种较为典型的服务实现机制:基于规则或案例推导的信息服务系统、基于用户行为数据的信息过滤系统。

基于规则或案例推导的信息服务系统允许预先存储设定的触发反应规则,本质上即条件语句,其中描述规则触发前提条件,触发规则后执行系统的内容,反之则不予执行。该类方法的优点是直观、简单,缺点是规则质量很难保证,规则更新困难,通常需要额外的大量专家知识和形式化描述过程。另外,规则之间存在现实的或者潜在的不一致与信息冗余。

基于用户行为数据的信息过滤系统可更加细分地分为基于内容的信息过滤和协同过滤两种。基于内容的信息过滤机制较为简单,该类系统首先将系统中的资源进行特征标注,该标注依赖于标签、关键词、文字片段编码等,然后通过观察用户对内容的选择情况,抽取出用户兴趣并同样使用特征对用户兴趣进行描述,最后通过对比用户特征与资源特征的相似度来给用户进行推荐,该类系统的优点是实现起来较为简单、容易理解,缺点是用户兴趣数据往往通过逐步积累而来,在用户兴趣发生变化后的一段时间内,由于之前数据的影响,系统感知用户兴趣变化的反应较为迟钝,若用户兴趣发生较大变化,系统所提供的内容仍然依赖在过去特征数据上。协同过滤机制利用群体用户中个体用户信息行为所体现出的特质之间的相似性来过滤信息,该类系统的优点是能较快地为用户提供新的感兴趣的信息,当然这并不意味着对用户兴趣变化的感知灵敏,因为此类系统仍然要给予用户与系统任务之间的累积评分进行工作,缺点是存在冷启动问题,即系统处在初始化的状态时,由于并没有积累太多的用户与系统任务间的评分数据,无法展开系统任务与用户之间的相似性对比。

综合而言,个性化信息服务系统的要点有二:首先,用户根据自身的兴趣、爱好和需求定制自己所需要的资源、信息和服务;其次,信息提供者针对用户的个性和特点以及定制的信息,主动为用户选择并提供最合适的资源和服务,并根据用户的需求变化,动态地改变所提供的信息。就个性化信息服务系统的设计理念和出发点来看,个性化信息服务系统对于用户导向原则的贯彻并不"彻底":首先,从信息服务流程的起始端来看,个性化信息服务仅仅强调对用户的个性化信息需求的挖掘,却忽视对用户服务接收能力的考虑,使得个性化信息服务往往会产生偏差。

例如,由于缺乏对用户邮件承受能力的估计,而可能给用户推送了大量"个性化"信息,使用户不胜其烦。其次,从信息服务的过程来看,个性化信息服务系统只胜任于一般意义上的信息提供服务,而对于信息咨询等需要用户全程参与的高级信息服务无能为力。第三,从信息服务流程的终端来看,个性化信息服务以将信息推送给用户为最终目标,却较少关注用户是否真正满意,其服务的价值无法得到保证。

2. 主动信息服务系统

主动信息服务的概念由来已久,早在20世纪五、六十年代,图书情报部门为了满足部分用户对专业性强、特定信息需求而开展的"定题服务",就是传统的主动信息服务。现代意义上的主动信息服务系统是基于计算机网络环境的信息服务系统,该系统能够借助于智能代理技术、Push技术、Pull技术、用户兴趣建模技术等实现信息的主动推送[4]。主动信息服务的实质是服务的主动性,即在没有用户干预的情况下,信息服务者或信息服务系统就能自动按照用户的信息需求提供相应的服务。主动信息服务系统使信息服务机构除了被动地面向整个网络用户服务,还能从技术上主动锁定一批特定用户群,为他们提供网上专题信息服务,这不但提高了信息服务的效能,节省了用户在网上漫无边际查询信息的时间,还减少了网上部分无效信息的流通量,节省了宝贵的带宽资源[5],具有可靠性、及时性、安全性等特点。

主动信息服务系统是一个智能化的高效信息系统,能使信息在正确的时间到达正确的地方,让用户能迅速感知信息的变化并做出响应,表现在智能化和高效性。主动信息服务系统中的信息是高速流动的,不是停留在一个地方等人去寻找,而是带有目标的,采用新的分类形式,主动寻找合适的信息用户。由于系统中的信息能主动寻找用户,信息的有效传递率会大大加大,信息利用率极大提高;用户直接面对的信息量可以得到控制,信息的商业价值得以充分发挥,避免了垃圾信息对网络资源的大量占用。

可见,主动信息服务系统强调的是一种信息服务的新的方式,与个性化信息服务系统相比更强调的是技术理念,其可以看作是个性化信息服务系统实现的技术基础之一。用户导向的信息服务系统与主动信息服务系统都强调要对用户需求进行挖掘,因此两者并不矛盾。相反,主动信息服务系统可看作是用户导向的信息服务系统的一个重要功能模块或组成部分。

3. 智能信息服务系统

智能信息服务系统也是近年来信息服务系统研究中较多人提起的一个概念。从现有文献来看,智能信息服务的关注者以计算机专业背景的研究者居多。与前两种信息服务系统的概念相比,智能信息服务系统强调的重点不是服务理念的改变,而是其所采用的技术的智能性和先进性。早期的智能信息服务系统主要关注语音信箱、传真、来电处理和声讯库服务等多媒体技术在信息服务系统中的应用[6]。近年来,智能信息服务系统研究者则开始将大量自然语言理解和人工智能技术引入信息服务系统之中,并提供诸如结果自动分类[7]、智能信息过滤[8]和模糊查询[9]等高级功能。特别是近些年物联网技术的应用,使得智能信息服务系统可利用具有感知、通信与计算能力的智能物体自动获取物理世界的各种信息,将所有能够独立寻址的物理对象互联起来,实现全面感知、可靠传输、智能处理,构建人与物、物与物互联的智能信息服务系统,在智慧交通、智慧农业、气象服务、旅游服务、智慧医疗等领域的应用具有广泛前景。

通过上述分析可以看出,智能信息服务系统的概念主要关注各种新技术在信息服务系统中的应用,而较不涉及信息服务系统设计理念上的更新与变革。从这个意义上说,用户导向的信息服务系统所赖以实现的技术工具,主要就是智能信息服务系统。

6.1.2 用户导向的信息服务系统的基本含义

结合上文对用户导向的信息服务系统与个性化信息服务系统、主动信息服务系统、智能信息服务系统等相关概念间关系的论述,可以看出:用户导向的信息服务系统,是基于用户导向的理念、原则和问题解决模式而构建的人机一体化的交互式信息服务系统。

用户导向的信息服务系统必须以用户导向为系统设计的基本原则,并将其全面贯彻于系统所提供的服务流程的各个环节之中。具体来说,用户导向的信息服务系统的概念内涵主要包括以下三个方面:

首先,用户导向的信息服务系统必须根据用户的具体需求和实际情况来提供有针对性的信息服务,这就要求用户导向的信息服务系统需要具备高度智能化的用户需求挖掘功能和良好的人机、人际沟通机制,以帮助用户更好地表达自己的实际情况和需求。

其次,用户导向的信息服务系统所提供的服务要求用户全程参与其中,并根据用户的实际需求的变化,及时调整服务策略和服务内容,甚至根据用户的需要重新开展新一轮服务。这就要求用户导向的信息服务系统必须具备良好的用户反馈机制和服务情境的感知功能,并建立起相应的策略库和知识库,帮助系统及时应对用户不断变化的外部需求。

再次,用户导向的信息服务系统的最终目标,是要帮助用户提高认知水平和运用信息解决问题的能力。其所提供的信息服务的价值体现,要以满足用户的需求为立足点。这就要求系统要为用户提供能够方便评估本次服务质量和自身需求的满意度的评估模块,作为系统进一步改进服务的依据,并发挥服务者和服务对象的积极性。

6.2 设计理念

用户导向的信息服务系统的设计和建设以用户导向为基本原则,其设计理念可以归结为以下几个方面。

6.2.1 以用户满意为系统设计的出发点与归宿

用户满意,在经济学界称之为"客户满意"(Consumer Satisfactional,CS),已经从一种经营战略上升为一种管理理念[10]。用户导向的信息服务系统设计的最基本理念,就是以帮助用户解决问题、追求用户的满意为系统设计的出发点与归宿。

所谓以用户满意为系统设计的出发点,是指用户导向的信息服务系统必须能够帮助信息服务者从服务对象的实际情况出发,感知到服务对象对信息和服务的需求、引发需求的问题、服务对象的智能状况和信息素养等实际情况,并帮助服务对象尽可能多地表达出信息需要、尽可能准确地表达出服务需求,帮助服务对象不断提高认知水平和对问题的把握能力。为此,用户导向的信息服务系统需要具备强大的用户需求和基本情况的挖掘能力、服务情境的感知能力和与服务对象实时沟通与反馈的能力。

所谓以用户满意为系统设计的归宿,就是指用户导向的信息服务系统存在和运行的基本前提,就是要为服务对象解决问题,为服务对象创造价值。正如我们在前文中所谈到的,根据用户导向原则,信息服务不仅要做到过程与结果相结合,更要以结果为重。因此,用户导向的信息服务系统要确保提供给服务对象的信息可以被用户利用和吸收,并以服务对象的实际需求得到最终解决作为系统运营的首要目标。为此,系统要具备三方面能力:首先,是挖掘用户的信息需求和基本情况的能力;其次,是根据用户需求和服务情境变化有针对性地选择服务策略和服务工具的能力;再次,是让用户能够方便地反馈并表达自己对服务的满意情况的能力,为系统进一步改进找到方向。

6.2.2 以双向沟通为系统开展服务的基本模式

组织行为学认为,双向沟通是指信息的发出者以协商,会谈,讨论的方式对接受者发出信息之后,及时听取反馈意见,发送和反馈可进行多次,直到双方共同了解为止[11]。信息服务是复杂多变、多环节的社会行为。用户导向的信息服务活动强调用户与服务者之间的交互性。因此,在用户导向的信息服务系统中,双向沟通应当是系统开展服务的基本行为模式。

用户导向的信息服务系统中的双向沟通机制,主要体现在用户模型的构建和不断修正的过程。系统在一开始就通过用户定制等方式构建出符合用户个性化需求的用户模型,随着用户知识结构、爱好、兴趣、工作性质的改变,用户可以随时更新自己的用户模型。同时,系统通过对用户一段时期以来检索或浏览信息服务系统的日志的挖掘与分析,也可以不断修正和调整用户模型,从而保证用户模型能够适应用户不断变化的个性化需求。

由此可见,在用户导向的信息服务系统中,建立便捷畅通的用户反馈机制,是信息服务系统真正实现其效用最大化的重要手段。这里所说的反馈机制,是一个广义上的概念,既包含用户通过表单、邮箱等技术手段进行的显性反馈,也包括系统通过挖掘和分析用户的使用日志而进行的隐性反馈;既包括用户在服务结束后对于服务质量和服务效果的反馈,也包含用户在服务中通过反馈而帮助系统及时调整服务策略和工具的过程。总之,在用户导向的信息服务系统中,反馈应当是系统的基本特性之一,应当贯穿于系统工作流程的各个环节,并以多种形式体现出来。有关反馈机制的技术实现细节,后文中将详细论述。

6.2.3　以动态开发为系统建设的基本理念

从用户导向的信息服务活动的本质属性来看,信息服务活动旨在针对用户所面临的特定问题提供解决方案。因此,信息服务与一般的服务活动不同,它是一个知识生产的过程。而知识生产分工的多变性,使得知识生产团队的成员所扮演的角色和发挥的功能像走马灯一样不断变换。与物质生产相比,知识生产是一个生命过程,期间伴随着要素的不断新陈代谢和整体组织的不断演化;物质生产是一个运动过程,虽然也带有一些动态性,但要素分配和系统结构相对稳定得多。知识生产是一个变调过程,而物质生产则是一个定调的过程。因此,用户导向的信息服务系统的开发,必须从一开始就树立一种动态开发的理念,要建立一支常设的系统开发与升级的专业队伍,根据系统所面临的环境和需求的不断变化,及时调整和升级系统的相关功能模块。

具体来说,用户导向的信息服务系统在建设上,应当体现和贯彻动态开发的基本理念,并遵循以下四条原则:

首先,用户导向的信息服务系统作为一个人机结合的信息服务系统,必须拥有一支与系统的日常维护和升级相配套的开发队伍,并根据用户反馈和系统服务环境的变化,调整和升级系统相关模块。

其次,在系统功能模块的设计上,用户导向的信息服务系统要严格遵循面向对象的设计理念,强调模块的内聚性,使得信息服务系统在日常运行中,可以很方便地根据具体需求改进某一个或若干个系统模块,而不需要对系统整体架构进行调整,从而造成不必要的浪费。

再次,要建设有关系统运营与升级的专家知识库和策略库,对系统运行过程中出现的各种新问题和新需求及时做出反映,并按照一定规则定义添加到系统的策略库之中,从而不断提高系统的应对能力。

最后,用户导向的信息服务系统的动态开发,需要用户在整个过程中的全程参与,用户不但通过对服务效果的反馈机制为系统的动态开发提供依据,而且可以对系统的服务策略、服务流程、配套设施等各个环节及时提出反馈建议,从而全程参与到信息服务系统的升级之中。

6.2.4 以智能技术作为系统提升服务质量的基本手段

用户导向的信息服务系统的出现,是以信息技术,尤其是各种人工智能技术的大量涌现为基础的。正是数据挖掘技术、自然语言理解技术、海量信息处理技术和信息过滤技术等的成熟应用,才使得用户导向理念能够真正体现和贯彻到信息服务系统的设计与开发之中。一般而言,用户导向的信息服务系统所需要应用的技术可以归结为以下几类:

第一,数据挖掘技术。数据挖掘的分类可以根据挖掘的任务分为关联规则发现、聚类、分类、序列模式发现、预测型模型发现、依赖型模型发现、异常和趋势发现等。在用户导向的信息服务系统中,常用的数据挖掘技术主要有三类:首先,是关联规则,即用来描述在给定的事务集中频繁出现的项目集的规则,主要包括确定性关联规则的挖掘、量化关联规则的挖掘、增量式关联规则的挖掘、模糊关联规则的挖掘、广义关联规则的挖掘等。其次,是自动聚类,也可以称为无监督的分类,聚类事先不知道训练数据的类标签,而是本着最大化内部数据的相似度,而最小化类间数据的相似度,产生新的类别,聚类方法包括统计方法、机器学习方法和空间数据库方法等。最后,是自动分类,分类属于有导师学习,即利用给定的训练数据集建立分类模型,再通过分类模型读新的数据进行分类的工程,主要的分类方法有决策树,贝叶斯神经网络和粗糙集等。

第二,自然语言理解技术。由于用户导向的信息服务系统通常需要处理海量的文本信息,因此自然语言理解技术也是在用户导向的信息服务系统中应用十分广泛的一种智能技术。自然语言理解技术与数据挖掘中的聚类和分类技术相结合,就形成了文本自动分类和自动聚类技术,这些技术在信息服务系统的后台信息和检索结果的分类与聚类方面应用较多,能够很好地提高信息服务系统的服务效果。此外,对于中文信息服务系统而言,还要面临着中文信息处理的一系列问题,比如如何提取其中的概要信息(包括标题、作者、时间、描述、副标题、关键词、URL)以及站点类别等;如何实现对中文的国标码和Big5码或其他的中文常用码的识别、转换等。因此,中文语词自动切分、中文文本自动标引等技术也是用户导向的信息服务系统中的常用技术。

第三,信息过滤技术。在用户导向的信息服务系统中,数据挖掘技术的使用往往是和信息过滤技术交织在一起的,他们共同发挥着核心的作用。信息过滤技术是指根据用户兴趣帮助用户过滤掉那些他不感兴趣的信息。信息过滤技术主要针对无结构或半结构数据,如网页、邮件等,处理数据源一般都为海量信息,处理的对象主要是文本信息。在用户导向的信息服务系统中,信息过滤实际上就是一个利用用户模型对信息资源进行信息滤波的过程。对文档按相关度量进行排序,过滤掉不相关的或者相关度量少于某一个阈值的文档。通过信息滤波,与用户模型不相关的文档信息被挖掘过滤掉了,反馈的结果基本上都是用户科研项目、决策管理或感兴趣的文档信息,并按相关度量多少排序。常用的算法有基于内容的信息过滤算法,向量空间的匹配和贝叶斯分类算法等。

第四,智能代理技术。在用户导向的信息服务系统中,智能代理技术能够在一定程度上模拟系统用户的行为,具有智能性、学习性、社会性、交互性等特征。智能代理可以看作是知识处理的实体,它由知识库、规则库、推理机、各代理之间的通信协议组成,能够完成知识发现代理、通信协作代理、规则库应用代理、监督代理、知识库管理代理、推送代理等功能。智能代理技术能够根据用户的行为特征和个人喜好,在没有用户明确输入指令的情况下,实时监控数据库或者网络中信息的更新变化,自主地将用户可能需要的信息进行搜集整理并储存,并且能够在用户进入网络后,及时地将这些信息资源显示在用户系统桌面之上,帮助系统用户对网络中的信息进行获取、感知、分析、推理,并在此基础上对用户和周边环境做出反馈,以达到代替用户,帮助用户的目的。

6.3 系统基本架构

用户导向的信息服务系统的基本架构一般由以用户建模为核心的智能化生产与服务系统和以用户问题解决为核心的人际交流与服务系统构成。现结合图6-1加以说明。

6.3.1 智能化生产与服务系统

智能化生产与服务系统主要由用户建模模块、信息输入模块、信息处理模块和信息输出模块等模块组成。

1. 用户建模模块

在用户导向的信息服务系统,如图6-1所示,获得用户兴趣和基本信息,并形成用户模型是用户导向的信息服务系统成功的关键。因此,用户建模是用户导向的信息服务系统的关键模块之一,其主要由用户模型建立和用户模型更新两个部分组成。

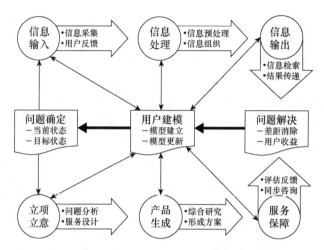

图 6-1 用户导向的信息服务系统模型

(1) 模型建立。用户模型一般有四种类型,静态用户模型、动态用户模型、基于模板的用户模型和高适应性的用户模型[12]。这四类模型之间并不是相互排斥的,在实际使用过程中,经常是采取一种混合的方式。随着信息技术的发展,用户模型的类型主要是基于用户相关信息内容的、动态的和高适应性的用户建模。

用户模型建立的基本原理是:系统通过用户反馈模块获得用户感兴趣的信息群,然后根据这些信息提炼出用户兴趣[13]。首先,系统通过用户反馈模块(下文中将要介绍)获取用户的个人信息和服务日志。其次,系统将用户的兴趣偏好和个人信息使用用户模型表示出来,包括概念上的表示方法和物化上的存储方法。用户模型实际的表示方法有很多种,比如关键词列表示法,向量空间模型表示法,主题表示法、本体法等。最后,将第一步得到的用户数据映射到第二步建立用户模型中,还需要借助机器学习的方法。目前机器学习算法很多,如概率算法、遗传算法、建立在向量空间模型上的相关反馈学习算法等,可以根据实际需要选择信息服务系统所适合的机器学习算法。

(2) 模型更新。根据用户导向的信息服务系统的动态开发原则,用户模型建立后,并不是一劳永逸的,还需要根据用户的使用行为和兴趣偏好等变化而不断更新用户模型。用户模型的更新可分为实时更新和后台更新。实时更新即用户在系统使用过程中进行的更新,后台更新是用户退出系统后进行的更新。无论哪种更新,其基本步骤是,用户在使用信息服务系统的同时,产生了大量的系统访问和使用日志,信息服务系统自动记录用户检索信息和访问结果时所形成的访问日志,并对用户阅读的满意度、内容、停留时间、阅读次数等进行挖掘分析,然后根据分析的结果进一步修正模型,获得更加精确的用户模型,从而使数据处理能更加准确,用户得到真正满意的个性化内容。

由此可见,用户模型的更新是一个循环往复的过程,在这一过程中,信息服务系统将不断地进行用户模型修正,并力求准确地获取用户的个性化信息。

2. 信息输入模块

信息输入模块主要由信息采集和用户反馈两个部分组成。

(1) 信息采集。由于用户导向的信息服务系统强调以用户特定需求为导向的信息收集与整理策略,因此用户导向的信息服务系统的信息采集技术除一般的搜索引擎爬虫技术之外,还要结合不同专业领域和应用范围的实际需求,以及用户自行设定的采集范围或系统根据用户行为匹配的采集范围,进行定向抓取。这样做,一方面,可以通过设定抓取的范围,屏蔽掉无关这一领域的大量冗余信息或无用信息,更好地提高信息服务系统反馈给用户的检索信息的查准率;另一方面,由于针对某一特定领域,信息服务系统的信息采集的深度可以比一般的搜索引擎更深,从而更好地提高信息服务系统反馈结果的查全率。关于定向抓取的具体实现方法,文献[14]给出了较为系统的介绍,此处不再赘述。

(2) 用户反馈。在用户导向的信息服务系统中,用户的科研活动、研究兴趣、主题及信息需求都是在不断变化中运行的,因而用户模型的建立是一个动态、随机、不断调整的过程,其中还必须对用户的短期信息行为进行挖掘,并处理对历史的合理遗忘、用户兴趣改变、信息需求转移等情况。这些活动的进行,都需要借助于用户反馈技术。用户反馈的途径有两种,一是评价信息服务系统的用户满意度,从而提高用户导向的信息服务系统的服务质量;二是在服务过程中,通过用户的不断反馈,系统及时调整服务的策略和工具,从而达到实时交互的目的。从用户反馈技术的实现方式来看,也可以分为两类:隐性的用户信息反馈技术和显性的用户信息反馈技术。前者是监视用户在 Web 页面的行为,记录用户在某一页面的时间、文档长度、用户访问的 URL 地址、URL 路径的历史,形成日志文件,并通过日志挖掘技术总结用户的信息需求和基本特征;后者则提供了一些显性的反馈渠道,如留言板、系统信箱、即时通信(Instant Messaging,IM)工具等,用户通过这些途径显性地提供一些信息来评价当前文档页面和系统。一般而言,在实际的信息服务系统中,上述两种方法都是结合应用的。

3. 信息处理模块

信息处理模块主要由信息预处理和信息组织两个部分组成。

(1) 信息预处理。信息预处理是用户导向信息服务系统中很重要的一个环节,它可以保证系统所需信息集合的质量。系统采集的原始信息是从各个应用系统中获得,由于各应用系统的信息缺乏统一的标准定义,数据结构也有较大的差异,因此各系统间的信息存在较大的不一致性,往往不能直接拿来使用。重复是应用系统实际使用过程中普遍存在的问题,几乎所有应用系统中都存在信息的重复和冗余现象。又由于实际系统设计时存在的缺陷以及一些使用过程中的人为因素,信息记录中可能会出现有些数据属性值丢失或不确定的情况,还可能因为缺失必需的数据而造成信息不完整。此外在应用系统中还可能存在大量的模糊信息,有些信息甚至还具有一定的随机性质。信息预处理需要对提取出来的信息集合进行合法性检查,然后对数据值进行统一的标准化描述,使其具有相同含义和形式,再对那些含有错误、冗余、空值、歧义的信息进行清洗和整理,从而保证信息的质量。

对于很多信息源为互联网的信息服务系统而言,由于其信息多来自网页,而网页信息的非结构化对于定位网页中的特定信息造成了困难,使得信息组织和信息检索等后续工作难以实现。信息预处理模块通过对非结构化网页信息的智能抽取和结构化存储,使利用数据库查询和统计成为可能。预处理模块主要完成信息采集模块收集的网页中有用信息的高效、准确的抽取和数据的简单处理、存储。目前,学界对于信息预处理的研究主要集中在网页信息抽取和网页去噪等研究领域。流行的网页信息抽取技术包括:基于隐马尔科夫链理论的 HMM(Hidden Markov Mode)[15]模型,基于本体论(Ontology)的信息抽取方法[16],数据记录挖掘 MDR(Mining Data Records)[17]方法等。而网页净化研究中,较常见的算法包括基于一组启发式规则[18]或页面的布局信息[19]的去噪算法、基于树形结构[20]的去噪算法、基于模板的去噪算法[21]和基于内容块思想[22]的去噪算法等。

(2)信息组织。信息组织是指采用一定的方式将某一方面大量的、分散的、杂乱的信息经过组织、整序、优化、存贮,形成一个便于有效利用系统的过程,它是建立用户导向信息服务系统的重要条件,是信息检索与咨询的基础。其基本功能有二,其一是全面揭示和再现信息特征。信息组织通过一定的方法表征信息的外在特征和内容特征,并根据这些特征将信息进行聚类和体系化,达到集中相关信息和相同信息、反映不同信息的差异的目的,使信息集合从一种自然汇集的无序状态或经过信息有目的的搜集活动形成的初步有序状态过渡到完全的有序状态中。其二是科学反应和描述信息特色。通过信息内容的有序化和条理化,尤其是对特色信息资源的有效反映,科学的信息组织不仅可以反映信息之间的具体联系,而且可以使信息数量进一步精化,使信息质量进一步优化,从而大大地降低信息的冗余度。

除了基本功能,信息组织还有两个目标功能。第一,有效除去或减少信息干扰。信息组织可以降低信息集合的混乱程度,使信息的各种特征,特别是内容特征得以充分显示,有利于信息有针对性的提供和用户有针对性的选择。第二,准确控制信息流运动方向。现代社会的发展使信息用户的信息需求的目的趋向于多元化,多元化信息的需求动机主要表现在求知、启发、共鸣、参考、决策、获利、觅新、休闲等多个方面。信息组织按照用户的信息活动特征确定信息流动的方向和速度,根据信息环境变化调整信息流动的方向和速度,使信息流向更加明确、信息流速更加适度[23]。

用户导向的信息服务系统中的信息组织主要方式有四种:文件、数据(仓)库、主题目录和超媒体[24]。文件组织方式是把相关的网络信息按照统一的规则和方法组织成文件,并借助于专门的文件管理系统来对这些文件进行管理。数据库方式是在文件方式的基础上发展起来的,利用严谨的数据模型(如关系数据模型)对信息进行规范化处理,利用成熟的理论(如关系代数理论)进行信息的排序和其他组织。主题目录方式则先按照某种事先确定的概念体系结构建立等级式主题目录,然后以超文本链接的方式将不同学科、行业、专业或区域的信息按照主题目录的分类要求逐级组织起来。超媒体技术是超文本技术和多媒体技术的结合体,可将文字、图表、图像、视频、音频等多媒体信息以超文本方式组织起来。

4. 信息输出模块

信息输出模块主要由信息检索和结果传递两个部分组成。

(1) 信息检索。信息检索模块的基本工作机制是:用户通过输入由关键信息组成的查询条件、选择查询所限的分类范围、指定查询的限定集合,组成提交检索需求的表达式;系统从标引和分类结果的指引库中找到满足用户要求的文档集合,按照文档与查询要求的相关程度、从大到小的排序和一定的格式输出用户界面。对于用户导向的信息服务系统而言,还需要在以下三方面做进一步改进:首先,在用户输入检索词时,系统要根据用户以往的使用日志和兴趣偏好模型,给出推荐使用的关键词;其次,在返回检索结果时,系统可以根据用户的个人偏好确定返回结果的排序;最后,在返回检索结果的同时,系统还要提供一些与结果相关的关键词或条目,供用户做进一步的扩展检索之用。

(2) 结果传递。结果传递的主要任务,是将用户查询的结果按照一定形式反馈给用户。一般而言,用户导向的信息服务系统的信息提供机制有两种,即被动服务和主动服务。所对应的信息提供技术也可以分为两大类。第一类,是"拉"的技术,对应于被动服务模式,在网络环境中,众多的因特网服务提供商(Internet Service Provider, ISP)、互联网内容提供商(Internet Content Provider, ICP)、搜索引擎以及门户网站等使人们可以直接从网上获取信息服务系统所提供的服务。一般认为,以"拉"(Pull)技术为基础的被动信息服务系统,主要存在两大致命弱点:一是浏览器在不知主机地址只知所需主题的情况下,必须在成千上万的信息中搜索,效率低,响应慢,查询的结果量大而且准确率低;二是假使一条信息被 N 个用户所需求,则它在因特网上要传输 N 次,这样就大大降低了网络效率[25]。第二类技术,是所谓的"推"(Push)技术,就是服务器根据事先规定的设置文件,而不是根据用户即时要求,主动向浏览器(Browser)递送信息的技术。

6.3.2 人际交流与服务系统

人际交流与服务系统主要由立项立意模块、产品生成模块和服务保障模块等模块组成。

1. 立项立意模块

我们一再强调,当用户遇到有待解决的问题时,而且解决问题过程中需要帮助时,信息服务活动才会发生。立项立意模块就是信息服务活动发生时,服务者与用户之间充分交流讨论,形成对当前问题的共同的、一致的认识,并明确服务合约。

简要讲,问题从模糊到清晰的确定过程,就是梳理问题的当前状态,确定目标状态的过程。服务者与用户只有经过共同分析才能明确问题,只有经过全面深入的理解和反馈才能设计出可行的服务合约。

有了立项立意模块的基础,就可以转入用户建模模块,交由智能化生产与服务系统,从用户建模模块到信息输入模块、信息处理模块和信息输出模块,直到问题解决。当然,很多时候(如遇到用户模型的相关反馈或特殊的服务任务等)还需要服务者调动用户和相关方面(如其他服务者)的积极性,共同参与信息服务产品的生产。

2. 产品生成模块

产品生成模块的主要任务是针对用户有待解决的问题,开展综合性研究活动,形成问题解决方案。综合性研究活动包括必要的全面搜集有关资料、深入解析问题的实质和中间状态、及时通报用户并了解用户的反馈、切实履行服务合约等专门服务行为,也包括可能的集成其他服务者协同攻关、改进和完善服务合约等专门服务行为。

有了产品生成模块的基础,就可以转入用户建模模块,交由智能化生产与服务系统,从用户建模模块到信息输入模块、信息处理模块或信息输出模块,直到问题顺利解决。同样道理,实践中往往还需要服务者进一步保障服务产品的正确使用和问题解决方案的切实执行。

3. 服务保障模块

服务保障模块的主要任务是针对问题解决方案和用户的反馈情况,开展新的评估反馈工作,确保问题目标状态的实现,也就是切实帮助用户解决问题。评估反馈工作不仅要评估所提供的产品和方案的质量、方案执行中可能的难点和阻力、用户可能的收益,还要评估执行条件的变化情况和备选方案的必要性,并及时准确地反馈给用户、了解用户执行情况、更新用户模型。显然,如何确保服务产品被用户及时准确地理解吸收、如何确保用户收益的如期实现,同样是信息服务活动取得成功的极为重要的环节,服务者提供同步咨询服务是不二选择。

有了服务保障模块的基础,就可以转入用户建模模块,交由智能化生产与服务系统,从用户建模模块到信息输入模块、信息处理模块或信息输出模块,直到问题如约解决。不可否认,实践中会出现不理想的结果。这时就需要服务者与用户共同分析诊断,必要时委托第三方专业机构分析诊断,发现问题所在,决定应对办法。

6.4 运营中须处理好的几个关系

用户导向的信息服务系统作为一种以用户满意为基础,以人机交互、人际交流、双向沟通和动态开发为主要特征的综合性信息服务系统,其设计和开发绝不是简单的信息系统建设的问题,而是一个涉及信息、人员、资金、设备等多重要素的复杂问题。因此,在用户导向的信息服务系统设计与开发过程中,需要理顺以下几组关系。

6.4.1 资源建设与资源更新的关系

目前,我国信息服务系统的信息资源开发利用工作中,"重建设轻更新"的思想比较普遍。很多信息服务系统自建成以后,其资源更新往往仅局限在对一些动态或新闻的更新上,这与国外的信息服务资源建设"重建设更重更新"的模式形成鲜明对比。以教育信息服务资源建设为例,与我国的教育信息服务的产品注重一次性投入建设不同,美国将教育信息服务的提供看成一个长期积累的过程,其教育信息服务产品更新速度很快,许多产品都是结合当天和当周的新闻时事而设计的教案和资源包[26]。

可以看出,在信息资源建设方面,更应当注意避免"重建设轻更新"的思想。与一般的信息服务系统相比,用户导向的信息服务系统更加注重用户的体验,注重对于用户动态的信息需求的满足。信息资源建设在某种程度上具有一定的稳定性,而信息资源的更新则一直处于动态变化之中,资源更新的频率影响到系统的服务质量,影响到使用价值和用户信任程度,影响到用户导向信息服务系统的可持续发展。应该说,要做好信息资源的更新,保证它稳定持续发展,在信息资源建设之初就应该制定涉及资源更新的各种标准和工作任务,如检验用户行为记录、内容链接检测更新、资源动态描述检测、新纪录及时追加机制等。但同时也需注意到,大量的信息资源更新会对系统产生负担,频繁地发出资源更新通知信息和资源状态信息效果不是很好。实践表明,信息资源状态发生变化时,有时并不会影响用户的使用,只有资源状态变化幅度超过一定范围时,才会影响用户的使用,此时信息资源才需要更新。因此在进行信息资源更新时,需要把握好资源更新的投入力度。

具体来说,可以采取以下两条措施保障用户导向的信息服务系统对于资源更新的投入力度:首先,要设立专门的资源更新团队,负责根据系统用户的反馈和对领域内最新动态的把握,及时地收集、整理和加工信息资源,保障信息服务系统的资源能够适时地满足用户的最新需求。其次,要通过一些合理的制度安排,鼓励用户通过系统的反馈机制指出系统信息资源建设方面存在的不足,并给出相关的建议,帮助系统更好地进行信息资源的更新与维护工作。

6.4.2 技术理性与人文关怀的关系

前文中曾经谈到,信息服务的用户导向原则要求"技术与人格相结合,以人格为重"。在用户导向的信息服务系统中,必须考虑技术理性与人文关怀的关系。正如马费成等所说的,技术理性与人文价值,一直以来都是情报学的双重语境[27]。用户导向的信息服务系统的设计和运营同样需要面临两个重要的问题,一是技术问题,二是人员问题。技术与人相协调、相配合,才能使信息服务系统发挥出最好的效果。用户为导向的信息服务系统的基础是技术,这不仅包括软硬件环境,也涉及系统运行的速度、鲁棒性和稳定性。因此用户导向的信息服务系统的建设,首先要解决各种技术问题,比如基础数据库的建立、索引的建立、搜索引擎的开发、服务器的搭建等等。

然而,要想系统正常运转,离不开人员的有效管理和维护,用户导向的信息服务系统的技术开发、系统维护和日常操作人员是系统能够顺利运行并最终发挥效用的保障,如何对这些人员进行管理和培训,使他们能够很好地维护系统,并对用户导向的信息服务系统中的各种数据、信息、知识进行有效地整理和分析,将是信息服务系统得以成功的重要基础。在系统顺利运转的基础上,用户导向的信息服务系统的成功运营和价值增创,还需要更多更高级的人才支持与配合,比如创意团队和决策支持团队,否则只有技术人员的信息服务系统,即使软硬件再出色,人与系统配合再好,也无法很好地针对用户需求给出有针对性的解决方案,从而使系统发挥出应有的效能。

此外,用户导向的信息服务系统必须充分尊重用户并发挥其作用。首先,要尊重用户的思维和行为习惯、对技术的接受程度、对信息的认知程度和发展潜力、对信息服务的态度及改变的可能性。其次,加强服务者与用户之间的交流,不断增进彼此间的了解和理解,不断协调双方对有关问题的看法。最后,要注重用户的认知水平的提高和认知能力的增强,通过认知的发展求得问题的解决和服务目的的实现。

总而言之,在用户导向的信息服务系统的设计和运营过程中,要重视各种新技术的运用,更要认识到人的重要作用;要建立充分的人机交互关系和人际交流关系,更要努力形成人机和人际共生同存的关系。

6.4.3 信息数量和信息质量的关系

大数据时代的来临,给信息服务系统提带来了更大的挑战,其理念中有一条是信息采集时"不是随机样本,而是所有数据。"这就导致原始信息由于"原生态程度"和"伪加工程度"的提高而带来大量的信息"噪声"。当然从某种程度上说,信息数量的增加为用户提供更准确的内容提供了保证,也为相关关系的分析挖掘提供了信息基础。但与一般的信息服务系统往往强调所收集的数据的大而全不同,用户导向的信息服务系统由于面向的用户群体需要十分明确,这就使得用户导向的信息服务系统往往需要将其服务范围选定在某一个或若干个专业领域,强调"专业化服务"。

这种服务范畴上的特定性,客观上使得用户导向的信息服务系统在资源建设上,应当坚持在保障质量基础上追求规模的原则。因为信息质量得不到保障,则无法保证用户导向的信息服务系统所追求的"用户满意",而信息的规模如何则仅仅是一个服务对象或服务群体是否对应于本系统的自身定位的问题。

强调信息资源建设的质量,就要求用户导向的信息服务在开展某一专门领域的资源建设活动时,一定要求"精"求"准",而不是求"全"求"快"。一方面,要加强信息资源收集时的信息筛选工作,保证入库信息的准确性、权威性和客观性,杜绝以讹传讹、虚假信息等不良信息进入资源库。另一方面,在系统所定位的专业领域内,要努力通过有关专家加大对专业领域内的深层信息的挖掘和采集力度,加大搜索深度,强化领域特色,形成核心优势。此外,还需建立用户主导的信息资源质量评价机制,采用多种方式鼓励、引导和激励用户参与信息质量的检验,包括结构合理性、技术保障率和管理先进性等。

6.4.4 开发成本和服务效益的关系

用户导向的信息服务系统还需处理好的开发成本与服务效益的关系,是一个很难兼顾的关系:追求效益,必然要求加大对资源建设、系统开发、服务设施、用户培训等各个方面的投入力度,从而导致成本上升;反之,过于强调成本的节约,也很难保障服务的质量,从而必然影响系统的服务效益。因此,这两者的问题是任何一个信息系统建设与开发过程中都必然会遇到的问题。

在本书的前面章节中,我们曾经提到,信息服务的用户导向原则,要求过程与结果相结合,以结果为重。而"以结果为重,就是要以服务对象的满意为目标,在保证服务对象的利益的前提下,求得服务者自身的利益"。

对于用户导向的信息服务系统而言,在处理信息服务系统的开发成本与服务效益的关系时,同样应当遵循上述原则,那就是首先要尽力提升信息服务系统的服务质量,保障服务对象的用户满意度,从而确保系统的服务效益。在此基础上,再寻求降低系统开发成本的办法,做到信息服务系统的成本最小化、效益最大化。在遇到因为成本过高而无法提供某项服务的情况下,系统应当加强对人机接口界面和人际交流的友好性建设,向服务对象解释清楚服务无法提供的原因,并给出尽量详尽的补充建议,从而最大限度地降低因为系统成本限制而造成的用户满意度下降的程度。

另外,从长远看,服务者把自身利益建立在用户收益的基础上,无疑是正确的战略选择;从众多信息服务企业的经验教训看,优先确保用户的收益,已被实践证明是正确的价值取向。

参考文献

[1] 蔡敏.网络个性化信息服务系统设计与实现[D].武汉:武汉大学硕士论文,2004.

[2] 肖晓军,杨岳湘,瞿国平.一个基于因特网的个性化信息服务系统的设计和实现[J].计算机工程与科学,2002(1).

[3] 庄鹏,张惠惠,夏佩福.代理模式实现数字图书馆个性化信息服务模型[J].情报学报,2004,23(2):179-184.

[4] 索传军.基于智能推拉技术的主动信息服务系统开发的理论与实践[J].现代图书情报技术,2004(5).

[5] 焦玉英,晏凌.网上主动信息服务系统的模型及其实现技术[J].中国图书馆学报,2001(03):48-52.

[6] 薛延平,陈占计,杨抗罗.一种实现一体化信息处理的智能信息服务系统[J].电子工程师,1999(9).

[7] 陈康,奚伟鹏,蒋凯,武港山.Web 智能信息服务系统的设计与实现[J].计算机应用研究,2004(6).

[8] 李春兰,刘金德.网络智能信息服务系统的设计与实现[J].信息与控制,2001(1).

[9] 罗三定,曾亮.基于概念网的智能信息服务系统的设计与实现[J].南华大学学报(理工版),2004(1).

[10] 孙颖等.高校图书馆在网络环境下的个性化信息服务[J].科技情报开发与经济,2003,13(3):6-7.

[11] 李琳.双向沟通比单向沟通好[J].科技资讯,2008(35):206-206.

[12] Hothi J, Hall W. An evaluation of adapted hypermedia techniques using static user modelling

[C]. In 2nd workshop on adaptive hypertext and hypermedia of the hypertext'98,Pittsburg,USA,1998.

[13] 陈恩红,等. 从 WEB 数据中发现用户使用模式[J]. 计算机科学,2001(5).

[14] 李晓明,闫宏飞,王继民. 搜索引擎——原理、技术与系统[M]. 北京:科学出版社,2003.

[15] 刘云中,林亚平,陈治平. 基于隐马尔可夫模型的文本信息抽取[J]. 系统仿真学报,2004(3):507-510.

[16] 周明建,高济,李飞. 基于本体论的 Web 信息抽取[J]. 计算机辅助设计与图形学学报,2004,16(4):535-541.

[17] Liu B.,Grossman R.,Zhai YH. Mining Data Records in Web Pages[C]. Proceedings of the Knowledge Discovery and Data Mining(KDD)2003:601-606.

[18] 王建冬,王继民,田飞佳. 一种基于内容规则的网页去噪算法[J]. 现代图书情报技术. 2008(03):51-54.

[19] 荆涛,左万利. 基于可视布局信息的网页噪音去除算法[J]. 华南理工大学学报:自然科学版,2004,32(21):84-87.

[20] 封化民,刘飚,刘艳敏,等. 含有位置坐标树的 Web 页面分析和内容提取框架[J]. 清华大学学报,2005,45(S1):1767-1771.

[21] 欧健文,董守斌,蔡斌. 模板化网页主题信息的提取方法[J]. 清华大学学报,2005,45(S1):1743-1747.

[22] Lin S-H,Ho J-M. Discovering Informative Content Blocks from Web Documents[C]. In Proceedings of the ACM SIGKDD Int Conf on Knowledge Discovery & Data Mining(SIGKDD'02).2002.

[23] 党跃武,谭祥金. 信息管理导论. 第二版. [M]. 北京:高等教育出版社,2006.

[24] 蔡梅. 网络环境下信息组织技术及信息服务模式[J]. 理工高教研究,2005(04):135-136.

[25] 焦玉英,晏凌. 网上主动信息服务系统的模型及其实现技术. 中国图书馆学报,2001(03):48-52.

[26] 王建冬. 中美两国教育信息服务比较研究[J]. 图书情报工作,2009(09):142-145.

[27] 马费成,宋恩梅. 情报学的历史沿革与研究进展[A]. 查先进. 情报学研究进展[M]. 武汉:武汉大学出版社,2007:28.

第七章 面向企业的信息服务

企业是国民经济的细胞,是社会生产力发展和经济技术进步的主导力量。我国《国家中长期科学和技术发展规划纲要(2006—2020年)》指出,"支持鼓励企业成为技术创新主体",并提出新历史条件下我国企业发展的新要求。因此,面向企业开展及时有效的信息服务,支持其技术创新,对于推动社会经济发展具有现实意义。面向企业的信息服务是指以企业为服务对象,在明确企业信息需要的基础上,围绕企业在生产经营和管理中存在的问题,采取一定的服务策略,提供相应信息产品和服务的活动。

7.1 企业面临的问题及信息需要

7.1.1 企业的定义及分类

为了对企业开展有效的信息服务,首先需要了解企业的本质内涵及其特点,从企业的不同问题出发,对其进行具有针对性的信息需要分析,从而提供个性化的、有效的信息服务。

1. 企业的概念及特征

什么是企业?企业的概念,在国内外诸多文献中均有不同的描述。一般来讲,企业是指从事生产、流通或服务等活动,为满足社会需要进行自主经营、自负盈亏、承担风险、实行独立核算、具有法人资格的基本经济单位[1]。《中华人民共和国全民所有制工业企业法》指出,"全民所有制工业企业(以下简称企业)是依法自主经营、自负盈亏、独立核算的社会主义商品生产和经营单位。"需要强调的是,并不是所有的企业都能够自负盈亏,也并不是所有的企业都具有法人资格[2]。例如,本书中的"产业活动单位"就包括企业法人单位、下属单位及其内部机构。这些下属单位和内部机构能够进行独立核算,但并不能独立承担民事责任。因此,企业主要有以下三个方面的特征:

(1)企业必须依法设立。所谓依法设立,就是要符合国家法律的规定:一是要满足国家法律法规所规定的设立企业的条件;二是要依照国家法律法规规定的程序设立企业。

(2) 企业以营利为目的。所谓以营利为目的,就是企业的一切生产经营活动都是为了赚取利润,这是企业与非营利单位的根本区别。当然,企业除了获取利润这一经济目的外,还会实现其社会目的,即生产出社会需要的产品和服务。

(3) 企业应独立核算。所谓独立核算就是要单独计算企业的成本费用,单独计算盈亏状况,单独对经济业务作全面反映。

2. 企业的类型

对每一个具体的企业而言,信息需要是特定的。但从整体上来看,同一类型的企业在特质和属性上具有共同点,这就意味着同一类型企业的信息需要具有相似性,在为其提供信息服务时有规律可循。因此,对企业进行分类,是了解并掌握不同类型企业的信息需要,为其提供针对性信息服务的基础和前提。

企业的类型多种多样,参照不同的标准,企业可以划分为不同的类型。例如,依据企业的法律形式,可以分为独资企业、合伙企业和公司企业;依据企业财产的归属关系,可以分为国有企业、集体所有制企业、混合所有制企业和私营企业;依据企业资本金中是否含有外国企业或者经济组织、个人的直接投资,可以分为外商投资企业和内资企业;依据企业的主体性和组织链接方式,可以分为单一企业和联合企业;依据城乡二元结构的区位因素,可以分为城市企业和乡镇企业;依据企业主要经营业务的性质,可以分为工业企业、农业企业、金融企业等;依据企业生产经营的规模,可以分为大型企业和中小型企业。

由于我国特殊的城乡二元结构,乡镇企业和城市企业,在企业发展环境(包括地理环境、国家政策等)与企业自身环境(包括企业组织形式、管理模式、生产经营方式、员工成分等)两个方面都存在较大差异,进而导致二者的信息需要也有很大不同。

结合上述各种划分标准,本书认为城乡二元结构的区位因素、企业主要经营的业务性质和企业生产经营的规模三个方面是影响企业信息需要的主要因素,也是分析企业所面临的问题和信息需要时所主要考察的角度。

具体来说:

(1) 城乡区位因素。随着国家对乡镇企业信息化建设的大力扶植,目前乡镇企业基本都引入了一些信息化技术和管理软件,但与城市企业相比,专业的信息意识和素养较低,对于销售、生产、物资供应、财务会计等专业职能部门的信息需求较为迫切[3]。而城市企业则一般对市场和行业信息的需求度较高。

(2) 企业业务性质。企业经营的业务性质决定了其所属的行业。对不同的行业而言,企业生产的产品和服务不同,经营管理方式也会不同,从而导致其信息需要会有所差异。如工业企业一般会比较关注生产制造环节,努力降低成本费用,提高产品的销售量。因此,生产管理和市场类信息占据其信息需要的首要位置。而金融企业为了便于做出最佳的金融决策,会更加关注其业务范围内相应公司、企业的财务状况和运营信息。

(3) 企业经营规模。企业的生产经营规模对企业的信息需要有较大影响。大型企业资金雄厚,大多都设有自己的信息分析研究部门和信息中心,对企业内部的管理信息有相对深入的了解和把握,且有能力大范围获取本行业内的相关信息。因此,它们的信息需要主要涉及宏观经济环境对本行业发展的影响、其他行业与本行业的协同关系以及企业本身的战略发展规划等。中小型企业一般都没有专门的信息收集部门和信息人员。即使有,相关工作也会在很大程度上受人力、物力、财力等多方面的限制,致使中小型企业的信息需要无法得到有效满足。然而,整体来看,国内外绝大多数企业都是中小型企业。近年来,我国中小企业总体保持平稳发展,已成为国民经济和社会发展的重要力量。截至 2015 年 7 月,我国中小企业数量已达 7 000 多万家,提供了 50% 以上的税收,创造了 60% 以上的国内生产总值,完成了 70% 以上的发明专利,提供了 80% 以上的城镇就业岗位[4]。根据各国法律对中小企业的界定及相关统计资料,欧盟的中小企业占全部企业的 99%,吸纳 85% 的社会就业;美国的中小企业约 566 万家,占全部企业总数的 99.6%,雇员数量占比达 48.4%;韩国的中小企业约 323 万家,占全部企业总数的 99.9%,从业人员占比高达 86.9%[5]。可见,中小型企业在世界各国及地区的经济与社会发展中具有十分重要的地位,中小型企业在一定程度上影响地区乃至整个国家经济的繁荣和社会的稳定,所以研究面向企业特别是中小型企业的信息服务具有重大的战略意义。

7.1.2 企业面临的问题及特征

企业的信息需要由其有待解决的实际问题而产生,因此弄清企业在生产经营和管理中存在的问题是掌握其信息需要的前提。通常来讲,企业所面临的问题既有共性又有个性。"共性"是指部分企业的问题具有相似性,可以从两个方面来理解:① 从区位因素、所属行业和企业规模等角度来看,同一类型企业所面临的问题具有相似性;② 从获取利润这一根本目的来看,任何一个企业的利润来源都可以归纳为用户、供应商、竞争者和辅助者四类。企业在与这四类主体进行商业活动中所遇到的问题也有相同之处。"个性"是指任何一个特定的企业在不同时期或同一时期的不同阶段,都会面临一些特殊的具体问题。这些问题因企业不同而有较大差异。

因此,在分析企业有待解决的问题时,通常采取"明确一般问题,掌握具体问题"的策略,这同时也是了解和分析一个企业的过程。首先,根据企业的区位因素、主要经营的业务性质、规模分别判断企业在三个分类标准上所属的类型。然后,深入分析企业存在的问题与其他主体的关联性。判断该问题与用户、供应商、竞争者、辅助者中的哪一类或哪几类商业主体有所关联,或者是企业自身管理方面的问题。最后,逐步挖掘问题的具体内容。举例来讲,首先分析判断企业A是乡镇企业,且是中小型工业企业,然后进一步分析发现,其有待解决的主要问题是想获知同行竞争对手的新技术与新产品开发情况,以便制定相应的竞争策略。那么之后就可以采取相应的服务策略,为该企业提供关于竞争对手新技术与新产品开发方面的信息和服务。

在此,需要强调两点:① 并不是企业遇到的所有问题都需要外部信息服务,企业能够在一定程度上自我获取信息服务。如若企业A自身的信息化程度很高,企业内部设立有信息中心,并且可以派出专业信息人员收集竞争对手新技术与新产品开发方面的信息,即能够自主获取"问题解决所需要的信息",则不需要外部信息服务。② 企业有待解决的问题并不是一成不变的。不同时期问题会有所不同,同一问题在不同阶段也会发生变化。因此,需要追踪企业问题解决的全过程,动态分析并掌握其信息需要。

7.1.3 企业的信息需要

企业的信息需要是一个复杂、动态的概念。通常来讲,"信息需求"是指认识到的"信息需要",其概念范畴比后者要窄。但本书不对两个概念作严格区分,书中将"信息需求"近似等同于"信息需要"来理解。以下从内容、结构和特点三个方面探讨企业的信息需要。

1. 企业信息需要的内容

企业信息需要的影响因素复杂多样,既有企业自身因素,也有社会环境因素。本书把企业信息需要的内容分为企业内部信息和外部环境信息,如图7-1所示。

(1) 企业内部信息。

企业内部信息是指影响企业生存与发展的各种内部因素的状况以及这些因素相互作用所形成的企业经营能力信息。企业内部信息是针对企业自身而言的,主要包括企业资源信息(人力资源、物力资源、财力资源、技术资源等)、内部管理信息(企业的计划、组织、领导与控制等)、财务状况信息、市场营销信息(企业市场营销系统的决策和管理能力、市场营销的生产率、市场营销组合策略的现状和变化趋势等)、科研开发信息(科研开发人员的数量与质量、科研开发部门拥有的设备与信息渠道、与其他科研单位的合作关系、科研经费、研究目标等)、生产能力信息(生产工艺状况、生产能力、产品质量、成本控制、管理水平等)等方面[6]。一般来讲,大型企业都有自己的信息中心,中小企业即使没有专门的信息收集部门和专业信息人员,也有供销部门、技术部门或企业领导负责收集、管理企业内部信息,因此企业内部信息不作为本章的重点讨论。当然,某一个企业的内部信息也是其他企业的外部环境信息,这又要另当别论。

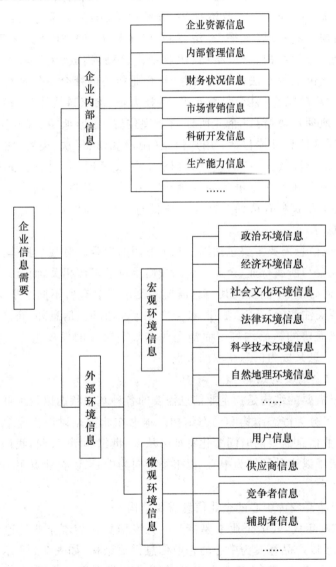

图 7-1 企业信息需要的内容

(2) 外部环境信息。

外部环境信息是指企业外部直接或间接影响企业经营活动的相关信息。达芙特等人(Richard L Daft,1988)把企业外部环境信息分为竞争、客户、技术、法规、经济和社会文化六大类[7]。孙晓兰(2015)认为企业外部环境信息主要包括国家政治经济环境信息、市场竞争环境信息和科学技术环境信息三大类[8]。本书认为,企业外部环境信息可以归纳为宏观环境信息和微观环境信息两大类。宏观环境信息具体包括:政治环境信息(政治局势、方针政策、国际关系等)、经济环境信息(社会经济结构、经济发展水平、经济体制、经济政策等)、社会文化环境信息(国家的人口数量、年龄结构、家庭结构、职业结构、民族构成、生活习惯、道德风尚、历史传统、文化传统等)、法律环境信息(与企业相关的社会法律系统及其运行状态)、科学技术环境信息(社会科技水平、科技力量、国家科技体制、科技政策和立法等)和自然地理环境信息(企业所处的地理位置、地形地貌、气候条件、自然资源等);微观环境信息具体包括:用户信息(用户规模、层次、类别、需求状况等)、供应商信息(供应商规模、产品质量、价格水平、交货时间、付款方式等)、竞争者信息(现有竞争者和潜在竞争者的数量与实力、产品策略、市场营销策略等)、辅助者信息(对企业获利有帮助的社会主体信息,例如辅助产品厂商的信息、专业行业协会信息等)。

总之,企业信息需要主要包括以上几个方面的内容。对某个具体的企业而言,企业的信息需要与所属行业、企业发展的战略重点等密切相关,而且总处于动态变化之中,在不同时期、不同阶段其信息需要的侧重点会有所不同。举例来讲,高科技企业除了要关注政治、经济、法律、社会文化等一般环境信息外,新产品开发信息一直是其信息需要的核心内容。而当企业在某一阶段的发展重心转为市场开拓时,竞争对手信息又成为信息获取的重点。

2. 企业信息需要的结构

企业信息需要的结构是指企业信息需要的各种基本状态以及由此决定的不同表现形式,它可分为静态结构和动态结构。本书在此重点讨论企业信息需要的动态结构,即企业信息需要的时间变化特征。从20世纪80年代起,我国企业的信息需要结构经历了以产品开发为中心、以市场导向为中心、以企业竞争力导向为中心三个发展阶段[9]。

(1) 以产品开发为中心的企业信息需要结构。

20世纪80年代,我国企业主要将产品开发信息作为本企业最迫切希望获取的信息,形成了以产品开发为中心的企业信息需要结构,如表7-1所示。中国科技信息研究所的学者和专家们于上世纪80年代中后期分别对我国城市中小型企业、乡镇企业和大型企业的信息需求进行调查和分析,发现不论是城市企业还是乡镇企业,不论是大型企业还是中小型企业,都将产品开发信息放在信息需要的首要位置,这也是20世纪80年代我国企业以产品经营为中心的集中体现[10,11,12]。

表 7-1　1986、1988 年我国企业的信息需求结构

1986 年 278 家城市中小型企业信息需求结构/重要性		1986 年 221 家乡镇企业信息需求结构/重要性		1988 年 100 家大型企业信息需求结构/重要性	
开发新产品	第 1 位	新产品开发	54.80%	产品开发	78.57%
市场行情	第 2 位	技术引进	52.50%	生产技术	63.39%
产品预测	第 3 位	市场销售	50.20%	技术经济指标	61.40%
生产技术	第 4 位	企业管理	41.20%	技术引进	58.92%
技术引进	第 5 位	设备改造	37.60%	市场商情	52.67%
企业管理	第 6 位	预测	32.60%	发展动向	51.78%
企业改造	第 7 位	政策法规	24.90%	企业管理	46.15%
金融信息	第 8 位	金融	22.60%	外贸	30.58%
其他	第 9 位	外贸	6.80%	金融	9.38%
——		其他	1.80%	——	

注：(1) 顺序数和百分数表示企业对该类信息的需求程度，百分数由认为急需该类信息的企业数除以接受调查企业总数得到，下同；
(2) 这里认为"情报需求"与"信息需求"两个概念等同。

(2) 以市场导向为中心的企业信息需要结构。

20 世纪 90 年代中期，我国企业的信息需要结构有了一定的转变，形成了以市场导向为中心的信息需要结构。国家科委信息司信息调查组曾于 90 年代中期对我国 500 强大型国企的信息需求进行了调查后分析得出，原材料供应、市场需求、产品价格信息成为乡镇企业信息需要的核心，市场动向、科技动向、社会经济政治动向信息成为大企业信息需要的热点，如表 7-2 所示[13]。信息需求结构的变化反映了我国企业逐渐由 80 年代的产品经营阶段向 90 年代的初级资本经营阶段过渡。

表 7-2　1994 年我国企业的信息需求结构

1994 年 60 家乡镇企业信息需求结构/重要性		1994 年 500 家大型企业信息需求结构/重要性	
原材料供应信息	43.30%	市场动向	98.20%
市场需求	41.70%	科技动向	95.98%
产品价格	40.00%	社会政治经济动向	85.75%
国内同行现状	31.70%	外资外贸金融人才	80.90%
企业管理	26.70%	企业竞争	75.39%
领导决策	26.70%	相关行业动向	70.89%
国家经济政策	26.70%	本企业自身信息	53.20%
——		法规信息	50.30%

(3) 以企业竞争力导向为中心的企业信息需要结构。

21世纪以来,随着科学技术,尤其是信息技术的飞速发展,企业竞争环境变得更加复杂,企业间的竞争已演变为全球性、全方位的竞争。我国企业的信息需要结构也随之发生改变,形成了以企业竞争力导向为中心的信息需要结构。以我国IT行业中小型企业为例,据调查最迫切需要的是同行竞争对手的信息,回答此类信息的企业占所有被调查企业的88.90%,其次依次为产品应用信息(75.00%)、原材料或产品供应商信息(69.20%)、市场动态信息(58.30%)、政府信息(37.90%)、研究机构信息(35.00%)、专家人才信息(33.50%)、行业协会信息(28.50%)。美国竞争情报从业者协会(Society of Competitive Intelligence Professionals,SCIP)也曾做过关于竞争情报应用的调查,共得出12种重要的应用领域,他们分别是监测现有竞争者的行动与战略变化,监测客户、销售商和其他外部联盟的变化,可操作的标杆分析,战略实现的可能性和可见的未来,产品、销售和营销支持,内部知识管理,知识产权利用与保护,合作、并购、联盟和投资支持,长期的市场展望,反竞争情报与信息安全,法律和规章制度活动和对商业的影响,实施决策支持和竞争战略规划[14]。

企业信息需要结构的变化反映出我国企业开始向知识经营阶段发展。需要强调的是,以上三个发展阶段的划分并不是绝对的,后一阶段的信息需要包含在前一阶段之中,只是在不同的阶段某些类型的信息需要显得相对突出。例如,市场信息也是以产品开发为中心阶段的企业急需获取的信息,竞争对手信息也占据着以市场导向为中心阶段的企业信息需要结构的重要位置。而且,由于经济发展水平和地域等历史条件的差别,各地区企业信息需要结构的发展并不平衡。例如,王小宁(2011)对陕西省农村乡镇企业进行区域信息需求的调查,发现经济发展较好地区对金融信贷、国家政策、医疗卫生、社会保障等信息需求较高,而经济发展较差地区对农业科技、气象灾害预报、产品价格等信息需求更甚[15]。再者,企业信息需要结构的发展是一个动态变化的过程,随着企业经营内外因素的发展和变化,企业信息需要结构还将发生变化。

3. 企业信息需要的特点。

总的看来,企业信息需要除了具有可靠性、准确性等一般信息需要的特点外,主要还有以下四个特点:

(1) 指向性。指向性是指企业的信息需要具有明确的目的,即为了解决企业所面临的实际问题,它包括两个方面的含义:一是企业面临着什么样的问题,就会产生有针对性的信息需要;二是如果问题发生变化,企业的信息需要也随之发生改变。问题发生变化的原因有可能是问题得到解决后产生了新的问题,也有可能是问题解决的过程中问题的侧重点发生了改变。因此,信息服务者要及时掌握企业所面临问题的初始状态或中间状态与目标状态的差距,提供有针对性的信息服务,以求得问题的最终解决。

(2) 及时性。现代商场瞬息万变,竞争空前激烈,能够快速、准确地获取所需信息是企业竞争力的重要体现之一,信息的时效价值不言而喻。企业信息需要的及时性可以从以下几个方面来理解:首先,企业所需要的信息都是由急需解决的问题而产生,问题的解决具有紧迫性;而且,信息服务项目一般都签订了商业合同,合同中规定的完成期限是预期的交付时间,而实际的信息服务活动难免会因不可预知的问题而导致信息服务工作延期完成。因此,信息服务者应坚持用户导向原则,在条件允许的情况下,尽可能地提早完成合同中规定的信息服务工作;再者,信息服务者在提前履行完信息服务职责的情况下,可以安排更多的时间与企业进行交流沟通,更进一步赢得客户的信任,提高自身的声誉,从而赢得更多的客户。

(3) 广泛性。广泛性是指企业信息需要涵盖的层次广泛,内容多样。企业既需要掌握企业内部信息,又需要获取外部环境信息,外部环境信息既包括政治、经济、社会文化、法律、科学技术、自然地理等宏观环境信息,又包括用户、供应商、竞争者、辅助者等微观环境信息。

(4) 实效性。企业信息需要的产生机理是其具有有待解决的问题,所获取的信息对解决自身的问题有什么帮助,取得了哪些实际效果是企业所关心的根本问题。因此,信息服务者要牢记用户导向性这一服务宗旨,努力提高信息服务的实效性。

7.2 面向企业的信息服务模式

信息服务模式是对信息服务活动的组成要素及这些要素之间的相互关系构成的描述。面向企业类用户,其信息服务的服务者、服务内容和服务策略等要素及其相互关系都具有一定的特殊性。基于以上对企业信息问题、信息需要的分析,下面将对面向企业的三大信息服务模式进行分析,即基本模式、生成模式与发展模式,并结合实践提出具体的项目开发方案。

7.2.1 面向企业信息服务的基本模式

面向企业信息服务的基本模式主要有传递模式、使用模式以及问题解决模式三种。在面向企业的信息服务实践中,三种基本模式的服务项目通常会同时存在,但传递模式和使用模式下的信息服务项目比问题解决模式占比更多。究其原因,一方面是由于企业信息需要的层次广泛,从简单的信息查询到专题信息咨询无所不包,而企业自身往往有能力参与到信息服务活动中来,并且能够有所作为,所以它们一般只是向信息服务机构提出信息需求。在这种情况下,信息服务者通常向企业提供相应的信息服务来满足其信息需求,但并没有获知企业所面临的实际问题。类似的服务项目有很多,例如,全文传递、信息检索(包括经济新闻、法律法规、地区概括、公司名录、专利信息、商标信息、统计数据等)、专题讲座、信息培训等都是典型的传递模式下的信息服务项目。而诸如信息加工、专题信息检索、专题信息研究、竞争情报、创新视点等深层次信息开发服务则属于使用模式下的信息服务项目。另一方面是由于中小企业在世界各国都占绝大多数,它们的资金有限,往往难以负担有针对性的问题解决服务,多数情况下也只是向信息中介机构或科技服务机构提出信息需求,以求得信息需求的满足而非特定问题的解决方案。而像信息系统服务、咨询服务、ERP服务等问题解决模式下的信息服务项目只有为数不多的大型企业才有能力承担。

虽然目前在面向企业的信息服务中问题解决模式实践相对有限,但问题解决模式才是真正适用于面向企业的信息服务实践。因为该模式下的信息服务不仅参与到企业问题识别、信息需要产生、寻求帮助以及问题解决的全过程,而且充分体现了信息服务者的用户导向性,即坚持以用户有待解决的问题及其目的为依据的服务方向和以用户利益为前提的价值取向。当然,传递模式和使用模式下的信息服务不会消失。但随着信息服务实践的发展,信息服务机构要勇于创新,更多地开展问题解决模式下的服务项目,从而更好地满足企业的信息需要。例如,天狮科技集团计划引进康视灵系列产品的生产技术,但遇到生产工艺与市场前景不确定因素众多的问题,天津科技信息服务机构通过分析与该产品相关的国际标准、专利信息、美国食品和药物管理局(Food and Drug Administration,FDA)认证状态、法律信息等,为该企业出具技术分析报告,为该企业最终克服信息不确定问题、准确制定决策提供了参考[16]。另如,上海行业情报服务网以上海科学技术情报学会为核心,依托上海科学技术情报研究所,通过调研企业技术创新标准化流程,对企业技术创新过程中的信息需求进行整理和归纳,结合6家高校图书馆和专业情报机构的信息资源和服务能力,面向中小企业自主创新提供以科技情报为主、市场情报为辅的针对性、多样化的信息服务项目[17]。这类面向企业信息问题提供具体解决方案的模式,具有较大的发展潜力,应大力推进。

7.2.2 面向企业信息服务的生成模式

面向企业信息服务的生成模式主要有"平台-自助"模式、"内容-承包"模式和"交互-增值"模式三种。

1."平台-自助"模式

在企业的信息服务实践中,"平台—自助"模式描述的主要是"企业用户—服务策略—服务内容"关系链,比较适用于主动性强、参与程度高的企业。通常这类企业用户的信息获取能力比较强,它们也愿意参与到信息服务活动中来,而且其对于信息需要的针对性也比较强,能够在相当程度上实现自我服务。于是,相关信息服务机构则利用自身的信息资源优势搭建服务平台,让企业用户在平台上开展自助服务,并在适当情况下提供一定的辅助。

"平台-自助"模式的服务项目在实践中最为常见。例如,图书馆为企业提供的全文传递、文献检索、培训讲座、预约到馆辅导等服务;信息中介机构或企业提供的新闻服务、文献库服务、解决方案库服务、专利信息、统计数据服务等。以英国伯明翰(Birmingham)图书馆的专利信息服务为例进行说明[18]。1999年初,伯明翰中心图书馆的科学、技术与管理部推出专利信息服务,服务项目主要有专利说明书查阅(包括纸质、CD ROM光盘和缩微胶卷三种载体)、专利、设计或商标申请咨询,复印服务以及与当地的专利机构合作开展"每周专利咨询诊所"等,服务方式主要是现场服务和电话服务。初期阶段,由于缺乏有效的管理,以及缺乏经费对信息技术设备进行升级,其专利信息服务一度受到冷落,且中小企业用户占总用户的比例很小。后来,图书馆逐渐认识到专利信息服务对中小企业发展的重要性,便申请到项目资金对其进行改造,将专利信息服务从科学、技术和管理部分离出来,设立专门的专利学习区和咨询台,配备有专业人员进行指导,并通过互联网开展服务。伯明翰图书馆通过发挥传统平台的优势和利用互联网这一现代技术平台,面向中小企业提供的专利信息服务深受好评,中小企业用户数量迅速增加。

可见,随着互联网的发展和繁荣,利用互联网搭建信息服务平台已成为业界越来越普遍的做法。例如,由政府部门主管、行业协会主办或情报研究机构主办的网站有中国国家企业网、中国中小企业信息网、中国机经网、中国轻工业网、中国化工网等,由图书馆界创办的中国陶瓷信息资源网,由企业投资创办的中国资讯行、中国农业商务网、中华食物网、环球农商网、中国产品资源网、万方数据企业信息网等。这些网站主要提供商业资讯、市场行情、行业分析报告、行业数据等信息,可供企业用户进行浏览和检索。同时,它们也开辟会员专区,提供咨询、解决方案等专题企业信息服务。

以中国化工网为例。中国化工网是由中国化工信息中心于1990年创办的化工行业网站,它依托中国化工信息中心得天独厚的信息资源条件,掌握和积累了大量权威、翔实、可靠、及时的信息,开设了资讯、行情、企业、价格、贸易、统计、专题、科技、期刊等7大类近40个信息服务栏目,并有生产企业、贸易数据、价格数据、统计数据、专题报告、化工期刊等近10个专业版数据库,用户网上浏览方便,检索快捷。中国化工网还推出了联机检索服务、综合信息服务订单、信息深加工的"产品e点通"等服务供用户选择。同时,中国化工网为国内外企业提供综合信息、专业频道、产品信息、检索咨询、企业推广策划、企业竞争情报、网络营销推广等专题信息服务。中国化工网为化工企业提供了一个信息丰富、功能齐全的服务平台,已成为国内化工行业最具权威的网站之一。

2."内容-承包"模式

在企业的信息服务实践中,"内容-承包"模式描述的主要是"服务机构—企业用户—服务策略"关系链,服务者是进行信息服务过程中的关键,比较适用于参与程度不高的企业。通常这类信息服务实践中,不少企业直接向信息服务机构提出信息需求或告知有待解决的问题,委托后者提供相应的信息服务。实践中类似"内容-承包"模式的信息服务项目有很多。例如,图书馆的专题情报检索、专题信息研究服务(主要包括内参和简报服务,竞争情报服务、宏观政策、趋势分析、发展战略咨询,产业政策和产业规划,科研成果、立项、专利、新产品等查新与评价,行业调研,市场调查,产品定位,商业机会分析,知识产权咨询、战略研究、侵权调研与分析等)等;信息中介机构或企业的定题服务、外包服务、应用服务(Application Service Provider,ASP)、专业服务、托管服务、专题门户服务等。

以网络专题信息外包服务为例[19]。网络专题信息外包服务是外包服务的一种类型,具体是指由以市场为导向的专业信息咨询企业基于一定的契约,主要依托网络系统支持提供的客观、中立、系统的专题信息服务,通常以年为计费单位。全球著名的IT研究与咨询顾问公司Gartner就是网络专题信息外包服务的先行者。公司的企业会员客户(也有个人会员客户)可以在Gartner的网站上开辟专有的信息管理空间,会员可以通过增、删、减、改其定制的需求来管理自己定制的专题信息。具体的需求项目可以从指定的专题中选择,也可通过Gartner的查询和检索语言新建。Gartner把指定与自建专题的信息集合存放在会员的信息管理空间中,并及时推送定制需求的最新信息。当然,Gartner也通过挖掘会员的潜在信息需求,向其提供个性化的信息服务。简而言之,企业通过网络手段将信息需求定制为明确的任务专题,外包给Gartner,后者则承包企业的任务专题,履行专题研究职责,最终将结果反馈给用户,整个过程构成了典型的"内容-承包"信息服务模式。

(3)"交互-增值"模式

在企业的信息服务实践中,"交互-增值"模式描述的主要是"企业用户—服务机构—服务内容"关系链,在这类服务过程中对企业用户和信息服务机构的要求都较高,较适用于信息服务需要较为复杂的情况。这类信息服务实践中,可能会出现以下情况:企业尚不能够"清晰地知道自己所需要的信息",或者在服务过程中信息需要发生了变化,或者信息需要得到了满足但问题仍没有得到解决或没有得到完全解决,或者问题得到解决之后又产生了新的问题等。此时,信息服务者与企业之间充分的交流和沟通则成了必不可少的解决手段,这就形成了面向企业信息服务的"交互-增值"模式。该模式下的服务项目有企业信息系统建设(包括网站建设和网页制作等)、数据库服务、ERP服务、顾问咨询服务等。

以国际数据公司(International Data Corporation,IDC)的顾问咨询服务为例。作为全球著名的IT市场咨询、顾问和活动服务专业提供商,IDC为IT厂商提供量身订做的解决方案,引导它们顺利度过整个业务核心技术的生命周期,包括从机会测量、战略制订、到最终实施结果的评估等。IDC提供的顾问咨询服务有识别和评估新兴的市场机会、市场战略规划、竞争定位决策、产品规划与分析、服务和产品生命周期规划等。显然,这些服务项目的内容都比较复杂,如果没有企业用户的全程参与,没有IDC与企业之间充分的交流和沟通,很难达到预期的服务效果。

以上分析了面向企业信息服务主要可以选择的三种生成模式,并对每种模式下的服务项目做了简要介绍。当然,这三种模式之间没有绝对的界限,只是服务要素凸显的程度不同,而且三种模式之间还存在一定的交叉。例如,一些信息服务机构或企业除了在网站上提供信息浏览、检索服务外,还提供网络专题信息服务,存在"平台-自助"与"交互-增值"模式的相互交叉。最后,需要强调的是,面向企业信息服务的生成模式和项目远不止这些,随着信息服务实践的发展,更多新的模式和项目将被开发出来。

7.2.3 面向企业信息服务的发展模式

信息服务新模式与信息服务的发展是息息相关的,信息服务活动越是活跃、信息服务越是快速发展,越能发展出新的信息服务模式。根据本书第四章中信息服务模式发展机制可知,信息服务模式有两种诞生机制,一是以信息服务各要素为基础的衍生机制,二是以发展条件等外围因素为基础的催生机制。在衍生机制中,面向企业的信息服务出于各要素的侧重程度不同,出现了"平台-自助"模式、"内容-承包"模式和"交互-增值"模式三种主要模式。而在特殊情况下可能特别突出四要素中的某一个、某两个或某三个要素,对突出的要素与其他要素的关系的描述就可以生成新的发展模式。在催生机制中,面向企业的信息服务非常注重应用与实施,因此,经济、政治、社会、文化等外部环境因素都与信息服务四要素密切相关。近年来,随着互联网的飞速发展,以网络信息服务模式为代表的新型服务模式应运而生并逐渐流行起来,为企业提供更加具有个性化、交互性、便捷性、智能化的信息服务。

面向企业的网络信息服务模式可分为三个层次:一是在网络环境下为企业提供基本信息服务;二是利用互联网技术为企业优化已有产品业务,提升企业运营效率;三是为企业创造性地开发基于互联网技术实现的全新的产品业务。

具体来讲,在第一层次网络信息服务中,结合我国企业发展现状来看,国内企业产业集群进入了快速发展的轨道,且大多是以中小企业为主的低成本型集群。面对这样的发展阶段,国内众多产业集群建立了面向行业共享的互联网信息平台。例如陕西宝鸡市产业集群信息服务平台,围绕其区域内汽车零部件、钛及钛合金、石油装备、煤化工等九大产业集群,打造以实现资源配置优化和生产要素有效集中的企业信息服务平台,提供协同设计、集群项目、招商信息、科技创新、产业集群论坛等诸多开放共享的基础信息服务。第二层次网络信息服务是以各类企业型信息管理系统为代表,如企业资源计划系统(Enterprise Resource Planning,ERP)。ERP是一个面向企业的集成化管理信息系统,从物资需求计划(Material Requirement Planning,MRP)发展并拓展而成,将物资资源管理(物流)、人力资源管理(人流)、财务资源管理(财流)、信息资源管理(信息流)集成一体化。其核心思想是供应链管理,跳出传统企业边界,从供应链范围去优化企业的资源,优化现代企业的运行模式。该系统是为企业员工及决策层提供决策手段的管理平台,能够有效反映市场对企业合理调配资源的要求,对于改善企业业务流程、提高企业核心竞争力具有显著作用。第三层次网络信息服务是通过互联网手段拓展业务范围,如目前比较热门的金融信息提供商——京东万象平台。该平台基于京东云计算平台围绕数据提供方、数据需求方、数据服务方等多方来提供服务,主推的是金融行业的相关数据,现已覆盖了包括个人和企业征信报告、黑名单数据、失信数据等多种类型金融数据。此类信息服务产品对于金融相关领域的创新发展具有巨大的应用价值。

以上对面向企业信息服务的发展模式进行了分析,并结合企业实践详细分析了当前面向企业的网络信息服务模式。信息服务模式随时随地都在发展,会随着外部环境的不断变化以及内部信息要素的重新组合,而衍生、催生出更多的模式。尤其是面向企业的信息服务,应当更加密切关注企业内外环境的变化,灵活运用各类技术手段,发展出更多具有实践应用价值的信息服务模式。

7.3 面向企业的信息服务实施

目前,在面向企业的信息服务中,第三方服务商 B2B(Business-to-Business)模式是在实践中应用较为广泛的。通常所说的第三方服务商 B2B 是指第三方(既非买方也非卖方)企业以提供互联网展示推广平台的方式,采用企业与企业之间电子化贸易信息的交流模式,为企业的贸易和即时沟通提供方便,同时为企业提供线下市场推广服务。作为目前知名度最高的 B2B 电子商务平台之一,阿里巴巴国际交易市场是阿里巴巴集团最早创立的业务之一,目标在于为企业搭建一个高效的信息服务平台,打造良好的商业信用环境。下面将以"阿里巴巴国际交易市场"这一广为大众熟知和认可的信息服务产品为例,说明面向企业信息服务项目的服务模式选择及实施效果,进而总结面向企业信息服务的实施中需要注意的相关事宜。

7.3.1 案例介绍

阿里巴巴国际交易市场(后简称"阿里巴巴"),是领先的全球批发贸易平台,致力于为中小企业拓展国际贸易提供进出口营销推广服务,其买家来自全球 200 多个国家和地区,一般是从事进出口业务的贸易代理商、批发商、零售商、制造商及中小企业[20]。一方面,阿里巴巴将数以亿计的商品进行整合,划分为 40 多个类别,提供商品信息服务;另一方面,阿里巴巴排除地域、时间、语言等的障碍,为全球各地的进出口商提供上线信息交流和贸易平台,并助其发现新的商业机遇。阿里巴巴,在全球 B2B 商业网站排名中一直名列第一,曾多次被《华尔街日报》、《福布斯》等国际权威媒体报道,被视为全球最大的 B2B 网站[21,22,23]。

1. 信息服务四要素

杭州阿里巴巴广告有限公司是阿里巴巴国际交易市场的服务者。阿里巴巴国际交易市场的服务对象是国内外中小企业,是帮助中小企业拓展国际贸易的第三方贸易平台。阿里巴巴国际交易市场的服务策略是采取会员制的管理方式,并根据其信息服务需求的不同,采用免费制和收费制的注册方式。免费的注册方式,主要是为了吸引更多的人来关注阿里巴巴这个平台,而收费的方式为不同需求的用户提供更优质的开发国际客户的途径和服务,费用根据具体的信息服务不等。阿里巴巴国际交易市场的服务内容是为企业搭建一个高效的信息服务平台,使企业能够在该平台上向海外买家展示自身企业信息及产品,并提供一站式的店铺装修、产品展示、营销推广、生意洽谈及店铺管理等全系列线上服务和工具,帮助企业低成本、高效率地开拓外贸大市场以获取贸易的商机并促进交易的达成。

2. 信息需要的特点

作为第三方,保证电子商务信息的安全、真实、有效非常关键,这是赢得客户信任的前提。因此在面向企业的第三方信息服务中,信息需要的特点不仅具有指向性、及时性、广泛性和实效性,还要具有真实性、完整性、有效性以及不可抵赖性。

(1) 信息的真实性。第三方 B2B 电子商务平台进行交易的双方并不见面,通过网络进行沟通,双方都对对方不了解。要想交易完成,必须要保证双方信息的真实性。所以作为第三方 B2B 电子商务平台必须加强身份认证,通过加强信息甄别取得买卖双方的信任。

(2) 信息的完整性。电子商务对实体贸易流程进行简化,同时也对信息的完整和统一有了更高的要求。在信息输入过程中人为的失误或者信息的重复以及故意的欺诈行为会导致买卖双方的信息存在差异。信息的完整性必然会影响到买卖双方的营销策略。因此,只有掌握客户的全面完整的信息才能有针对性的制定开发方案,否则会因为信息的不完整造成方案的偏差,导致交易失败。

(3)信息的有效性。只有有效的信息才是电子商务需要的,但是电子商务的信息错综复杂,一些无效的信息充斥其中,给企业判断带来困扰。第三方B2B电子商务平台有义务保证信息的有效性。第三方B2B电子商务平台通过加强对网络故障、操作失误、软件错误以及电脑病毒的预警,从而控制信息安全风险,重视潜在威胁,进而保证平台信息的有效性。

(4)信息的不可抵赖性。电子商务是一个无纸化交易,传统交易中的签字盖章等交易完成的确认手段不适应电子商务,所以电子商务重点就是保证信息的不可抵赖性,买卖双方进行传输的数据和信息不能否认,第三方B2B电子商务平台可以通过数字签名来保证信息的不可抵赖性。

7.3.2 案例分析

下面将通过分析阿里巴巴的信息服务模式选择,了解其面向企业的信息服务实施及项目开发过程。

1. 基本模式的选择。

阿里巴巴采用的基本模式包括传递模式、使用模式和问题解决模式三种类型。

(1)传递模式。

传递模式是源于信息服务内容并以信息服务产品为中心的信息服务过程,此处的信息服务内容即为企业或产品信息。阿里巴巴在网站上为会员开通专门的网页,卖方可以在此发布自己公司和产品的详细信息,买方可以在此发布自己公司的情况和详细的需求信息。阿里巴巴通过账户管理,为买卖双方搭建可以沟通的平台,创造更多的商机,且能够在多语言的平台下,实现在线采购。

在这种模式下,阿里巴巴作为信息服务者对国内外企业的产品供求信息进行多维度的分类组织和管理,并建立起庞大的产品信息库,进而形成一个综合性的信息产品,围绕产品交易信息为注册用户提供相关服务。在这一过程中,服务者的生产劳动使得大量分散的信息能够集中在一起,并进行体系化组织和管理,使原有信息得到增值,所生产的信息服务产品能够更好地满足用户需要。这一模式的优点是比较重视信息服务产品的生产,如对产品按类别或地域进行分类、延伸和拓展,而且由于这一传递模式借助于互联网这一媒介,使信息的传递速度大幅度提升,信息资源的共享范围无限扩大,信息能够在最短的时间内传递给最广范围内的供应商或采购者,具有快速、广泛、低成本的特点。

(2)使用模式。

使用模式是源于信息用户的信息需要并以用户信息使用为中心的信息服务过

程,对于不善于广告宣传的供应商或者不了解专业技术产品的采购者而言,他们需要了解如何才能尽可能的消除供求双方的信息不对称问题。因此,在这种情况下,阿里巴巴若只给予传递模式下的信息服务并非最优策略,其他的如产品展示示范案例、相关技术培训、产品评价等信息服务往往更能消除信息不对称的问题,与用户的信息需求相匹配。

针对这一情况,阿里巴巴为会员提供相关的咨询和培训服务。旗下设立有专门的 VIP 贸易服务部,设置服务专员为付费会员提供贸易服务,帮助客户进行资料发布和管理,解答客户遇到的技术问题。另外,阿里巴巴根据与客户合作期的长短,进行针对性的培训服务。例如,针对合作期在两个月内的客户,以培训使用阿里巴巴客户管理工具(Customer Relationship Management,CRM)为主;针对半年内的客户,主要以培训外贸操作技巧为主;而针对半年以上的客户,则以企业发展战略引导为主。阿里巴巴作为服务者充分考虑了用户所处的不同情形,更准确地发掘和寻找出用户的需求,采取适当的服务策略,提供相应的信息产品,以满足用户的个性化需求。

(3) 问题解决模式。

问题解决模式是源于信息用户当前有待解决的问题并以用户问题解决为中心的信息服务过程。企业用户因为在当下产生了相关的产品问题并希望得到解决,或者为了解决某类特定问题而寻找问题解决方案,最终的目的是解决问题。因此,服务者在此过程中是要根据用户的现实问题而提供针对性的信息服务产品。显然,该模式用户导向性强,是一个始于问题也终于问题解决的过程。

产品推广问题可以说是电子商务平台中企业用户普遍面临的问题,阿里巴巴针对这一问题提供相应的解决方案。如今,搜索引擎已经成为获取资讯、服务、应用的入口,其重要性不言而喻。阿里巴巴联合搜狐,打造高性能的搜索引擎服务。联合研发的智能 Robot 系统,旨在对全球新网页和更新的资料进行持续的自动检测及自动分类识别,同时,提高检索的质量和信息的价值,以帮助国内供应商优化国际客户资源。另外,新开发的外贸直通车服务运作模式主要是,通过阿里巴巴国内的会员企业自助设置关键词,免费展示产品信息,并通过大量曝光产品来吸引潜在卖家,并按照点击付费的方式来进行交易。外贸直通车服务通过设置帮助专区、培训专区、名人专区、互动专区,为优化国际客户资源提供平台保证和咨询、交流服务,其强大的体系网络、信息资源为优化客户资源提供了强大、安全的后方保障基地。这一服务模式的优点是相对于使用模式而言更符合实际情况,更有利于信息服务活动的开展和有效信息的获取。但由于贸易的特殊性,用户问题的解决最终需要得到质量保证及符合商业规范。

2. 生成模式的选择

在面向企业的信息服务生成模式中,阿里巴巴选择的是"平台—自助"模式,采用的是"企业用户—服务策略—服务内容"关系链。阿里巴巴利用自身的信息资源优势搭建服务平台,让企业用户在平台上开展自助服务,有时也提供适当的辅助。通常来讲,该平台上的用户主要为中小型企业。由于不同行业的企业数量众多、需求多样、差异性显著,第三方服务者提供的信息服务不可能全面满足所有需求,因此通过网站搭建信息服务平台方便用户自助寻找所需信息是最有效、最符合成本效益原则的服务方式。

阿里巴巴运用信息服务基本模式中的传递模式主要体现"平台"的特征,而企业用户在平台上自助寻找产品信息或宣传产品信息的过程体现的是"自助"特征。

作为一个电子商务信息平台,信息的安全、真实、有效非常关键,因此阿里巴巴为会员提供交易保障服务,包括第三方认证服务、信用保障、安全支付、赊销保等保障服务。第三方认证服务是阿里巴巴联合华夏国际信用集团、澳美资讯等国际知名信用机构,为阿里巴巴中国供应商会员提供的,以验证会员是否是合法存在的公司以及申请人是否属于被认证公司。该认证服务对于提高国内外供应商在交易中的信誉,提高交易的成功率,起到了一定的保障作用。信用保障服务是为了帮助供应商向买家提供跨境贸易安全保障,阿里巴巴根据供应商的基本信息和贸易额度等指标综合评定后,给予一定的信用保障额度。这个额度,需要完成"一达通"开票人预审和产品预审,同时买家的评价也可以展示在会员的公司和产品的页面上,以增加客户对供应商的立体认知。安全支付是阿里巴巴联合第三方支付平台Alipay提供的线上资金交易安全保障服务。该服务是通过"买家下单—买家付款到安全支付账户—卖家发货—买家确认收货—放款至卖家国际支付宝账户"的过程,完成支付保障,并解决在交易过程中的纠纷。赊销保是由阿里巴巴公司联合中国银行和中国出口信用保险提供的一项金融服务。阿里巴巴旗下的子公司一达通,为符合条件的国际买家垫付80%的赊销订单应收货款,为企业分担资金压力,同时收取一定服务费,并提前"放款"。

在"自助"功能方面,企业用户通过该平台能够有效进行自助营销或交易。该平台所提供的自助服务主要有会员账户服务、常用工具维护服务、供应商服务、交易及维权服务等。具体来说,在会员账户服务方面,阿里巴巴提供登录会员名及密码的找回修改、普通账户注销等服务;在常用工具维护服务方面,提供支付宝账户等会员信息相关维护服务及常用工具相关服务;在供应商服务方面,为供应商提供诚信通、产品发布、旺铺装修、网销宝、数据跟踪等相关营销服务;在交易及维权服务方面,提供交易帮助及维权保障、退款退货等相关服务。

现以产品发布为例,作为供应商的收费或免费用户都能够自助进行产品信息发布,可分为产品类目选择、产品名称填写、产品关键词设置、产品图片添加、产品属性标注、交易信息补充、产品详情阐述,其操作步骤概览如下:

第一步:产品类目选择,如图7-2所示。

第七章　面向企业的信息服务

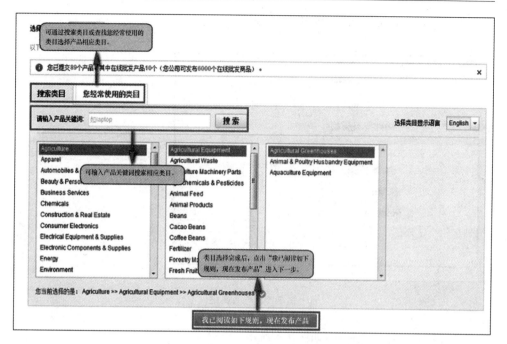

图 7-2　产品类目

第二步：产品名称及关键词，如图 7-3 所示。

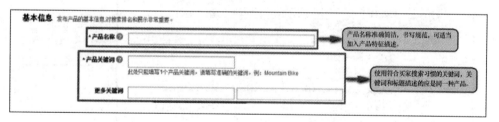

图 7-3　产品名称及关键词

第三步：产品图片添加，如图 7-4 所示。

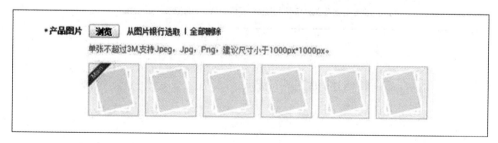

图 7-4　产品图片

137

第四步：产品属性标注，如图 7-5 所示。

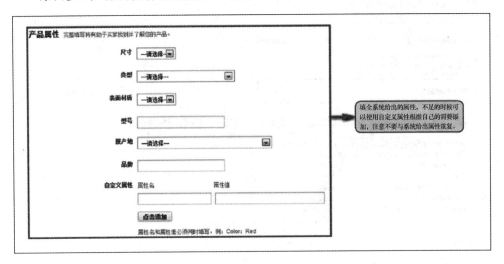

图 7-5　产品属性

第五步：交易信息补充，如图 7-6 所示。

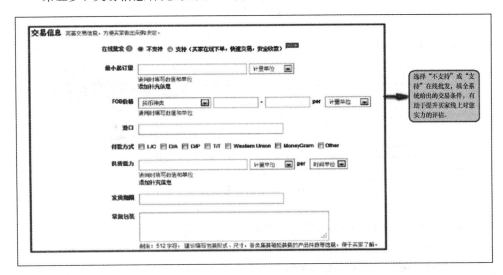

图 7-6　交易信息

第六步：产品详情阐述，如图 7-7 所示。

第七章 面向企业的信息服务

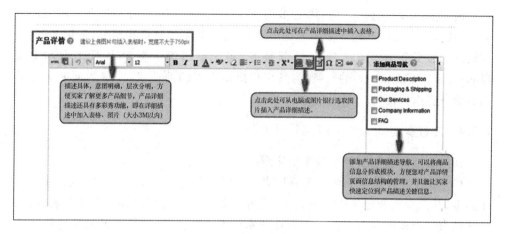

图 7-7 产品详情

7.3.3 实施效果

通过分析阿里巴巴的信息服务模式选择,我们可以看到阿里巴巴面向企业的信息服务实施效果是明显的,为注册会员提供网上贸易平台,并根据其企业不同的类型、服务级别和需求,为企业提供信息发布或者更为高端的交易辅助类信息服务,包括但不限于产品展示、行业资讯、价格行情、以商会友、商业服务等服务,使企业和企业通过该平台进行高效便捷的业务交易。

阿里巴巴的信息服务,定位于电子商务领域内面向中小企业的信息服务提供商,采取的是开放注册的会员式管理策略,该服务的开发不仅解决了企业面临的具体问题,也在一定程度满足了企业的各种信息需要,实现了供需双方企业与阿里巴巴之间的共赢。首先,中国的市场是一个正在成长的市场,其蕴藏着极大的潜力和机遇,而电子商务是该潜力市场中最受关注的领域之一。其次,中国的市场发展正处于初级阶段,中小企业在其中占据很大比例。截至 2016 年 6 月,我国中小企业的数量占企业总数的 99% 以上,成为"新常态"的主力军[5]。同时,与美国成熟的以大企业为主的电商市场不同,中国电子商务市场的主要参与者是中小企业。中小企业灵活机动,更容易接受新鲜事物,因此通过电商平台能更具有广泛性、针对性地向其提供服务。此外,中小企业面对激烈的竞争压力,通常采用低廉的网络渠道来开拓客户。因此,阿里巴巴通过提供免费会员制来吸引中小企业进行注册,增加了浏览量和关注,使服务平台中的供需双方信息进一步得到扩充,从而更好地为信息服务提供支撑。另外,阿里巴巴向付费会员收取的费用也相对较低,很容易被中小企业所接受,促成了供需双方与阿里巴巴之间的共赢。阿里巴巴还在开放注册平台的基础之上,对用户的需求信息进行收集和整理,针对不同的用户需求,提供增值服务,从而在为客户提供更多项目和功能的同时,增加平台直接盈利的机会。最终,阿里巴巴利用其集团的优势资源,通过数据的分析和挖掘,采用及时性、实效性的服务策略,开展 Web 推荐服务,实现集团旗下资源 B2B 平台和 B2C (Business-to-Customer)的对接,为其用户提供更多的商业机会,成为面向企业的信息服务实施典范。

7.3.4 注意事宜

面向企业的信息服务实践需要注意以下三点:

(1) 处理好共性与个性的关系问题。企业是城市企业还是乡镇企业、属于哪个行业、是大型企业还是中小型企业,或者企业是在与用户、供应商、竞争者、辅助者中的哪一类或哪几类主体进行商业联系时产生的问题,这是在开展信息服务之前首先需要明确的问题。同类企业所面临的问题与信息需要具有相似性,这是所指的"共性"。同时,某一个具体的企业是单独的个体,其面临的问题内容与特征、信息需要与其他企业必然会有所不同,这是分析和了解企业信息需求的最终落脚点,是"个性"问题。信息服务实践中,应处理好共性与个性的关系,不能"只看共性,忽略个性",也不能"只有个性,无视共性"。只有两者兼顾,才能真正全面、客观地了解企业的信息需求,为进一步的信息服务活动打下坚实的基础。

(2) 注重从信息集成到服务集成的转变。信息服务实践中,为了方便使用,信息服务者一般会对大量的差异性信息进行集成。信息服务者要注重从信息集成到服务集成的观念转变,及时了解和掌握企业有待解决问题的当前状态,分析问题当前状态与目标状态的差距,按照解决问题的需要集成各种服务,这是坚持用户导向原则的集中体现。

(3) 注意从断续服务到连续服务。企业有待解决问题的复杂性和信息需要的动态性决定了面向企业信息服务是一个连续的过程。那些想要"一锤定音"、"一劳永逸"地解决一切问题的想法都是不切实际的。同时,连续服务还指前后阶段服务的联系要非常紧密,前一阶段服务是后一阶段的基础和前提;断续服务则有可能割裂这种联系,影响信息服务的实际效果。因此,信息服务者应与企业建立风险共担机制,共同应对整个信息服务活动中可能出现的各种问题,这是用户导向原则的根本体现。

参考文献

[1] 尤建新.企业管理概论(第三版)[M].北京:高等教育出版社,2006:3.
[2] 甘培忠.企业与公司法学(第三版)[M].北京:北京大学出版社,1998:2.
[3] 赵慧,张巍.乡镇企业信息化继续教育研究[J].中国乡镇企业会计,2016(2):198-199.
[4] 中投顾问.2016—2020 年中国中小企业深度调研及战略规划研究报告[R].2016,06.

[5] 廉莉.国外中小企业促进措施及启示[J].中国中小企业,2015(12):62-63.
[6] 袁蔚,方青云.现代企业经营管理概论[M].上海:复旦大学出版社,2007:36-37.
[7] DAFT R L,SORMUNEN J,PARKS D. Chief Executive Scanning,Environmental Characteristics,and Company Performance:An Empirical Study[J]. Strategic Management Journal,1988,9(2):123-139.
[8] 孙晓兰.基于环境信息分析企业竞争战略的方法研究[J].科技创新导报,2015,12(11):222-222.
[9] 谢康.中国企业的信息需求与信息化投资模式[J].管理世界,2000(3):96-103.
[10] 陈昭楠,刘东维,杜源子,陈光汉.我国城市中小企业情报需求调查研究[J].情报学报,1987,6(3):161-168.
[11] 霍叔牛,芮国章,赵棣华,刘兴无,张志贤,丁庆生.我国乡镇企业情报需求实例研究[J].情报学报,1987,6(4):244-252.
[12] 陈昭楠,辛歌亦,吴贺新.大型企业情报需求调查研究[J].情报学报,1988,7(4):241-251.
[13] 国家科委信息司信息调查课题组(1994).大型国企500强信息需求调查[N].科技日报,1994-12-5.
[14] CI Analytical Tools:How Effective Are They? http://www. scip. org/library/1(3)analytic. pdf.转引自王知津.竞争情报[M].北京:科学技术文献出版社,2005:59
[15] 王小宁.农户信息需求区域差异的实证分析——以陕西为例[J].中国农学通报,2011,27(29):157-161.
[16] 孙涛.科技型企业信息服务的创新与发展[J].产业与科技论坛,2015,14(14).14-15.
[17] 周宇,廖思琴.高校图书馆面向企业技术创新的信息服务研究[J].现代情报,2015,35(02):110-113.
[18] BELL C. Developing and marketing patent information services to small and medium enterprises(SMEs)in Birmingham[J]. World Patent Information,2000,22(4):325-328.
[19] 尹开国.网络专题信息外包服务研究[J].图书情报工作,2005,49(12):97-99.
[20] Alibaba Group. Our Businesses[EB/OL]. http://www. alibabagroup. com/en/about/businesses.
[21] Osawa,J. Alibaba flexes muscles before IPO;Chinese E-commerce giant speeds toward $15 billion deal[N/OL]. Wall Street Journal (Online). https://search. proquest. com/docvies/1516205196? accountid=13151,2014-04-15.
[22] Nicole Leinbach-Reyhle. Alibaba. com Is At It Again With Announcement of New partnership [EB/OL]. http://www. forbes. com/sites/nicoleleinbachreyhle/2015/06/13/1132/#1fba83a326dd.
[23] TradeB2B. Top 10 Best B2B Site Ranking in the World [EB/OL]. http://www. tradeb2b. net/top. html

第八章 面向政府的信息服务

政府是国家机构的重要组成部分,是国家社会公共利益的代表者和维护者。政府的工作水平直接关系到社会的安定发展和人民生活水平的提高。21世纪以来,全球政治经济形势复杂多变,机遇与挑战并存;同时,随着信息时代的到来,人类所拥有的信息量以指数级别飞速增长。对于一个国家而言,如何从浩如烟海的信息中获得社会发展和人民生产生活所需要的信息,并在此基础上进行科学合理的决策,是每一个国家的政府必须认真面对和思考的问题,是其处理和管理国际国内事务的关键环节。随着我国改革开放的不断深入、市场经济的逐步完善以及加入WTO后信息自由化程度的不断提高,政府在管理社会事务,尤其是利用信息进行分析决策时,遇到的新问题和新情况层出不穷。《中华人民共和国国民经济和社会发展第十三个五年规划纲要》也明确指出,应当"创新政府服务方式,提供公开透明、高效便捷、公平可及的政务服务和公共服务……推广'互联网＋政务服务',全面推进政务公开。"首次将"互联网＋"与政府职能履行结合在一起,体现出国家对优化政府职能、完善面向政府信息服务的重视与决心。因此,研究面向政府的信息服务对于协助处理和帮助解决这些新问题和新情况具有重大的现实意义。

面向政府的信息服务,是指以政府为服务对象,在明确政府的信息需要以及所需解决问题的基础上,采取一定的服务策略和方式,向政府提供优质有效的信息服务,以求得问题的最终解决。

8.1 政府的功能及信息需要

政府广泛地存在于世界各国和各地区,不同类型的政府对信息服务的需要各不相同。为了更好地认识政府这一信息服务对象的信息需要特点,首先应从政府的概念及功能出发,了解政府的一般定义与主要职能,进而围绕政府所需解决问题的特征,识别政府信息需要的内容与特点。

8.1.1 政府的概念

到目前为止,关于"政府"尚未形成一个统一的定义。一般认为,政府的概念有广义和狭义之分[1]。

广义的政府,是指掌握社会公共权力的各种国家机关的总和,比如议会、内阁、总统、法院等。在实行总统制的资本主义国家,政府通常是指中央和地方政府全部的立法、行政和司法机关。广义概念上的政府还存在两种不同的观点:一种观点认为,国家的总统、总理、国务卿、部长、司局长、外交官、海陆空军的军官以及各级地方行政官员,都是政府官员的一部分,因此把这些各类官员所在的办事机构加在一起,就构成了一个国家的政府;另一种观点则认为,司法部门的官员及其所在的机构也应包括在政府之内,因为这些官员的职责在于解释宪法和执行法律,这正是执行国家意志即统治阶级意志的一种重要职能。

狭义的政府,仅指国家政权机关中的行政机关,比如外国的内阁、总统和政务院等,我国的国务院和地方各级人民政府等。在实行议会内阁制的国家,政府通常是指中央和地方的行政机关。

为了叙述的简洁和重点突出,本书采用狭义的政府概念。值得强调的是,现代国家的立法、行政和司法三权并不绝对分立,而是相互交叉、互相渗透。这不仅表现在立法、司法机关也执行某些行政性质的管理职能,也表现在随着行政权力的膨胀,国家权力明显地向行政机关倾斜。除了原有的规则执行权之外,行政机关还获得了规则制定权和规则审决权,大有凌驾于立法权和司法权之上的趋势[2]。

8.1.2 政府的功能

认识政府的功能,除了要了解政府的主要职能外,还可以通过分析政府行政管理的主客体及基本原则,理解政府发挥各项职能的过程。

1. 政府的主要职能

政府职能,是指政府在一定时期内根据社会发展需要而负有的职责和功能。它规定了政府机关的权限范围,包括职权、任务和管辖范围等内容。不同国家和地区的政府具有各自特定的职能,以反映政府的实质及其活动方向。各国政府的职能不是一成不变的,而是随着经济、政治、文化、科学和社会的发展而发展,根据不同时期的社会形势和任务的变化而变化。

可以从多个角度对政府职能进行考察和划分:从政府职能作用的领域来看,包括政治职能、经济职能、文化职能、科技职能、教育职能和社会职能等;从政府职能的属性来看,包括统治职能、保卫职能、管理职能和服务职能等;从政府职能的性质来看,包括行政立法职能、行政司法职能和行政检查职能等;从政府职能的作用方式和过程来看,包括计划职能、指导职能、协调职能、控制职能、沟通职能和监督职能等。无论从什么角度划分,政府的基本职能都可以概括为以下四种[3]:

(1) 政治职能。政治职能是政府维护国家统治的一项基本功能,其核心在于维护和巩固国家政权,包括专政职能和民主职能两个方面。

(2) 经济职能。经济职能是政府在国家经济运行管理中应履行的职责和应发挥的作用。在社会主义市场经济条件下,政府的经济职能比以往任何时期都占有更重要的地位并发挥更大的作用。

(3) 文化职能。文化职能是政府对全民的思想道德建设以及在教育、科技、文化、卫生、体育、新闻出版、广播影视、文学艺术等领域的管理。

(4) 社会服务职能。社会服务职能是指政府为社会提供各种公共服务和社会保障,改善诸如环境保护、医疗卫生、城市规划、旅游娱乐等服务,建立健全养老保险制度和待业保险制度,逐步完善社会保障体系等。

在我国,"十三五"规划纲要强调政府应"深化行政管理体制改革",通过"加快政府职能转变,持续推进简政放权、放管结合、优化服务,提高行政效能,激发市场活力和社会创造力",实现服务型政府的转型。

2. 政府行政管理的主体与客体

在了解政府主要职能的基础上,分析政府行政管理的主体与客体,有利于理解政府各机关的职能定位以及发挥其功能时所扮演的角色。

(1) 政府行政管理的主体。

政府是国家行政管理的主体,政府通过实施公共行政管理履行国家的社会职能。具体而言,从名义上享有行政权力和具体行使行政权力的角度,政府行政管理的主体可以划分为以下四种类型[4]:

① 政府,包括中央政府和地方政府。政府是国家公共行政权力的象征、承载体和实际执行体。以政府名义发布的行政命令、行政决策、行政政策、行政法规、行政司法、行政裁决、行政惩处、行政检查等,在不违反宪法和有关法律的范围内,都对所规定的适用对象产生效力,并以国家武装力量为后盾强制执行。

② 政府行政机关。政府行政机关的公共行政权力是通过法律规定以及在法律规定之下的政府内部授权所获得的。在实际过程中,政府行政机关的公共行政权力,通常表现为以机关名义向社会发布涉及本机关所管辖的行政领域或行政业务的行政规定,这种规定一般受政府的约束。在获得法律和政府充分授权的条件下,行政机关所发布行政规定的效力等同于政府。在程序上,行政机关发布行政规定,一般需要经过同级政府或上级政府同类机关的批准或许可。

③ 行政首长。各国政府通常实行首长负责制。因而,行政首长无论在名义上还是在实际执行的意义上,都是公共行政权力的一类主体。此处提及的行政首长是一种非人格化的特定职位,而不是作为社会存在的自然人。行政首长又可以分为四类:政府首脑、政府首脑以下的高级政务类行政首长、政务首长以下的各级常务首长以及由宪法和有关法律所特别授权的一部分官员。

④ 政府普通公务员。政府普通公务员是行政管理的又一种主体,通常人数众多,由国家法律保障其身份并规定其职责。他们是政府内逐级授权的最后一级,得到特殊授权,有时也能代表政府,其主要职责是处理政府的大量日常事务,具体执行和技术操作由既定的政府决策或首长决定。普通公务员对行政的技术程序和技术规范有较多的了解,是国家行政管理在技术执行层面上的主体。

(2) 政府行政管理的客体。

政府行政管理既然有主体,也就存在相应的客体。政府行政管理的客体范围十分广泛,可以概括为以下六类:

① 经济性组织。包括制造业、服务业、金融业、科技业和其他一切以营利为目的的组织。检查和许可证制度是政府对经济型组织实施行政管理的常用方式。

② 社会性组织。包括教会、社区团体、群众团体等一切不以赢利为目的的组织。登记制度和检查制度是政府对社会性组织进行行政管理的主要方式。

③ 政治性组织。包括政党和一切以政权或政治性权力为目的的组织。政府对政治性组织进行行政管理,主要是依据法律促使它们按照政治竞争的规则开展政治活动,防止和制止它们颠覆国家的政治企图。登记制度和检查制度也常常适用于政治性组织。

④ 教科文组织。包括学校、科学研究单位和各种文化团体。政府在多数情况下对教科文组织予以支持、财政资助和提供各种便利,但同时要求它们遵守国家法律和政府行政法规,不得危害公共安全和公共健康,必要时也可能对其采取强制性的行政措施。

⑤ 新闻性组织。包括报社、新闻社、出版社、电台、电视台等一切新闻传播媒介组织。政府对新闻性组织的公共行政管理以不违背国家法律和政府行政法规为限度。

⑥ 公民。公民是政府公共行政管理数量最为庞大的行为对象,管理原则仍然是依据国家法律和政府行政法规。

3. 政府行政管理的基本原则

政府行政管理的基本原则因各国实际的政治、经济、社会环境而异。在我国,政府履行其职能和进行行政管理所需遵循的基本原则主要有以下六个方面:

(1) 党领导行政原则。这是社会主义国家的行政管理应遵循的一条重要原则,是由社会主义国家执政党的地位和作用决定的。

(2) 人民群众参加管理原则。这是载入我国宪法的一条重要原则。在我国,人民是国家的主人,有权依照法律规定,通过各种途径和形式管理国家和社会事务。

(3) 民主集中制原则。这是我国宪法规定的所有国家机构均须遵循的一条基本原则,行政机关及其管理活动也要遵循这一原则。民主集中制原则具体包括四个方面的要求：一是在权力机关与行政机关的关系方面，行政机关从属于权力机关；二是在中央与地方、上级与下级、组织与个人的关系方面，地方要服从中央，下级要服从上级，个人要服从组织；三是地方各级行政机关实行双重负责制，一方面接受同级权力机关的领导和监督，对其负责并报告工作，另一方面接受上级行政机关的领导和监督，对其负责并报告工作；四是在行政机关内部实行合议制基础上的首长负责制。

（4）计划管理原则。这是指将各级行政管理的主要活动都纳入到国家的统一计划中，各级行政机关为实现这一计划而协调一致、共同努力。实行计划管理必须遵循社会经济、文化等活动自身发展的客观规律，同时还要遵照一定的法律程序。

（5）各民族平等参加管理原则。这是指在参加行政管理时，各民族不分大小、一律平等，任何民族不能享有特权。

（6）社会主义法制原则。社会主义国家的法律是人民群众意志的集中体现。只有依法开展行政工作，才能保证贯彻人民的意志，体现人民的利益。依法行政是依法治国、建设社会主义法制国家这一基本治国方略的重要体现。

除以上六条基本原则以外，我国政府行政管理的原则还包括统一原则、精简效能原则、廉政原则等。

8.1.3 政府的信息需要

政府的信息需要源于所需解决的问题，下面通过分析政府所需解决问题的特征，从内容和特点两个方面来探讨政府的信息需要。

1. 政府所需解决问题的特征

由政府的主要职能和政府行政管理的客体可以看出，政府几乎与社会生活中的一切行为主体发生行政和法律关系，不仅涉及政治、经济、文化、军事、财政、金融等有关国计民生的各个部门，也渗透到诸如环境保护、空间开发、计划生育等各个生产生活领域。可见，政府所需解决的问题主要有以下三个特征：

（1）广泛性。政府所需解决的问题范围极其广泛，大到国防外交，小到社区建设，无所不包。问题范围的广泛性，直接导致了所需解决问题的数量繁多，因此也具有海量性特点。

（2）复杂性。复杂性不仅指政府所需解决的问题本身庞杂，它还包括五个方面的含义：一是问题的解决通常需要政府做出行政决策，而行政决策一般决定了社会价值的分配，各种社会权力都会对它施加影响，因此，政府解决问题的过程根本上是权力运用和综合作用的政治过程，必然会有交易或妥协，也不可避免地产生针锋相对的冲突，甚至发生战争；二是行政决策在执行过程中，必然会碰到一些问题和困难，必须对原有计划和决策进行修正，即解决问题的行政决策需要在实践中反复检验和调整;三是行政决策涉及社会各阶层利益的分配,衡量问题解决与否和解决效果的好坏,并没有一个恒定不变的价值标准,因此行政决策是对政府行政能力和智慧的考验;四是这些待解决的问题往往不是孤立存在的,而是存在着千丝万缕的联系,一个问题可能由其他诸多问题引起,也可能引发其他一连串问题,加之问题在发展和解决过程中还受到诸多随机因素的影响,因此问题是相互关联和动态多变的;五是问题的出现常常具有预测性,这就需要政府主动发现、提前分析和决策问题,这对政府的行政能力提出了更高的要求。

(3) 延迟性。延迟性主要包括三个方面的含义:一是问题解决的过程所持续的时间比较长,因为这些问题的解决通常表现为国家的政策、法律或法规,政策、法律或法规的出台是一个相当长期的过程,需要由相关行政部门反复进行讨论、修订和试行等,一些法律、法规的正式出台往往需要几年或数十年的时间;二是即使已经做出了问题的决策,其决策效果也不能立即显现,同样需要在一个长期的具体实施过程中才能体现决策的合理性或暴露一些局限性;三是由于社会各方的利益诉求不完全一致甚至存在内在冲突,而政府解决问题的行政决策也很难平衡各方利益,因此在问题解决过程中往往会伴生其他新的问题。

2. 政府的信息需要内容

政府所需解决问题的特征决定了政府的信息需要内容丰富,其类型多种多样。通常,政府的信息需要内容包括以下四种类型:

(1) 决策性信息。行政决策在政府行政管理中居于核心地位,行政管理始终围绕着行政决策的制定、修改、实施和贯彻来进行,行政管理的目标总是通过一定形式的行政决策来实现。行政机构和主管行政的人员在工作中会面临大量的信息和问题,需要科学、有效、快速地进行决策,而全面、准确、及时的信息是科学决策的基础和保障。在传统决策过程中,决策者凭借其知识、经验和才智,一般就可以做出有效决策。但是,随着现代科学技术和经济的迅速发展,决策过程中的随机因素不断增多,对一些复杂的经济、政治、军事、科技、社会问题进行决策的难度愈益增大。在信息时代,对重大问题做出正确决策所需要掌握的知识和信息量是传统决策过程无法比拟的,这不仅体现在行政决策的情报活动阶段(发现问题和确定目标),而且还体现在设计活动阶段(拟定决策方案)、抉择活动阶段(选择最佳方案)和反馈修正阶段(方案的修正完善)等整个决策过程中。由于行政决策贯穿于行政管理的全过程,因此,政府所有的行政行为都需要决策性信息的支持。因此,在一定程度上,下面提到的战略性信息、反馈性信息和评估性信息都属于决策性信息,能够支持政府的行政决策。

(2) 战略性信息。战略性信息是指对政府涉及国计民生与经济社会的全局和长远发展等基本问题的战略决策有帮助的信息。政府在做出战略决策之前向全社会征集的意见属于战略信息的一种,例如我国政府部门或各地方政府在制定"十三五"规划之前都曾向社会各界广泛地征求意见。然而,广泛征集所得意见等最原始的信息并不能直接用于政府的战略决策,政府所需要的战略性信息更多的是由专门人员经过实际调查、科学论证后形成的研究成果,它一般以研究报告的形式出现,往往需要横跨许多专业和领域,涉及很多机构和部门,动用大量的人力、物力和财力。

（3）反馈性信息。反馈性信息是一种事实信息,是政府决策作用于行政客体后的客观反应。在政策实施过程中,决策的主客观条件会不断发生变化,往往需要对既定的或正在实施的政策进行或大或小的修正。同时,政府还需了解和掌握政策的执行情况及评估政策的执行效果,以供新的行政决策参考。由此可见,反馈性信息对于政府职能的发挥具有重要意义。可喜的是,随着经济社会的快速发展,尤其是互联网技术的日新月异,网络平台逐步成为公众反馈信息的一种重要渠道,政府通过互联网来了解民情、汇聚民智。这不仅充分体现了我国政府与时俱进,善于利用新兴信息技术,而且体现了政府对民众反馈信息的高度重视。

（4）评估性信息。政府的评估工作,一方面是指在政策制定过程中,对政策执行可能造成的影响或可能出现的问题进行推断和预估,收集对政策的反馈意见,为政策的及时修正和完善提供科学依据；另一方面是指在政策执行过程中,对政策的实际效果和效率进行价值评估和判断。相应地,评估性信息是指能够为这两方面评估工作提供支撑的信息,其具体内容取决于政府所需解决的问题和政府决策过程的复杂性。

需要说明的是,上述四种信息需要类型并不是截然分开的,在面向政府的信息服务中,这四类信息相互交叉、相辅相成,并产生其他类型的信息需要。首先,从广义上讲,战略性信息、反馈性信息和评估性信息都是决策性信息的一部分,都是政府行政决策的依据。同时,反馈性信息还是政府进行战略决策的基础和参考。其次,从其他角度来看,政府的信息需要还包括预测信息、分析信息、咨询信息和参谋信息等类型。在实践中,政府部门也经常从自身的业务性质出发主动收集和分析信息。例如,美国联邦政府的财政管理人员所急需的是及时、准确、可靠、连续和有用的与预算相关的信息和成本信息等[5]。

此外,需要强调的是,政府一般具有比较完备的行政决策体制,通常由行政决策信息系统、行政决策咨询系统和行政决策中枢系统三部分组成。政府的行政决策体制能够保证自身的信息需要在相当程度上得到满足,即政府能够在很大程度上实现自我服务。然而,随着政府决策问题的难度和所需处理信息量的日益增大,加上行政机构精简化等原因,政府越来越需要除行政决策系统之外的来自非政府组织、民间组织以及个人与团体的信息服务,尤其是借助互联网开展相关的政府信息服务。本章所讨论的面向政府的信息服务着重讨论后者。政府行政决策体制内部的信息服务按照信息的流向可以分为下级对上级的信息服务、平行部门间的信息服务、上级对下级的信息(包括政策、指令等)传达三种类型,此处不再赘述。

3. 政府的信息需要特点

基于对政府所需解决问题的特征及信息需要内容的分析,政府的信息需要具有以下四个特点:

(1) 全面性。全面性是指政府的信息需要涉及社会事务的方方面面,这是由政府所需解决问题的广泛性所决定的。

(2) 时效性。行政事务、对象和环境不断变化,政府需要的一般是某一特定时段内的信息,超过政府所需时段的信息不仅丧失了价值,而且是对资源的浪费。时效性体现了政府对行政工作和决策效率的要求。

(3) 针对性。针对性包括三个方面的含义:一是指政府的信息需要直接指向需要解决的实际问题,行政决策应当对解决问题有切实帮助,因此所需的信息不仅是简单的数据,更是基于对数据的深入分析所形成的报告,即政府的信息需要不仅要知道"是什么",更要知道"为什么"和"怎么办";二是不同政府机构所具体需要的信息通常会有所不同,即使是同一机构内部,不同部门或不同领导所需信息的重点也会有差异,这就要求面向政府的信息服务需要提供适应实际需要的"个性化"信息;三是政府机关在不同的工作时期和阶段有不同的工作重点,因此信息需要也随之发生变化。

(4) 可靠性。可靠性包括三个方面的含义:一是客观性,政府的科学决策需建立在客观事实基础之上,因此政府所需的信息不仅包括正面信息,也应当包括负面信息;二是准确性,政府决策事关国计民生的大局,信息的准确性关系到行政决策的科学性和有效性,错误的信息很可能导致灾难性的后果,因此,保证信息的准确性是信息服务工作的基本要求,尤其是对于面向政府的信息服务而言,准确性要求更高;三是丰富性,科学决策需要依赖于丰富详实的信息,对于政府行政决策而言,应保证尽可能多的信息点,并且不遗漏重要和关键的信息点。

除了以上四个主要特点,政府的信息需要通常还具有连续性、前瞻性、增值性等特点。

8.2 面向政府的信息服务模式

在探讨了政府的信息需要内容及特点之后,可以针对性地研究面向政府的信息服务模式。面向政府的信息服务模式主要包括三类:基本模式、生成模式和发展模式。依据不同政府的实际信息需要,选择恰当的信息服务模式,以便为政府提供更加及时有效的信息服务,帮助政府提高行政管理与决策的效率。

8.2.1 面向政府的信息服务基本模式

在面向政府的信息服务实践中,信息服务的三种基本模式(即传递模式、使用模式和问题解决模式)的信息服务项目并存,这是由政府所需解决问题的广泛性和复杂性、政府行政管理的方式等政府信息需要的特点所决定的。

1. 使用模式

使用模式是实践中最常见的一种基本模式,由政府将已有的信息服务需求,通常表现为一个确定的研究题目或目标决策,交给指定的信息服务机构或者公开向社会招标,后者根据政府的这一具体研究题目或决策提供专题信息服务,通过对信息资源进行收集和加工,形成信息服务产品,以供政府使用。这种模式包含的信息服务项目主要有定题服务、现状调查、情报调研、原因分析与研究、形势预测等[6]。例如,首都图书馆的信息咨询中心自 2005 年至 2010 年持续围绕政府机关的多项行政决策开展信息服务,该中心提供的《北京市网络文化建设研究》《建国以来北京交通相关统计数据》等信息产品直接为领导决策服务,在政府政策制定过程中得到了充分肯定,为北京市重点工作的顺利推进提供了有利的信息支撑[7]。另一方面,信息服务机构也要善于主动观察和分析经济社会发展的动态,发现和预判政府潜在的信息需要,从而超前地为其提供信息服务。例如,东莞市图书馆与市委宣传部合作,共同编辑《市委中心组学习参考》,针对不同时期的社会各方面形势变化和前景趋势开辟"新视点"专栏,及时为市委提供新农村建设、房产、教育等信息;再如,由于苏通大桥建设工程对于当地来说意义重大,南通市科技情报研究所对工程建成后如何发挥其经济效益的问题予以了充分关注,为此编制了题为"抓大桥经济,促跨越发展"的资料集[8],汇集了其他城市的相关做法和经验,提供给南通市领导决策参考,对苏通大桥建成后的使用及当地经济发展产生了重要影响。最后,需说明的是,政府一般并不直接收集决策或政策执行的反馈情况,而是将其以定题的形式交给专门的信息机构去完成,因此,社会公众向政府的信息反馈可以归入传递模式之下。

2. 传递模式

实践中,面向政府信息服务的传递模式比较多。信息服务机构将生产和加工好的信息服务产品以某种方式提供给政府部门使用,刊物编辑、专题报道、信息检索、信息培训、专题讲座等都是传递模式下常见的信息服务方式。例如,河南省图书馆先后创办《港澳台报刊文摘》《经济文摘》《决策参考》《省长专递》等二、三次文献为政府决策提供信息服务,属于典型的刊物编辑。再如,广州大学图书馆编撰的

《港澳台媒体涉穗新闻舆情分析》与《海外英文媒体涉穗新闻报道分析》是专题报道的典型例子。值得关注的是,国内外图书馆界特别是公共图书馆近年来不断加大向政府提供信息服务的探索步伐,这对于提升面向政府信息服务的专业化水平具有重要作用[9]。此外,随着信息检索技术的发展和应用拓宽,传递模式下的信息服务项目还出现了信息检索服务。该模式的信息检索服务是指互联网企业、信息咨询公司等专门信息机构运用新兴技术和专业方法,向政府部门提供资讯、数据库等信息服务产品,供一般行政管理人员检索和利用。例如,许多政府机构使用甲骨文公司(Oracle)的数据库系统,快速获取有效信息,实现政府管理事务中各种繁杂数据的高效处理。"十三五"规划提出要"全面推进重点领域大数据高效采集、有效整合,深化政府数据和社会数据关联分析、融合利用,提高宏观调控、市场监管、社会治理和公共服务精准性和有效性……加快建设国家政府数据统一开放平台",这表明了政府对基于"云计算"和大数据技术的信息服务产品的重视。

3. 问题解决模式

通常情况下,政府也向相关信息机构指定有待解决的问题或未来行政活动的重要发展方向,由后者自主选择研究问题,或者由政府将待解决问题或未来发展方向全社会公开招标,这就形成了信息服务的问题解决模式。该模式下的服务项目主要包括信息化建设项目、舆情服务、咨询服务等。信息化建设项目的典型例子是互联网企业和信息咨询公司等为政府搭建的各种"电子政务"平台、"智慧政府"项目等,以深化行政事务对互联网技术的应用,提高行政效率。例如,阿里巴巴集团2014年6月为浙江省政府搭建并上线的"浙江政务服务网",是首个运行在云端的省级政务网,通过整合省市县各级政务服务资源,使政府机构可以运用大数据手段提升行政效率,实现了行政权力的全流程监督和政务服务的一站式办理。此外,许多地方高校图书馆为地方政府提供舆情定制服务,根据政府所需解决的问题提供舆情规划、舆情收集、舆情分析和舆情预警等服务,并在服务过程中不断深入了解和挖掘政府的信息需求,注重与政府相关工作人员的配合和沟通。

在上述三种基本模式中,问题解决模式是未来最主要面向政府的信息服务模式,该模式要求信息服务机构以政府所要解决的问题为根本出发点,与政府相关人员充分沟通、紧密合作,采取恰当的服务策略和方式,尽其所能地帮助政府解决相关问题,充分体现了信息服务的用户导向原则,更有利于所生产的信息服务产品满足政府的信息需求,切实保证信息服务的质量和水平。诚然,由于实践中服务情境的差异性与实际信息需要的动态性,使用模式和传递模式下的信息服务也不会完全消失,仍然有发挥作用的空间。但随着经济社会的发展变化、信息技术的快速进步和政府职能的深化改革,可以预见,面向政府的信息服务机构必将开展和开创出更多的基于问题解决模式的信息服务项目。

8.2.2 面向政府的信息服务生成模式

在信息服务的生成模式中,面向政府的信息服务可以选择的模式主要有"内容-承包"模式和"交互-增值"模式。这两种模式由不同类型的信息服务机构承担,体现了不同的信息服务生成模式的理念和特点,但都在面向政府的信息服务中发挥着重要作用。

1. "内容-承包"模式

"内容-承包"模式是指政府将确定的研究课题、有待解决的问题或行政活动的发展方向交给指定的信息服务机构或公开向社会招标,完全承包给特定信息服务机构,由承接机构对该项课题、问题或发展方向的研究全权负责。信息服务机构经过一系列调查研究后,以报告、论文等形式将研究成果向政府汇报。在信息服务实践中,"内容-承包"模式下的信息服务项目类型多样,例如定题服务(主要包括决策方案、政策反馈、现状调查、预测分析、绩效评估、科学研究报告等)、应用服务(Application Service Provider,ASP)、委托采购服务、专业服务等[10,11]。在以美国为首的西方发达国家,政府非常注重开发民智,因此,将一些政府研究课题或项目委托给非政府组织、民间组织、机构和团体去完成是他们的例行做法。近年来,我国政府也开始重视与民间组织和研究机构的合作。2004年10月,国家发展与改革委员会发布公告,面向海内外公开招标"十一五"规划的前期研究课题,这是我国建国以来经济发展史上首次将未来发展规划以公开招标的方式向社会咨询、征求方案。这种做法延续至今,"十三五"规划编制工作也于2014年4月对25个重大课题的前期研究进行了公开招标,以组织社会力量,集思广益,贯彻开放、民治编制规划的理念。

近年来,随着政府信息化步伐的加快,政府信息技术外包,也称IT外包(IT Outsourcing)服务项目悄然兴起。政府IT外包是指政府在信息化过程中,以合同的方式委托IT供应商提供部分或全部的IT功能。这是一种典型的"内容-承包"信息服务模式,该模式较早盛行于国外,并已累积了许多成功案例[12,13]。例如,美国弗吉尼亚州费尔法克斯县(Fairfax,Virginia)的税收网站安全运营项目交由一家名为Official Payments的私人公司负责,网站运营和应用效果良好。再如,美国亚利桑纳州(Arizona)政府将驾驶证管理信息系统外包给IBM公司,并开创了一种新的合作模式,即政府不花费一分一厘的成本,直接由IBM公司从发放的每张驾照中抽取1美元,逐步收回投资,在提高行政办事效率的同时也避免了财政开支,实现双赢。此外,英国政府的不列颠在线门户网站也是通过IT外包给私营部门建设而成的。近年来,我国政府也加快了探索IT外包服务的步伐。据统计,2003—2004年,香港特区政府IT外包项目的比率为84%,政府开支比率占89%。北京市政府以"统筹负责制"的方式将首都公共平台网络交给首都信息发展股份有限公司来建设,并负责网络运营及一些应用系统的开发。2013年以来,海南、浙江、贵州、广西、宁夏、河南和河北等7个省份的省级政府先后与阿里巴巴集团签订战略合作协议,建立了围绕"云计算"与大数据的战略合作关系,同时阿里巴巴集团也为杭州市多家政府单位搭建了政务网站及其他管理信息系统,助力政府职能的发挥。可见,尽管在早期阶段,我国政府IT外包业务较多停留在PC等设备维护的低层次阶段,但近几年的发展势头不可小觑,尤其是《2016年政府工作报告》首次纳入"互联网+"理念之后,不难预见,未来政府信息服务外包给互联网企业的模式会更加盛行,互联网企业承包和提供政府信息服务的广度和深度都会更上一层楼。

2. "交互-增值"模式

"交互-增值"模式是信息服务实践中的另一种常见模式,指信息服务机构通过与政府进行充分的交流和沟通,深入了解和掌握政府所要解决的问题是什么、解决问题有哪些难点、政府的信息需要是什么、还有哪些潜在的信息需要等,帮助政府分析和满足现有需求、挖掘潜在问题和需求,以便更好地为政府提供信息服务,同时提供新的增值服务,实现信息服务价值的最大化,提升政府的满意度。在信息服务实践中,"交互-增值"模式下的服务项目主要包括:行政与决策咨询、信息系统及门户网站建设、数据库服务等。

由于咨询兼具行政预测、分析、设计方案、论证、决策支持等多种功能,相比于其他信息服务机构而言,信息咨询机构拥有专业知识、信息量、智力资源、方法论和技术等方面的优势,使得它们能够高效地为政府决策提供信息咨询和参考意见,甚至直接参与到政府的决策过程中。因此,现代政府在管理决策过程中对各类咨询服务机构的依赖程度逐步加深,其中信息咨询机构在政府管理决策中发挥越来越重要作用。例如,美国的国际数据集团(International Data Group,IDG)的全资子公司国际数据公司(International Data Corporation,IDC)通过提供数字技术咨询服务参与联邦政府的转型和变革。IDC公司与联邦政府合作,采用云计算、大数据及物联网技术,合作开展案例研究和数据调查,针对联邦政府利用数字渠道提高公民政治生活参与度的需求,开展政府数字化转型咨询服务,扩展了政府职能,增加了机构灵活性,改变了政府机构开展业务的方式,提高了政府运转效率,同时在政府机构部署数字技术也推动了商业组织运营和商业模式的创新[14]。

我国政府历来重视决策咨询,建立科学民主的决策机制也一直是政府政治体制改革的一项重要目标。近年来,我国政府对于来自非政府组织及民间组织的咨询服务需求越来越强烈。民间信息咨询机构逐步进入政府决策咨询的视野,成为政府决策的支持者和参与者。例如,零点有数公司(前身是零点研究咨询集团)常年参与政府公共事务的调查和咨询,调查数据和分析结果是司法系统予以采纳的庭审依据，公司近十年来获得政府采购订单金额逐年上升。2015年，零点有数公共事务行动研究部针对房山区委和宣传部宣传城市形象的需求，与北京房山区委宣传部合作，调研区域品牌形象，打造符合区域特色的品牌活动，并评估宣传效果；同时还与传媒、城市规划机构共同组建城市形象服务联盟，为房山区城市发展设计、宣传渠道优化及区域形象推荐献计献策。该项目在零点有数公司与房山区政府的合作努力下，优化了区委宣传部的宣传工作，强化了公众对于城市建设的体验与感知，提升了城市整体形象对于区域发展的助力作用。

通过分析面向政府的信息服务可选择的两种主要生成模式和相关服务项目，不难发现，"内容-承包"模式和"交互-增值"模式各有特点，但也存在交叉和关联，二者不能截然分开，而是相辅相成、互相促进的。信息服务机构应根据政府的实际信息需求和具体应用情境，对这两种模式进行合理选择和配合使用。例如，在开展"内容-承包"模式的服务项目时，信息服务机构不能仅仅依靠承接政府的课题或项目来独立地、封闭式地开发信息服务，因为这有可能脱离变化发展的政府信息需求，因此他们必须与政府保持及时沟通，定期反馈交流，在互动中完善信息服务的开发，这其中就包含了"交互-增值"模式的要素。此外，面向政府的信息服务还可以选择其他一些生成模式，例如"平台-自助"模式下的政府综合信息服务平台、"用户-吸引"模式下的公共图书馆公共事务咨询平台等。随着面向政府信息服务实践的发展变化，未来信息服务机构将开发更多各具特色的生成模式和服务项目，而且这些生成模式将相互交融、共同作用，推动信息服务与时俱进，发挥更大的社会价值。

8.2.3 面向政府的信息服务发展模式

"十三五"规划强调要"创新政府服务方式，提供公开透明、高效便捷、公平可及的政务服务和公共服务"，提出了"互联网＋政务服务"、全面推进政务公开的新要求。可见，面向政府的信息服务，其服务要素和服务环境都处于动态变化之中，因此，以信息服务各要素为基础的衍生模式和以发展条件等外围因素为基础的催生模式，这两类信息服务发展模式将会继续并存，并且都在面向政府的信息服务实践中扮演着重要角色。

1. 衍生模式

在面向政府的信息服务中，服务对象（用户）、服务者、服务内容和服务策略四个要素持续地动态变化，要素之间的关系也处于不断的变化之中，这种变化源于信息服务基本模式所包含的方向性和程序性的基本关系。生成模式的前提是，突出一部分要素，同时使另一部分要素处于相对稳定的状态，具体包括三类：① 突出其中某一个要素，而保持其他三个要素处于相对稳定的状态；② 突出某两个要素，而保持其他两个要素处于相对稳定的状态；③ 突出某三个要素，而保持另一个要素处于相对稳定的状态。所谓要素处于"相对稳定的状态"，是指该要素的固定状态或其变化基本上都不会引起其他要素及其相互关系发生变化的一种状态。通常，在面向政府的信息服务中，服务者和服务策略处于不断变化的状态，而服务对象和服务内容则处于相对稳定的状态。例如，当服务对象处于相对稳定状态时，就会衍生出"交互—增值"模式；当服务内容处于相对稳定状态时，就会衍生出"内容—承包"模式。

2. 催生模式

在面向政府的信息服务中，信息服务会因为四要素之外的其他相关因素的变化和作用而不断变化。目前，能够为政府提供信息服务的机构已不局限于图书馆、科技信息研究所、经济信息中心等传统机构[15,16,17]，而且这些机构自身的信息服务也在不断对外开放和拓展。面向政府信息服务的相关因素有许多，既包括社会科学技术水平、信息资源共享程度等基础性因素，更离不开政府的方针规划、经济和社会发展形势等环境因素，以及生产要素市场状况、其他产业发展水平等外围因素。因此，在政府职能转型和建设"服务型政府"的过程中，信息服务机构更应重视与国民经济的发展、社会环境和市场经济的变化、产业的转型发展紧密联系在一起，相互作用、共同配合，从而在为政府提供有效信息服务的同时，信息服务机构自身也获得发展和完善，并深化对其他领域先进技术和方法的应用。例如，阿里巴巴2015年开通的"政务淘宝"，既满足了政府机构行政管理的信息需求，又拓宽了"淘宝网"平台的传统功能业务，还提高了社会民众到政府机构的办事效率，也节约了行政事项开支，取得"多赢"的效果。随着信息化发展的深入和"互联网＋"理念所带来的产业转型，面向政府的信息服务生成模式将不断更新，推动新的信息服务项目源源不断地出现，为政府高效运转和民生建设提供支持。

8.3 面向政府的信息服务实施

近年来，随着互联网技术的飞速发展和"互联网＋"浪潮的兴起，面向政府信息服务的服务提供方，已不仅仅是传统意义上的图书馆、情报所或信息中心，越来越多的互联网企业利用自身的资源和优势参与到为政府提供信息服务的行列中，一些互联网巨头，如阿里巴巴、腾讯、百度等在满足政府信息需要的过程中扮演着日益重要的角色。为了更好地说明面向政府信息服务的实施过程，本节通过阿里巴巴集团旗下的"阿里云"与政府合作这一最具代表性的互联网企业面向政府信息服务的案例，分析面向政府的信息服务模式选择与实施效果，总结面向政府信息服务实施过程的注意事宜。

8.3.1 案例介绍

阿里云创立于2009年9月,是阿里巴巴集团旗下的"云计算"平台,服务范围覆盖全球200多个国家和地区。阿里云主要致力于为企业、政府等组织机构,提供安全、可靠的计算和数据处理能力,提供类型多样的行业解决方案,涉及政务、金融、医疗、多媒体、物联网、网站、游戏、O2O等多个领域[18]。其中,政务解决方案是阿里云的"主打"和专长。基于对"政务信息化"的理解和认识,利用信息和通讯技术的创新,构筑开放共享、敏捷高效、安全可信的政务"云基础"架构,并通过与政府行业的集成商和独立软件开发商(Independent Software Vendors,ISV)的密切合作,建设起全面的政务"云服务"能力,为政府部门提供共享的基础资源、开放的数据支撑平台、丰富的智慧政务应用、立体的安全保障及高效的运维服务保障。

随着2014年6月浙江省"浙江政务服务网"正式开通运行,阿里云在国内和地方政府在"云计算"方面的合作出现"井喷"现象,先后与海南、广西、宁夏、河南、河北等多个省份签订"云计算"和大数据方面的战略协议。2015年3月9日,阿里云又高调宣布拿下素有"政采风向标"之称的中央政府采购网,该网站主要负责中央国家机关政府采购交易业务,2014年的交易额达到206亿,年交易次数超过40万次[19]。这标志着阿里云与政府在"云计算"和大数据方面的合作越来越紧密。

8.3.2 案例分析

阿里云与政府合作的广度和深度不断提升,应用的信息服务模式非常丰富,下面从基本模式、生成模式和发展模式三个方面,探讨阿里云主要选取的信息服务模式。

从基本模式的选择来看,阿里云主要是针对政府需要满足的信息需求和亟待解决的政务信息问题,为政府搭建各种"电子政务"平台、"智慧政府"项目等,帮助解决传统政府职能发挥中存在的信息问题,推进政府信息化和提高政府信息利用效率,提升行政管理水平。可见,阿里云面向政府的信息服务主要是基于"问题解决模式",以政府需要解决的问题为出发点,与政府相关人员充分沟通和交互,开发能够解决现实问题的信息服务产品。例如,阿里云为浙江省政府搭建的"浙江政务服务网",是中国首个淘汰自有数据中心、运行在阿里云计算平台的省级政务网站。该网站针对传统行政管理中数据信息冗杂、更新频率低、行政效率低、办事便利性不足等问题,通过对政务信息资源的"云端"整合,为浙江省、市、县三级政府提供上万个行政审批事项以及预约结婚登记、诊疗挂号、高考成绩查询等便民服务,使得省市县三级政府6万余个审批事项均可一网搞定[18],同时主动挖掘政府的信息需求,不仅解决了过去政府信息处理效率低下、行政管理程序繁琐的问题,还帮助政府运用互联网思维改革行政体制,推动其职能转变。

从生成模式的选择来看,阿里云主要通过公开投标或直接与政府签订项目合作书来承包政府指定的研究课题或项目,主要是信息技术外包的合作方式。可见,阿里云主要选择的是"内容-承包"模式,以整体内容或项目课题为单位,全权负责信息服务产品的开发和实施。由于不同政府的实际信息需要存在差异,因此该模式下承包的信息服务项目各有侧重。例如,浙江的重点是发展电子政务,基于"云计算"的合作是行政审批一网搞定,同时把浙江建为全国"云计算"产业中心;基于"云计算"的合作,贵州省大力推进"7+N 云工程"建设;在海南,阿里云的任务是发展智慧旅游,实现"一部手机玩转海南"的构想;在河北,双方的意向是将大数据与中央下达的产业结构调整任务相结合,打造"智能药监",开发涵盖药品、化妆品、保健食品和医疗器械安全监管的综合业务平台;在河南,将阿里云计算平台打造成为河南省电子政务、公共服务和民生服务等领域的统一数字化服务平台,并推动跨境电子商务创新,打造国际网购物品集散分拨中心;宁夏拟与阿里云共同建设中国与阿拉伯国家的"网上丝绸之路"[19]。

从发展模式的选择来看,由于阿里云自身技术水平和信息资源环境整体形势的变化发展,以及社会、政治、经济、市场等诸多环境因素的动态发展,阿里云提供的面向政府信息服务不断完善和发展,源源不断地产生新的信息服务产品和功能,可见,阿里云还选择了"催生"模式来为政府提供信息服务。该模式下的阿里云不仅围绕以行政管理为主的传统政府职能,还响应政府智能转变、建设"服务型政府"的号召,利用先进的信息技术和方法,为政府参与产业带动和转型升级提供信息服务支撑。例如,2013 年,海南省 41 家农产品生产企业分批入驻淘宝生态农场;同年 11 月,淘宝网聚划算频道推出十余种海南特色农产品的团购活动,仅 3 天便取得 2409 万元的业绩,其中,椰子饭的销量达全海南岛以往线下年销量的 63%。2014 年 2 月,海南国际旅游岛先行试验区与阿里巴巴签署了一个总投资 50 亿元的战略合作协议。其中,阿里巴巴在与海南签署政务云的合作框架协议中明确提出:阿里巴巴数字娱乐和游戏产业总部基地落户海南试验区;在试验区合作建设中国首个基于"云计算"和大数据的数字互联网城市——智慧互联网港湾;在试验区度假城市片区选址建设淘宝大学海南分院……[19]。阿里云利用"云计算"与各地政府合作,签订的 12 份战略合作的省市覆盖了近半个中国。阿里云帮助这些省市推动电子政务及政府网络采购,交通、医疗、旅游、商圈等政府公共服务的电商化、无线化、智慧化应用;同时,带动传统工业、金融业、服务业的转型升级,不断催生出创新的信息服务模式,不仅实现了政府高效运转,还为当地民生建设提供信息支持。

8.3.3 实施效果

基于"问题解决"的基本模式、"内容-承包"的生成模式和"催生"发展模式,阿里云为政府提供的信息服务,形成了四大优势:安全优势、稳定和高可用优势、成本优势和生态体系支持优势。这些优势不仅使得政务IT系统能够大大节省初始投入、缩短上线时间、简化运行维护、按需快速弹性扩展,同时还提供了包括防分布式拒绝服务(Distributed Denial of Service,DDoS)攻击在内的全方位、高标准互联网安全防护。以"浙江政务服务网"为例,该网站的访问效率和办事效率大大提高,通常只需要动用单位为100的计算能力。但此前遇到某个时段的访问量高峰,如"2.14"或"5.20"当天的网上婚姻登记业务时,其计算能力需要达到200甚至更多,这往往会导致"网络瘫痪"。同时,阿里云在网站建设中绕过了批土地、建机房、买设备等各个环节,使政务平台建成时间缩短约1/2,IT成本下降约50%,从"一次性付费"变为计算服务费,"多用多付,一年一结",大大节约了浙江政府的启动资金,将其降至原先的10%至15%[19]。此外,阿里云在促进政府角色转型、便利办事群众、改善人民生活质量、提升社会福利等方面也发挥了重要作用。

8.3.4 注意事宜

通过分析阿里云面向政府信息服务的实施案例,应该重点关注以下三方面内容,这既能加深对面向政府信息服务实施的认识,同时也能够指导如何更加全面、高效地开展面向政府信息服务的实践。

(1)注重动机与效果的统一。信息服务者向政府提供信息服务的出发点是希望利用自身的信息资源优势,生产出优质的信息服务产品,通过尽可能地满足政府的信息需要来帮助其解决在各种社会事务管理中所遇到的问题。然而,由于行政管理的复杂性,想要很好地明晰政府在社会事务管理中所遇到的问题乃至解决问题并不是件容易的事情。无疑,这对信息服务的效果提出了更高的要求,要求我们既要有好的出发点和动机,又要追求好的服务效果,注重服务动机与服务效果的统一。具体来讲,这不仅要求我们确保信息的全面、及时、可靠,而且还要保证信息服务产品切â政府的信息需要,对政府所要解决的问题有所帮助。

(2)权衡现实与理想。政府所要解决的问题的复杂性决定了向其提供信息服务的现实难度。在很多情况下,我们不可能通过一次性的信息服务而"一劳永逸"地解决问题,由于环境的改变,我们可能会需要修正以前的服务思路和产品或者重新回到服务的起点,或者在当前的问题还没有解决的情况下又出现了其他的一连串的问题等。这都需要我们权衡信息服务的现实和理想,既要抱有好的期望,又要考虑实际情况,在两者之间找到一个平衡点。对信息服务者来讲,最关键的是要坚持用户导向原则,找准问题的初始状态(当前状态)与目标状态,明确两者之间的差距,提供有针对性的、优质有效的信息服务。

(3)注意点与面的结合。在一个地方行得通的办法在其他地方未必行得通,在局部可行的办法放到全局并不一定可行,这是政府在行政管理实践中经常遇到的情况。信息服务者要处处为用户着想,从政府的实际情况出发考虑问题。具体到信息服务实践中,这就要求信息服务者将上述意识融入到信息服务产品的生产过程中,不仅要注重服务产品和方案的科学性与完备性,而且要强化服务的实际可操作性和可接受性,注重实际效果,注意点与面的结合。有时,我们可能还不得不放弃最优的服务方案而选择最切合实际的方案,这不仅不是在服务质量上打折扣,反而恰恰是用户导向原则的根本体现。

参考文献

[1] 李善岳,等.中国政府管理概论[M].北京:中共中央党校出版社,1997:1-2.

[2] 沈亚平.行政学(第二版)[M].天津:南开大学出版社,2003:2.

[3] 夏书章.行政管理学(第三版)[M].广州:中山大学出版社,2003:41-43.

[4] 张国庆.行政管理学概论(第二版)[M].北京:北京大学出版社,2000:62-64.

[5] David I T, Ebberts A, Bresnahan K, Amin K. A seat at the table-summary results of the financial information needs of government policy, program and operating officials survey[J]. The Journal of Government Financial Management, 2002, 51(4): 44-51.

[6] 艾新革.图书馆政府舆情信息服务研究[J].图书与情报,2011(04):1-6.

[7] 张昭.公共图书馆为政府决策提供信息服务探究[J].江西图书馆学刊,2010,40(1):88-90.

[8] 张永东.谈如何为政府提供优质信息服务[J].天津科技,2007(2):77-78.

[9] 蔡金燕.美国高校图书馆政府信息服务的调查及分析[J].图书与情报,2014(03).

[10] 张宏涛.美国政府购买图书馆公共服务制度研究[J].图书馆,2016(03):76-79.

[11] 支娟.政府向社会力量购买图书馆服务发展探析[J].图书馆,2015(7):76-79.

[12] Moon J, Choe Y C, Chung M, et al. IT outsourcing success in the public sector: Lessons from e-government practices in Korea[J]. Information Development, 2014, 32(2).

[13] 王嵬,王理平.政府信息系统外包中软件开发合约的研究[J].科学技术与工程,2008,8(23):6288-6295.

[14] IDC Government Insights. United States Government Digital Transformation Strategies[EB/OL][2016-08-04]. http://www.idc.com/getdoc.jsp?containerId=IDC_P34329.

[15] 曾粤亮.澳大利亚公共图书馆政府信息服务调查与分析[J].图书情报工作,2015(16):32-38.

[16] 郑彦守,赵筱媛,陈峰.我国科技情报机构政府决策服务的最佳实践特征研究[J].情报学报,2012,31(1):4-8.

[17] 田红.贵州省人民政府与国家档案局签署共建服务贵州经济社会跨越发展档案事业战略合作协议[J].中国档案,2012(5):8-8.

[18] 阿里云.政务解决方案[EB/OL].[2016-05-05]. https://govcloud.aliyun.com/?spm=5176.7955038.238067.10.tB3RF7#solution-nav-anchor.

[19] 梁皓.阿里云的政府"生意"[J].服务外包,2014(3):34-36.

第九章 面向公众的信息服务

面向公众的信息服务是指以公众为服务对象,分析和探讨如何针对公众在社会生活中遇到的问题,采取相应的服务策略和方式,为其提供满意的信息服务和产品,以帮助他们最终解决问题。在面向不同受众的信息服务类型中,面向公众的信息服务受众规模最大,服务项目最多,涉及的信息类型最为广泛。尤其在互联网不断普及和"互联网+"深入发展的背景之下,面向公众的信息服务将有着更大的发展空间。本章将首先明确"面向公众的信息服务"中"公众"的内涵和外延,分析公众及其信息需要的特点,之后探讨面向公众信息服务的模式和实施。

9.1 公众的问题及信息需要

"公众"这一概念所指代的群体规模较大,界限较为模糊。为了更好地识别公众的信息需要,我们先了解公众这一服务对象的概念和特点,进而深入挖掘公众的信息需要类型和特点。

9.1.1 公众的概念及特点

在不同的学科、不同的领域中,"公众"一词往往指代不同的受众范围。因此,我们首先来对公众的概念和特点进行辨析,并逐步深入探讨"面向公众的信息服务"中公众的特点。

1. 公众的概念

"公众"是一个常用的术语,但因为该概念的外延和内涵具有不确定性,不同的学科领域对其有着不同的定义和表达重点。例如,公共关系学里的"公众"是指与特定的社会组织发生直接或间接关系,对该组织的生存和发展具有现实或潜在影响力的个人、群体和社会团体(包括政府、企业、医院、学校等)。该概念强调概念的同质性(公众必须具有共同的目的、意识、需求、利益、文化心理、愿望或问题等)和关联性(公众必须与特定的社会组织即公共关系的主体相关联性)[1]。传播学里的"公众"与"大众"这个概念比较接近,但"公众"强调和突出受众的积极性和主动性。政治学里的"公众"则与"人民"的概念相近似,一般是指具备一国国籍并依法享有政治权力的社会大众[2]。

随着经济的发展和社会生活的多样化,对整个社会有着普遍影响的社会事务正在迅速增加,于是人们把在一种非意识形态意义上的全体社会成员形成的不确定的整体也称为"公众";同时"公众"也指称某一特定区域范围内有共同利益或面临共同问题的确定的群体[3],这种表述可以避免不必要的赘述,有利于行文的简洁。正是由于"公众"在指称上的灵活性,一些法律条文中也使用"公众"这个概念来准确、恰当地表述立法所关注问题的目标和范围,例如《中华人民共和国著作权法》和我国的《信息网络传播权保护条例》中都频繁使用"公众"来指代社会大众。

"面向公众的信息服务"中的"公众"具有明确的内涵,它是指数量最多的社会行为个体,以及由部分或全体个体所组成的社会群体,但不包括政府部门、企业等社会组织。具体来讲,本书这里所讲的"公众"包括以下四个方面的含义:

(1) 公众既可以指代个人,也可以指代社会群体;

(2) 社会生活中面临着共同问题或具有共同信息需要的个体所形成的"群体公众";

(3) 公众是信息服务者的用户,信息服务者现实的和潜在的用户都属于"群体公众"。例如,对某商业网站来讲,现实中的全体用户都是它的公众,而该网站致力于拓展的潜在用户和那些有意于利用该网站服务的社会成员也是它的公众;

(4) "群体公众"的规模有大有小,大的"群体公众"可以包括所有的社会成员,小的"群体公众"则可以由几个人组成。在没有特别说明的情况下,本书中所讲的"公众"是指整个社会大众。

2. 公众的特点

本书所讲的"公众"主要有两个特点:数量庞大和个体差异大,下面将对其深入阐释。

(1) 数量庞大。公众的数量十分庞大,包括男女老少在内的一切社会成员。公众不仅覆盖的范围广泛,而且组成成分也多种多样。因此,要想按照统一的标准对公众进行分类研究比较困难,但我们仍然可以选择某些角度对不同的人群进行归类考察。例如,从社会职业的角度,我们可以分别向工人、农民、教师、律师、医生、公司职员等群体提供专业信息服务,实践中的工人网、农民网、教师网、律师网、医生网、白领网等专业网站就是很好的例子。我们还可以从同学关系、地缘关系、兴趣爱好等角度向相关的群体提供信息服务,时下流行的同学网(录)、校园网等网站是这类信息服务的典型代表,类似的还有老乡网、社区网站、集邮网等。

需要提及的是,现实中信息服务机构往往为儿童、老人和残疾人等特殊人群单独提供信息服务。例如,公共图书馆开辟儿童阅读专区就是为儿童提供专门服务的例子;不少社区的老人活动中心也在很大程度上承担着信息服务的功能。此外,各国也非常重视保障残疾人的信息权利。早在1931年,美国国会图书馆就为盲人读者提供服务,全美各社区都有残疾人服务网络,共同为那些因暂时或永久性的生理残疾而不能使用普通图书的公民提供图书资料服务。我国也有专门为残疾人提供服务的公共图书馆,例如国家图书馆的盲人服务部,南京、上海的盲人有声读物图书馆等。2003年,日本的日立公共系统工程株式会社成功研发了专门服务残疾人的网站;2007年,该技术和产品被引入我国,为我国残疾人使用互联网提供了很大的方便[4]。

(2)个体差异大。这里的个体差异特指公众个体之间在信息能力和解决问题的能力这两个方面的差距。其中,信息能力主要是指信息的查寻和使用能力。具体来看,公众的个体差异是由于个体的先天条件和教育背景、成长经历以及社会经验等后天因素的不同造成的,会对个体搜集、利用信息产生较大影响。例如,在校的大学生可能只需要图书馆员进行简单指导,就可完成绝大部分的文献检索工作;而年纪较大的用户可能需要馆员全程协助完成网络检索任务。可见,个体差异是我们在向公众提供信息服务时要重点考虑的因素。

9.1.2 公众的信息需要

公众的信息需要由有待解决的问题而产生,因此,在探讨公众的信息需要的类型及特点之前,我们有必要对其所面临的问题做一番考察,以便针对不同类型的问题,制定不同的信息服务解决方案。

1. 公众所面临问题的特征

总的看来,公众所面临的问题主要有以下两个特征:

(1)广泛性。广泛性是指公众有待解决的问题涉及的领域广泛,背景多种多样。这些问题涉及政治、经济、文化、军事、科技等社会生活的一切领域,体现出公众有待解决问题的广度。

(2)异质性。异质性主要包括两个方面的含义:一方面是指公众所面临的问题类型繁多,分属不同的专业领域,问题之间差异很大,这是由问题的广泛性所决定的;另一方面是指问题的难度有大有小。对于有些问题,用户只要简单查阅书刊或打电话咨询专业信息服务人员就可以解决。但另一些问题却比较复杂,仅依靠个人的能力很难得到解决,需要借助专业信息服务机构的全程指导和服务。

需要强调的是,广泛性和异质性是相对于整个社会大众所要解决的问题而言的,并非针对具体的信息服务场景。在信息服务实践中,我们可以对这些问题进行归类,针对部分同类的问题提供相似的信息服务,从而减小信息服务的复杂度。同时,由于相同类别的群体所面临的问题具有一定的相似性,我们也可以依据一定的标准把公众划分为不同的群体,提供有针对性的信息服务。

2. 公众信息需要的类型

依据不同的标准,公众的信息需要可以划分为不同的类型,例如,依据公众的信息认识水平和信息环境划分,可以分为现实的信息需要和潜在的信息需要;依据信息需要的主体特征划分,可以分为一般公众的信息需要和特殊人群的信息需要。可见,信息需要划分标准决定了公众的信息需要类型。下面,我们将从公众所需信息的源头和流向两个角度来探讨公众的信息需要类型。

(1) 从信息的源头考察公众的信息需要类型。

信息的"源头"是针对信息本身而言的,用以阐释信息自身的特点,由此,我们可以从信息的形式和内容两个方面来考察信息需要的类型。

从公众所需信息的形式来说,信息的形式可以从表现形式和载体形式两个角度来分析。按照信息的表现形式,公众所需要的信息可以分为消息、资料和知识三种。消息是关于客观事物发展变化情况的最新报道,是公众所需要的信息中最常见的一种形式。人们每天通过各种渠道获取的国内外新闻、天气预报、交通路况等信息均属于消息的类别。资料是客观事物的静态描述和社会现象的原始记录,科研工作者是资料信息的主要获取者和使用者之一。知识是人类社会实践经验的总结,是人类发现、发明和创造的成果,用户从图书馆和知识产权局等相关单位所获取的信息大部分属于知识的类别。按照信息的载体形式,公众所需要的信息又可以分为口头信息、文献信息和实物信息等。口头信息和文献信息是实践中常见的信息类型,分别通过公众之间的话语交流和可供查询的文献记录等方式予以传播。实物信息是指客观的实际存在物。例如,公众通过网络购买商品前要求商家提供的商品实物样本就属于实物信息的类别。值得一提的是,随着网络技术的飞速发展,互联网上的多媒体信息日益受到公众的青睐,在公众所需的信息类型中所占比重也不断增大,预计未来将会有更多的信息需要类型出现。最后,需要强调的是,实践中公众所需要的信息并不是单形式单类别的,一般都是各种形式信息的混合体。例如在网校学习的学生,他们的信息既包括网络课堂上实时互动的口头信息,又包括教材等文献信息,还包括网校教师录制好的课程视频等多媒体信息。

从公众所需信息的内容来说,无论公众所需信息的外在表现形式如何,信息的价值存在与否都在于信息的内容是否能够对公众解决问题有所帮助。按照公众的认知层次,可以把信息的内容分为语法信息、语义信息和语用信息三个层次。语法信息是公众信息认知的最低层次,它只是客观事物形式上的单纯描述,只表现事物的现象而不深入揭示事物发展变化的内涵及其意义。例如公众所需要的统计数目大多都是语法信息,需要公众结合自身的信息需要,对数据进行具体的分析。语义信息是比语法信息高一个层次的信息,语义信息不仅反映事物运动变化的状态,而且还揭示了事物运动变化的意义。用户通过信息检索获取的信息大多都属于语义信息的范畴,例如用户利用搜索引擎,查找某企业的具体信息,检索之后找到了企业的具体介绍,可以直接通过阅读介绍,达到了解企业基本情况的目的。语用信息是用户信息认知的最高层次,它是指信息相对于公众所要解决问题的效用,公众通过各种渠道获取的、对解决问题有所帮助的信息都是语用信息。如用户通过拨打航空公司的客服电话,能够直接得到直达目的地的航班信息,以便安排下一步的行程。需要强调的是,公众在信息服务实践中所需要的信息并不是上述单一层次的某种信息,而通常是语法、语义、语用三种层次信息的综合体,在得到不同层次的信息之后,用户可以根据自身需要,进行二次加工和利用。

(2) 从信息的流向考察公众的信息需要类型

这里所讲的信息的"流向"包括信息流经的路径和所指的方向。从信息服务活动发生的根本目的来说,信息有序流动的最终目的是为了帮助公众解决所面临的问题。公众所面临的问题又可以分为不同类型,从问题发生的实际状态来看,公众所面临的问题可以分为现实问题和潜在问题。现实问题是指公众自身已经意识到的并且正在探寻解决方案的问题;潜在问题是指由于公众认知能力的不足或环境因素的影响,公众没有意识到但实际上有可能会出现的问题。信息服务者提供的信息服务和产品不仅要针对公众所面临的现实问题,而且要考虑用户面临的潜在问题,处处为用户着想,未雨绸缪,从而提高自身信息服务的品质,提升客户的用户体验。例如,2015年12月万科与宝能并购与反并购攻防战爆发,到2016年7月,这一事件仍在持续发酵,一些微信公众号在客观叙述万宝之争这一事件始末的同时,也对其背后的公司治理、法律规范、资本市场等潜在的相关问题做了深入阐释,使得公众对这一事件及相关知识有了更为全面深刻的认识,不少微信公众号的文章阅读量和粉丝数都因此大涨。这就是信息服务者善于针对公众面临的潜在问题,挖掘公众潜在信息需要的一个例子。

我们可以从公众获取信息的方式和手段来考察信息流经的路径。依照公众的主观能动性的程度,公众获取信息的方式可以分为主动获取和被动获取两种:公众主动获取信息是实践中常见的形式。例如,用户主动打电话或发送电子邮件向专业信息人员咨询、亲自到相关信息服务机构查阅资料、主动通过搜索引擎在互联网上搜索信息等行为都属于公众主动获取方式。反过来讲,公众被动获取信息即是信息服务者主动提供服务帮助用户解决面临的问题。这种方式近年来愈加流行,它是信息服务者通过分析用户的信息需要、个性特点或根据用户的要求,主动向用户提供有针对性的信息服务和产品的方式。许多商业网站也推出类似的主动服务,以增强用户粘性,在激烈的市场竞争中抢占先机。

公众获取信息的手段则多种多样,既有传统的电视、广播、电话、传真、图书、报纸、杂志、书信、实地获取等传统手段,又有搜索引擎、电子邮件、网络聊天、在线传递等现代技术手段。随着网络普及程度的不断提高,社会公众对互联网的认可度和依赖度逐渐提升,互联网在公众获取信息的手段中占据越来越突出的地位。据报道,2015年年底全球网民数已超过30亿,到2018年,这一数字有望超过36亿[5]。另外,据中国互联网络信息中心(China Internet Network Information Center,CNNIC)发布的第37次《中国互联网络发展状况统计报告》(2016年1月)显示,截至2015年12月底,我国网民数量达到6.88亿人,全年共计新增网民3951万人。报告指出,2015年,受众最广的前五大网络应用分别为即时通信(90.7%)、搜索引擎(82.3%)、网络新闻(82.0%)、社交应用(77.0%)①和网络视频(73.2%)。2015年增长最快的前三个应用分别是网上炒股或基金、网上支付和网上银行,分别增长了54.3%、36.8%和19.2%,金融服务类的互联网应用呈现出高速增长的势头[6]。

3. 公众信息需要的特点

公众的信息需要除了具有可靠性、准确性等一般信息需要的特点外,还主要体现以下两个特点:

(1) 广泛性。广泛性是指信息需要涉及的领域广泛、多样,这是由公众所面临的问题的广泛性决定的。概括来讲,它主要包括以下五个方面:① 国内外重大时事、新闻与政策信息;② 吃、穿、住、行、用、育儿、养生、购物、求医、健身、气象等日常生活信息;③ 工作、求职、投资、理财等经济生活信息;④ 文化、娱乐、旅游等精神文化生活方面的信息;⑤ 学习、考试、进修、培训、教学等学习方面的信息。公众信息需要的广泛性可以从我国网民的互联网使用中窥见一斑,据中国互联网络信息中心发布的第37次《中国互联网络发展状况统计报告》(2016年1月)显示,即时通信、搜索引擎、网络新闻、社交应用、网络视频、网络音乐、网上支付、网络购物、网络游戏和网上银行是我国网民的互联网十大基础应用,其他应用还有网络文学、旅行预订、电子邮件、团购、论坛/BBS、互联网理财、在线教育、互联网医疗等,几乎涵盖社会生活的每一个方面。

(2) 差异性。差异性可以从两个方面来理解:一方面是指不同的信息需要之间差异很大,例如,有的个体的信息需要可能是想了解当天的天气情况,而有的个体的信息需要则可能是想知晓某个复杂现象发生的原因,不同的信息需要使得个体获得的信息具有显著的差异性;另一方面是指即使是同一信息需要,不同的个体所需要的信息服务也可能不同。这是由于个体的教育背景、知识结构、认知水平或经验等方面的不同而造成的。有的用户获取信息和解决问题的能力比较强,他们能在一定程度上开展自我服务,并不需要信息服务者提供服务或只需少量的辅助

---

① 此处社交应用只包括社交网站、微博以及各垂直社交应用,即时通信工具用户规模较大,作为典型应用单独呈现,不包含在社交应用里。

服务;而有的用户自我服务的能力相对较弱,依靠自身的能力无法满足自身的大部分信息需求,需要在很大程度上依靠信息服务机构,如果没有信息服务机构工作人员的帮助,问题就得不到解决。举例来讲,同样是在网络上查找某地的旅游资源信息,互联网公司的职员操作起来轻车熟路,仅需要较短时间即可完成信息的更新或者新信息的补充;而对从未接触过互联网的老人来讲,通过网络查找旅游目的地的信息则是一个不小的挑战,老年人很可能因为自身无法顺利完成信息搜寻而放弃查找,或者直接寻求专业人员的帮助。

9.2 面向公众的信息服务模式

在探讨公众的信息需要类型及特点基础上,我们再来对面向公众的信息服务的基本模式、生成模式、发展模式选择进行阐释和分析,以便依据不同用户的信息需要,选择适当的服务模式,为用户提供及时、适当的信息服务。

9.2.1 面向公众信息服务的基本模式

在面向公众的信息服务实践中,运用信息服务三种基本模式(传递模式、使用模式、问题解决模式)的服务项目并存。信息服务者可以根据信息用户的特点、机构的信息资源情况等选择不同的模式。

1. 传递模式

在面向公众的信息服务实践中,运用传递模式的信息服务项目最为常见。许多信息服务机构都通过对信息资源进行加工或建立信息服务系统等方式,形成信息服务产品,并通过设立专门服务场所或提供其他信息入口(电话、传真、网络等),供用户使用。例如,传统图书馆、档案馆、博物馆等公益性服务机构提供的文献类信息服务(阅览、外借、复印等)、检索类服务(卡片式检索、书目浏览和检索等)、报道类服务(文摘类、研究类等信息出版物)、信息培训与讲座类服务,信息服务机构提供的联机检索服务,商场、银行、车站、机场、医院等公共场所提供的公告板(宣传栏)和自助式信息系统服务,各类网站(包括政府网站、商业网站和非营利性机构网站等)提供的浏览、检索服务等,模式多样,适合有着不同信息需要的各类人群根据实际情况进行选择。需要提及的是,掌握着绝大多数社会信息资源的政府无疑是面向公众信息服务最重要的服务者之一。随着网络技术的飞速发展和政府信息化步伐的加快,各国政府除了实地、电话等传统的信息服务方式外,纷纷利用互联网向公众提供信息服务,其中包括政策文件浏览与检索、相关数据查阅等是政府网站常见的服务项目,很好地实现了政务公开、为民服务。顺便提及的是,自 2008 年 5

月1日,我国《政府信息公开条例》正式实施以来,我国各级政府都在网站上专门开辟了信息公开栏目,有些政府还委托当地的图书馆和档案馆等机构设立专门的场所向公众提供政府信息的查阅和咨询服务,使公众得以方便、快捷地查阅到政府提供的相关信息,这些尝试都是传递模式的典型例子。

2. 使用模式

使用模式是面向公众信息服务实践中的另一种常见模式。在这种模式下,公众直接向信息服务者提出信息需要,信息服务者根据公众的信息需要对信息资源进行生产和加工,形成信息服务产品,最后以合适的方式提供给公众使用。例如,传统信息服务机构(图书馆、档案馆、信息中心、情报中心等)的参考咨询服务、文献查新服务、定题服务、社会调查等服务就是典型的使用模式下的服务项目。他们根据用户提交的具体信息服务需要,利用员工较高的信息素养,为用户快速解决面临的信息问题,提供有针对性的信息服务。随着信息通信技术的快速发展,许多商业信息服务机构利用手机、邮件、网络论坛等各种新技术手段向公众提供定制服务。比如,用户可以手机订阅气象台等机构发布的天气预报和交通局发布的交通路况信息,用户也可以通过手机直接拨打热线查询服务,通过浏览商业网站利用其提供的专题新闻订阅服务等。

3. 问题解决模式

在某些情况下,公众也可以直接告知信息服务者有待解决的问题,寻求信息服务者的帮助,或者信息服务者主动发掘用户有待解决的问题,采取一定的服务策略,提供有针对性的信息服务,这就形成了信息服务的问题解决模式。现实生活中的信息咨询服务是该模式下最为常见的服务项目,包括现场咨询、电话咨询、邮件咨询、在线咨询等各种形式。例如,医药专业网站的专家咨询、农村综合信息服务体系中的"农技110"咨询、留学咨询网站普遍使用的在线咨询等都是问题解决模式下的信息服务项目。

可见,问题解决模式很好地体现了以用户为中心的服务理念,其出发点和目的都是为了很好地解决公众所面临的实际问题,避免了传递模式和使用模式下因公众的信息需要不能得到很好地满足而导致问题不能解决的困境,也避免了公众的信息需要得到满足但问题仍然得不到解决的问题,从根本上体现了信息服务的用户导向原则。事实上,由于公众所面临的问题和信息需要的广泛性,很多信息服务机构都同时提供以上三种模式的信息服务,用户可根据自身需要进行灵活地选择。类似的例子有图书馆提供的借阅服务、定题服务、专题咨询服务,专业网站的浏览与检索服务、信息定制服务、专家咨询服务等。我们有理由相信,随着信息服务实践的不断发展,传递模式和使用模式下的服务项目会越来越多地转变为问题解决模式,从而更好地体现以用户为中心的服务理念。

9.2.2 面向公众信息服务的生成模式

在信息服务的生产模式中,面向公众的信息服务可选的模式主要有"平台-自助"模式和"用户-吸引"模式。这两种模式体现了不同的信息服务生成模式理念,各有侧重,在面向公众的信息服务中都扮演着重要角色。

1. "平台-自助"模式

"平台-自助"模式是面向公众的信息服务首选的生成模式,其原因主要有两个方面:一是因为公众所面临的问题大多数都是与日常生活相关的问题,与企业和政府所面临的问题相比要简单得多,而大部分公众又或多或少具有一定的自我服务能力,并且他们也愿意参与到信息服务活动中来。因此,信息服务者可以为公众提供展现自我服务能力的平台,没有必要把所有的服务活动都"一手包办";二是因为公众的数量庞大,其有待解决的问题和信息需要涉及的领域非常广泛,再加上公众的自我服务能力也有一定差异,无法快速低成本地提供具有较好普适性的公众信息服务解决方案,而如果对所有的公众都提供"一刀切"的信息服务则违背了成本效益原则。实践也证明了首选"平台-自助"模式具有一定的合理性,因此该模式下的服务项目非常多,比如图书馆等传统信息服务机构的阅览、检索等服务,政府部门的综合信息服务平台,数据库服务商的联机检索、远程登录(Telnet)、文件传输(FTP)、资料下载等服务,网络服务提供商的搜索引擎、在线聊天、论坛、社区、博客(Blog)、空间等服务,还有其他机构提供的电子公告板服务(BBS)等。为了更好地说明面向公众的信息服务"平台-自助"模式,我们首先来看实名制网络问答社区——"知乎"的例子。

互联网不断改变着用户的信息搜集习惯,也给公众提供了连接彼此、洞察社会的新方式,由此,利用"共享"的方法,汇聚广大网民的智慧、解决公众遇到的个性化生活问题的知识问答平台应运而生。"知乎"就是在这样的背景下产生的知识互动问答社区。"知乎"凭借认真、专业、友善的社区文化和机制,聚集了中国互联网上科技、商业、文化等众多领域中最具创造力的人群,将高质量的内容透过人的节点来成规模地生产和分享,构建高价值人际关系网络。用户通过问答等交流方式建立信任和连接,打造和提升个人品牌价值,并发现、获得新机会。社区鼓励用户进行实名注册,注册完成之后,用户可以在社区中提出问题,也可以对其他用户提出的问题进行回答。除了问题的提出者和回答者外,其余浏览到该问题及回答的用户可通过选择"赞同"或"反对"来对回答的质量进行评判,为提出问题的用户选择最佳答案提供参考,也为其他关注此问题的用户提供决策的方向指引。2013年3月,"知乎"面向公众开放注册,不到一年时间,注册用户迅速由40万攀升至400万,并已获得5 500万美元的C轮融资。深入分析知乎的运营模式,不难发现,"知乎"首先为公众提供了一个提出"信息需要"的平台,公众的信息需要得到了很好的展现。与此同时,"知乎"充分利用了平台用户的力量,共享注册用户的知识、经验和见解,围绕"用户服务用户"这一理念,保持了平台的活跃度,也使得用户提出的问题能够得到及时的回答。除此之外,"知乎"较强的互动能力使用户多样的信息需要得到了满足。目前,"知乎"社区共设置了包括游戏、运动、互联网、艺术、阅读、金融等在内的 39 个话题,共计数万个相关问题。由于"知乎"鼓励用户进行实名制注册,用户的回答质量较高,经常会有十分精彩的回答出现,而所有用户得以参与的评价机制,也再次利用公众的信息服务能力对回答的质量进行了甄别。最后,"知乎"还通过建立个人主页、感谢回答者等方式,对用户贡献知识、经验、见解的行为进行鼓励和赞赏,保持了用户群体的"自助"热情。优质的运营模式,使得"知乎"的使用热度一再攀升,目前已成为主流的问答社区。

我们再以"微信朋友圈"为例说明面向公众的信息服务"平台-自助"模式。依托"微信"建立起的"微信朋友圈"功能,已经成为现在最热门的 SNS 社区和知识共享平台。在"朋友圈"功能设立之初,用户主要利用"朋友圈"来分享生活,发表心情感言,并通过"点赞"、"评论"等互动方式来拉近好友关系,建立"网络社交圈"。随着"微信"用户规模的逐渐扩大,"朋友圈"这一功能也得到了越来越多用户的认可,用户分享的内容也逐渐多元化,除了自己的生活心得,还包括生活知识、社会事件等,尤其在"微信"推出"分享链接"这一功能之后,用户发布的内容中,知识分享类的内容比例不断提升。可见,"微信朋友圈"为用户提供了"自助+互助"的优质平台,用户既可以发表自身的见解、心得以及问题,通过好友的评论、"点赞"等互动方式来获得信息的反馈;也可以通过分享朋友圈中的链接,将外部的知识、事件、消息等分享到自己的网络社交圈中,实现信息的传播、分享,通过互助的方式得到更加广泛、更加及时的信息。

2."用户-吸引"模式

在面向公众的信息服务实践中,信息服务者经常被以下两种情形困扰:一是信息服务者想要为所有的公众提供信息服务,但公众的数量非常庞大,用户群体不够明确,使其无法为全部公众提供高质量的信息服务;二是信息服务者想要对某一特定的公众群体开展信息服务,但由于用户数量也较大,公众个体之间在信息需要和自我服务能力之间存在较大差异,因此想要事先明确用户群体,准确掌握每一个用户的信息需要并区分不同用户的自我服务能力不太现实,而且从经济的角度来讲也不划算。由此,信息服务者可以选择"用户-吸引"模式,自行对信息内容加以细分,采取各种不同的服务方式和手段来吸引公众使用自己的信息服务产品,从而变相达到服务不同需求用户的目的。目前,信息服务实践中的社会调查服务、社团服务、互联网门户服务(Internet Presence Provider,IPP)、互联网接入服务(Internet Access Provider，IAP)、互联网内容服务(Internet Context Provider，ICP)、移动增值业务信息服务等都可以归入"用户-吸引"模式。

首先，我们以互联网门户服务为例，对面向公众的"用户-吸引"模式进行说明。互联网门户是互联网世界的入口，当前的互联网门户一般是指各类门户网站。从互联网门户的内容范围来看，它可以分为提供各类服务的综合互联网门户和提供垂直服务的专题互联网门户。

综合互联网门户有两个重要的发展阶段：

第一阶段大约在1995—2003年间。该阶段的门户网站以提供内容为主，网站对综合性的互联网信息资源进行加工、分类，形成门类众多的信息产品和服务，希望通过这些产品和服务来吸引并留住互联网用户。这一阶段门户网站的信息产品和服务包罗万象，主要有新闻、搜索引擎、网络接入、聊天室、电子公告板、邮箱、影音资讯、电子商务、网络社区、网络游戏、博客(空间)等，俨然已经是网络世界的"百货商场"。第一阶段的门户网站以雅虎公司(Yahoo)、搜狐、新浪和网易等为代表。

第二阶段大约在2003—2008年间。该阶段的门户网站以搜索为主，网站将用户的信息需求加以分类，形成新闻、黄页、影视、音乐、图片等不同类别的搜索产品。当用户搜索某一类信息时，搜索引擎利用相关技术将分布式的互联网信息资源加以整合，对结果依照相关度、时效性等标准进行排序，并将最终结果呈现给用户。这一阶段的门户网站以搜索类别的齐全和搜索结果的快捷、准确等特点吸引用户，同时还提供其他信息服务，并保留了不少第一阶段门户的内容，例如邮箱、网页分类目录等。第二阶段门户以谷歌(Google)、百度等公司为代表。

专题互联网门户是指门户网站的内容都是围绕某一专门主题展开，与综合互联网门户相比显得更加专业、深入，这正好满足了当今网民信息需求深入化的特点。中国教育在线、39健康网等都是我国典型的专题互联网门户。需要说明的是，互联网用户作为公众中的一个庞大群体，其信息需要处于不断发展变化之中，有着多样化、个性化和自主化的特点，随着信息技术的完善和发展，互联网信息服务将结合用户实时更新的信息需要，衍生出新的信息服务形式，从而更好地满足用户多样变化的信息需求[6]。

其次，我们以移动增值业务信息服务为例，对面向公众的"用户-吸引"模式进行说明。移动电话已成为现代社会不可或缺的通信工具之一。移动服务提供商除了提供基本语音业务外，还推出数据流量、资讯订阅等增值服务，以挖掘市场潜力。同时，由于移动增值业务门槛相对较低，竞争激烈，各移动服务提供商都纷纷对产品和服务加以细分，推出各种类型的增值业务及产品，并以多种方式和手段推送给用户，以期吸引更多用户，扩大市场份额。例如，中国移动公司推出了无线音乐、手机报、号簿管家、手机证券、手机邮箱、阅读、咪咕音乐等诸多增值业务及产品，种类丰富多样,方便易用,新颖时尚,深受用户青睐。

以上我们分析了面向公众信息服务可选的两种生成模式,并对相关的服务项目做了简要介绍。需要说明的是,首先,"平台-自助"模式与"用户-吸引"模式并不能截然分开,而是相互促进,相辅相成的。许多信息服务者都从用户的实际需要出发,同时提供这两种模式的服务项目;或者在同一服务项目下包含着两种模式的要素,例如一些商业门户网站在提供互联网门户服务的同时,本身又是一个自助式的信息服务平台,提供许多诸如搜索引擎、在线聊天、论坛、博客、空间等"平台-自助"模式的服务项目,用户可以通过登录网站,"一站式"满足自己的信息需求。其次,面向公众的信息服务还可以选择其他生成模式,在信息服务实践中已经存在类似的服务项目,比如"内容-承包"模式的网络专题定制、"个人图书馆"等服务,"交互-增值"模式的(网络、电话)实时咨询等服务。此外,随着信息服务实践的发展以及用户信息需求的更新和变化,未来必然会产生更多新的生成模式及其信息服务项目。

9.2.3 面向公众信息服务的发展模式

在面向公众的信息服务发展模式中,以信息服务各要素为基础的衍生模式和以发展条件等外围因素为基础的催生模式并存。由于信息服务的服务要素和服务环境都在不断变化,两种模式都对面向公众的信息服务发展起着关键作用。

1. 衍生模式

面向公众的信息服务中,用户、服务者、服务内容和服务策略等四个要素在不断变化,其相互之间的关系也随时在变动,这种变化的母体就是信息服务基本模式所描述的方向性、程序性的基本关系。在突出某一个要素的生成模式中,其他三个要素处于相对稳定的状态;在突出某两个要素的生成模式中,其他两个要素处于相对稳定的状态;在突出某三个要素的生成模式中,就像前文中叙述的那样,另外一个要素处于相对稳定的状态。"相对稳定状态"是指固定状态或其变化基本上不会引起其他要素间关系变化的状态。一般来讲,在面向公众的信息服务中,用户、服务内容处于不断变化的状态,而服务者和服务策略保持相对稳定。当服务者处于相对稳定状态时,就会衍生出"平台—自助"模式,比如百度作为一个规模庞大的互联网公司,所开发出的"搜索引擎"这一信息产品,能够供用户自助检索,实现各种个性化的检索需求;当服务策略处于相对稳定状态时,就会衍生出"交互-增值"模式。"交互-增值"模式,是指基于现有的信息服务策略,信息服务者在与用户的交流中,更加深入地了解用户需求,提供基于服务平台的新的增值服务,提升用户满意度。例如,留学咨询机构接受在线咨询,在学生和服务教师的沟通中,为学生提供针对性的留学咨询服务,实现学生出国留学深造计划。

2. 催生模式

在面向公众的信息服务中,信息服务会因相关因素的作用和催动而不断发生变化。不难发现,信息服务已不仅仅是图书馆、科技信息研究所、经济信息中心等机构开展的业务,即便是这些传统机构提供的信息服务,对外开放程度也越来越高。信息服务已经与产业的发展紧紧地连结在一起,与国民经济以及社会发展的市场化、信息化进程紧密地联系在一起。

信息服务的相关因素有许多,主要有社会的科学技术水平、信息资源共享程度等基础性因素,政府有关政策、经济和社会发展形势等环境因素,以及生产要素市场状况、其他产业发展水平等外围因素。这些因素与信息服务联系在一起时,都会相互作用,其结果是信息服务在做出贡献的同时,自身也获得发展,并使其他领域的一些技术方法应用到信息服务领域中,从而带动其他产业的发展。比如,移动互联网的发展,使得信息服务机构广泛开展基于移动设备的信息服务,为用户实时提供包括地理位置、天气情况、道路情况等生活信息服务;微博等SNS社区的兴起,使得很多公安局、海关等机构利用社交平台,发布"协查令"、"通缉令"等信息。这些新的信息服务项目的不断产生,将有助于信息服务生成模式的不断更新,从而更好地与信息社会的发展相适应。

9.3 面向公众的信息服务实施

为了更好地说明面向公众信息服务的实施过程,下面将以"百度地图"这一广为大众熟知和认可的信息服务产品为例,说明面向公众信息服务项目的服务模式选择及实施效果,进而总结面向公众信息服务的实施中需要注意的相关事宜。

9.3.1 案例介绍

百度地图是百度提供的一项网络地图搜索服务,覆盖了国内近400个城市、数千个区县。该产品提供地点搜索、周边搜索、驾车搜索等服务项目,用户可以查询街道、商场、楼盘的地理位置,也可以找到距离最近的所有餐馆、学校、银行、公园等等。2016年3月31日,百度正式宣布在亚太地区包括澳大利亚、新西兰、马来西亚、菲律宾、印度尼西亚、文莱、越南、马尔代夫、斯里兰卡、印度、尼泊尔共11个国家上线,除此之外还对泰国及新加坡两国进行数据更新和功能优化,推出热门旅游城市的离线服务。针对出境游用户存在的语言障碍,地图将对海外版本进行汉化,并支持中文搜索。在百度地图发展的十余年时间里,产品已占据超过70%的市场份额,在基础功能、O2O服务、地图开放平台、商户平台、车联网等各方面均有巨大发展。围绕百度地图形成的庞大生态,也早已超越了单纯的定位导航服务。百度地图依托数据开放能力、地图影像开放能力、定位开放能力、出行开放能力、轨迹开放能力和分析开放能力等六项能力,不仅研发出针对出行用车、商业地产、智慧交通、上门服务、快递物流等多个行业的解决方案,还构建了以商户平台、车联网平台和地图开放平台为核心的移动互联生态体系。在地图开放平台方面,百度地图在2010年已宣布免费开放应用程序接口(Application Programming Interface,API),开发者能开放获取用户数量、位置和业务热度区域等数据。物流行业方面,百度地图把鹰眼服务及物流解决方案作为基础,在系统派单、分单系统、运力动态调度、运输配送等方面帮助物流行业转型。商户平台方面,百度地图为商户打造出从营销管理到交易闭环的定制化解决方案——"地图商+"。商户可通过"店铺页机制"接入百度地图,获得"优选址"、"树品牌"、"促活跃"三项服务,这些服务目前已接入客如云、肯德基、万达广场等多个品牌商家。车联网方面,百度地图基于地图资源、大数据、云服务和人工智能技术,面向汽车厂商提供包括CarLife手机车机互联、MyCar车辆私有云、CoDriver智能语音副驾、CarGuard汽车卫士等在内的不同层级的解决方案,同时面向各种车载硬件提供商和内容提供商提供接入合作方案,最终形成百度车联网平台与生态。据悉,百度CarLife已搭载在北京现代"全新途胜"等车型上并开始量产。同时,百度车联网与长安汽车亦达成战略合作关系,将有多款搭载百度车联网产品的汽车落地。目前,百度地图依然坚持免费策略,面向广大网民提供基于地理位置的信息服务。

9.3.2 案例分析

从基本模式的选择来看,百度地图的推出主要是针对用户无法辨认所在区域道路,但又不能随身携带纸质地图的困难,旨在通过一款能够在移动设备上使用的电子地图产品,协助用户解决步行、驾车中的实际问题。可见,百度地图是基于"问题解决模式"的公众信息服务产品:用户可以通过键盘输入、语音输入等方式,表达自己的实际信息需求。作为一款信息产品,百度地图通过用户与产品的交互,来实现用户具体需求的表达,并能够很快得到产品的反馈,很好地解决了用户的个性化需求问题。通过百度地图,用户可享受的信息服务包括:查找地点、规划公交(驾车、步行)路线、查找周边餐饮、购买附近景点门票、查看路况信息等,该产品很好地实现了以用户为中心的服务理念。

从生成模式的选择来看,百度地图主要采用"平台-自助"模式来设计信息产品。首先,由于出行信息是与大众生活息息相关的,公众对于这一类的信息有着较强的分析能力。其次,随着移动互联网的普及,大众的移动设备使用水平逐步提升,大部分手机用户都具有一定的自我服务能力,有能力使用这样一款电子地图产品。再次，不同地域、不同方位的用户所面临的实际路况不同，同时用户又有着不同的出行需求（如通勤、游玩等等），尤其在百度已经推出针对海外地图服务的大背景下，为每一个用户主动提供服务的任务量太过庞大，也不符合成本-效益的基本原则。因此，通过"平台-自助"模式能够较好地满足用户多元化、个性化的信息需求，也与公司的资源规模、经济收益相吻合。

百度地图在2005年上线之后迅速发展，基于"问题解决模式"和"平台-自助"模式开发了不同发展阶段的信息服务产品，从提供单纯的导航定位服务起步，一步一步发展成为移动用户离不开的信息服务产品。百度地图的成长发展首先经历了优化基础功能阶段，不断推出熟路模式导航、双屏导航、高架导航、3D导航等全新导航模式，满足用户的不同需求，优化用户体验；然后进入到创建完整生态服务圈阶段，接入餐饮、景区、商场、电影院、酒店和用车等数项服务，打造覆盖出行前-中-后全流程的O2O平台；接着发展到扩展技术布局阶段，基于地图资源和用户数据优势，利用大数据、云服务和人工智能等新技术布局车联网。2010年起，百度地图宣布其API免费对外开放，提供给进行PC端、移动设备端、服务端的地图应用开发者。可以预测，未来的百度地图在催生模式下将为公众提供更多的信息服务产品。

9.3.3 实施效果

基于"问题解决"的基本模式和"平台-自助"的生成模式，百度地图经历了"围绕地理坐标向用户呈现现实世界的平面形态"、"嵌入现实世界模型"、"利用多维信息源反向反映现实世界"等信息服务阶段，目前，在催生模式下，百度地图的开放平台已具有六大开放能力：数据开放能力、地图影像开放能力、定位开放能力、出行开放能力、轨迹开放能力和分析开放能力。基于这六大开放能力，百度地图开放平台在2015年每天响应230亿次定位请求，每天支撑的APP和网站达40万个，并逐渐形成了出行用车、商业地理、智慧交通、上门服务、快递物流等行业解决方案[7]。截至2015年底，百度地图的用户已超过3亿，占据国内70%的电子地图市场，其移动地图服务月均活跃用户数（MAUs）为3.02亿人，同比增长43%，下载总量为市场份额第二的高德地图的近两倍[8]。随着以百度地图为核心的生态环境逐步形成，百度地图还在不断通过车联网、高精地图、全景地图来完善业务布局，同时仍在不断加强基础数据采集，通过精细化运营夯实导航优势；通过采用用户生成内容（User Generated Content，UGC）众包方式，不断进化定位基础数据，实现全球最精准定位。为了全面进军"人与服务"这一信息服务产品，百度地图在开启速度、定位速度及精准度、驾车导航使用体验、公交方案规划、生活平台服务等方面持续改进。作为重要的移动互联网入口，百度地图将在面向公众的信息服务发展模式下，通过场景转换完成用户需求的更迭,并与手机百度、优步(Uber)、百度糯米等相互渗透补充,最后用百度钱包形成闭环,形成强大的信息服务综合能力,进一步夯实在地图导航应用领域的龙头地位,获取长期的领导性优势。

9.3.4 注意事宜

通过分析百度地图的信息服务实施案例,我们可以总结出面向公众的信息服务实施中需要注意以下事宜:

(1) 针对公众的信息需求开发服务产品。以百度地图为例,这一信息服务产品针对的是用户实时了解陌生地区地理情况的信息需求,基于这一需求,开展产品设计。准确定位用户需求,能够提升用户满意度,并在产品推出之初,很快占据市场地位,这在互联网产品竞争愈演愈烈的大背景下显得尤为重要。

(2) 正确选择信息服务模式进行服务项目开发。以百度地图为例,公司通过分析用户对于移动设备较强的驾驭能力和多样的地理信息需求,采用了"问题解决模式"的信息服务基本模式和"平台-自助"模式的信息服务生成模式,开发出不同阶段的信息服务产品,既维持了较高的用户活跃度,也遵循了成本效益原则,实现了公司利益的最大化,促进了产品市场份额的扩大和功能的扩展。

(3) 根据公众信息需求的变化调整服务策略。以百度地图为例,在十年的发展过程中,百度地图从最初的提供基本导航定位服务,到目前提供出行用车、商业地产、智慧交通、上门服务、快递物流等多行业的解决方案,并构建了以商户平台、车联网平台和地图开放平台为核心的移动互联生态体系,较好地满足了公众的信息需求,从而保持了国内电子地图应用市场的龙头地位。

参考文献

[1] 周安华,苗晋平.公共关系——理论、实务与技巧[M].北京:中国人民大学出版社,2004:11-12.

[2] 王振海.公众政治论[M].济南:山东大学出版社,2005:11.

[3] 杜姗姗.新农村规划编制中的公众参与机制研究[D].北京:北京大学环境学院,2006.

[4] 王甜.HBIS:带来日本残疾人信息服务经验[J].互联网天地,2008(5):28-29.

[5] 国际电信联盟.全球互联网使用情况报告[N/OL].[2016-4-4].http://www.cnbeta.com/articles/397055.htm.

[6] 第37次中国互联网络发展状况统计报告[EB/OL].[2016-04-4].http://www.cnnic.net.cn/hlwfzyj/hlwxzbg/hlwtjbg/201601/t20160122_53271.htm.

[7] 赛迪网.看完这篇文章你就知道出门用百度地图有多好了[EB/OL].[2016-4-4].http://www.ccidnet.com/2015/1203/10061045.shtml.

[8] 映象网.百度地图月度活跃用户数量突破3亿创新高[EB/OL].[2016-4-4].http://tech.hnr.cn/hlw/2015/1117/38092.html.

第十章　信息服务业的形成和发展

信息服务的产业化是信息服务发展的总体趋向,随着产业化范围的扩大和产业化程度的提高,信息服务业应运而生。本章内容主要分为五个方面。第一部分论述信息服务的产业化发展的主要特征,并从社会关系、结构要素、结构形式和管理模式四方面加以阐述;第二部分主要探讨信息服务业的形成的经济服务化和经济信息化标志,在此基础上,引入信息服务业的初步定义;第三是信息服务业的社会生态链和产业关联;第四是信息服务业的行业结构;第五是信息服务业的发展机制。

10.1　信息服务的产业化发展

所谓"产业化",是指具有同一属性的企业或组织集合成社会承认的规模程度,以完成从量的集合到质的激变,真正成为国民经济中以某一标准划分的重要组成部分。信息服务的产业化发展,就是随着全社会范围内信息服务机构的数量规模和服务范围的不断扩大,信息服务开始从零散的活动慢慢演变成为具有相同经营性质的组织化、正规化、规模化的产业,即"信息服务业"。简言之,信息服务的产业化发展,就是一个信息服务从"活动"演变成为"产业"的过程。考察信息服务的产业化发展,就要考察信息服务的社会关系的变化、信息服务结构要素的发展和结构形式的变化以及信息服务管理模式的变化。

10.1.1　信息服务社会关系的变化

信息服务的社会关系主要有两大类:一是信息服务活动所处的社会生产关系,二是信息服务活动与其他社会活动的关系,尤其是与产业活动的关系。

信息服务总是在某种生产关系下进行活动的。根据马克思主义政治经济学理论,生产关系是由人们在生产过程中相互结成的,体现在生产资料所有制形式、人们在社会生产中的地位及相互作用和产品的分配形式等三个方面;生产关系又是由生产力决定的。毫无疑问,资本主义生产关系下的信息服务活动与社会主义生产关系下的信息服务活动有着本质的区别,但它们都取决于社会生产力,也有其共性。以中美互联网信息服务为例,美国克林顿政府执政伊始,一改上届政府的技术政策,推行新的技术政策,强烈主张政府干预民用技术开发应用,官产联合开发推广新技术,乃至合办企业。虽然遭致共和党的坚决反对,也没有改变其私有制性质,但是这项政策对互联网技术彻底的商业应用、整个网络技术的快速发展和网络信息服务的蓬勃展开所起的作用是有目共睹的;我国政府直接投资建设"中国科技网(CSTNET)"、"中国公用计算机互联网(CHINANET)"、"中国教育和科研计算机网(CERNET)"和"三金"工程,极大地推进了我国的信息化进程和网络信息服务活动的展开。至于从事网络信息服务的有限责任公司和股份有限公司无论是在美国,还是在我国,更是层出不穷。可见,生产关系的变化对信息服务活动的组织形式产生了重大的影响,尤其是信息服务的股份有限公司和有限责任公司的出现和壮大,极大地增加了信息服务领域的投资力度和社会影响力。

信息服务活动与直接相关的产业活动的关系也在发展和变化。一方面,信息服务活动渗透到各个产业领域,有力地促进各个领域的发展;另一方面,各个领域在信息化进程中出现了对信息服务的空前的需求,有的还直接在技术、资本等方面有力地支持了信息服务活动。如计算机服务业的投入在2001年首次超过了计算机硬件和软件的投入,达到4 270亿美元[1]。曾经是全球最大的计算机制造商的"蓝色巨人"IBM经过经20年的转型,完成了"产品"—"服务"—"服务产品化"的业务模式转变过程,到2006年,IBM服务业务已经占到IBM全部收入的52%[2],而到2010年,IBM软件与服务业所带来的税前利润是硬件和金融业务的5.3倍[3]。我国信息产业部2006年发布的《软件与信息服务业"十一五"专项规划》指出,信息服务业已成为关系国民经济、社会发展和国家安全的基础性、战略性产业,是国家信息化建设和传统产业改造的重要保障[4]。这些都说明,在服务经济时代,信息服务将成为与国民经济各行各业的生产、交易、消费、流通各环节的具体实践的密切相关的支撑性业务。也就是说,信息服务与其他产业的紧密关联(即信息服务可以促进其他产业的发展,信息服务的发展需要其他产业的支撑)的局面已经形成。

10.1.2 信息服务结构要素的发展

1. 信息服务者的发展

如前所述,随着信息技术的不断普及和应用,信息服务活动已经逐渐深入到国民经济的各个产业领域,信息服务提供者的规模和数量不断扩展。信息服务者的机构性质也在改变,有提供非经营性信息服务的政府机构、高校和科研院所、公共图书馆等,也有提供市场经营性信息服务的国有独资公司、国有与集体联营公司、私营有限责任公司、私营股份有限公司等。多种所有制形式的信息服务者已经成为信息服务的生力军和某些方面的主力军。

2. 信息服务用户的发展

信息用户在数量和需求等方面的发展更是明显。仅就互联网用户而言,据Internet World Stats网站的统计数据,2000年时全球互联网用户为3.6亿人,2015年11月时已达到33.7亿人,15年间增长了832.5%[5]。各地区互联网用户普及率如表10-1所示:

表10-1 世界各地区互联网用户数量

地区	人口数量（2015年）	互联网用户（2000年）	互联网用户（2015年）	网络普及率	2000—2015年增长率
非洲	1 158 355 663	4 514 400	330 965 359	28.6%	7 231.3%
亚洲	4 032 466 882	114 304 000	1 622 084 293	40.2%	1 319.1%
欧洲	821 555 904	105 096 093	604 147 280	73.5%	474.9%
中东	236 137 235	3 284 800	123 172 132	52.2%	3 649.8%
北美	357 178 284	108 096 800	313 867 363	87.9%	190.4%
拉丁美洲	617 049 712	18 068 919	344 824 199	55.9%	1 808.4%
大洋洲	37 158 563	7 620 480	27 200 530	73.2%	256.9%
世界	7 259 902 243	360 985 492	3 366 261 156	46.4%	832.5%

国内方面,据中国互联网络信息中心(CNNIC)2016年1月最新发布的第37次《中国互联网络发展状况统计报告》显示[6],截至2015年底,中国网民规模达到6.88亿人,较2014年增长6.1%,互联网普及率达到50.3%,高于同期全球平均水平(46.4%)。继2008年6月中国网民规模超过美国,成为全球第一之后,中国的互联网普及再次实现飞跃,赶上并超过了全球平均水平[7]。此外,截至2015年底,我国使用手机上网的网民达到6.20亿人,较2014年底增加6 303万人,有90.1%的网民通过手机上网;农村网民规模达到1.95亿人,较2014年底增加1694万人,增幅为9.5%。上述统计数据表明,目前,信息服务对象规模不断增长,结构也在不断发展和变化。而信息服务用户的发展的背后,正是信息服务市场空前规模的扩张。

3. 信息服务内容的发展

信息服务内容的发展包括两个方面:

首先,是信息服务产品的数量和质量的提高,主要表现在信息服务产品赖以生产的信息产品基础与以前相比有了巨大的发展,像众多原始文献的网络版、《全国报刊索引》等信息资源的数字化、《中国期刊网》等网络数据库的开发、数字图书馆的建设等,极大地增强了信息的可得性和易接近性;此外,互联网的出现,大大丰富了信息服务内容的数量和规模。据 CNNIC 统计数据显示,自 2002 年开始,中国的网页规模一直保持在高位增长,截至 2015 年底,中国网页总数已超过 2 123 亿个[8]。

其次,则是信息服务活动中的服务环节受到更多的重视,主要表现在"以用户为中心"的观念真正得以确立,"用户导向"原则得以认可和坚持,服务者开始真正关注用户的素质相对性,帮助用户认知的发展,还表现在咨询、经纪等服务行为更加人性化、个性化、规模化、商业化,在信息服务活动中成为更加重要的环节。胡昌平等人也指出[9],面向用户的信息服务体系不断发展,其标志是以信息资源的充分开发为基础的增值服务和各种专门化服务的开展,以及以增值服务为基础的面向用户的数字化信息服务的开展。

4. 信息服务策略的发展

信息服务策略的发展也是多方面的,主要包括三个方面:

首先,在网络时代,信息服务的服务方式更加多样,在能动性、内容、问题、时间、经营、空间等众多维度上出现了许多新的服务方式。从被动服务转为主动服务,从追求普遍服务转为提供个性化服务,从需求满足导向转为问题解决导向,从限时服务转为 24 小时无间断服务,从以机构为中心的地域性服务转为以互联网为依托的全球性服务,从以公共信息服务机构为主转为多种经营方式并存的多主体结构,将成为未来信息服务发展的大趋势。

其次,服务的技术手段和经营手段更加多样和现代化,较为充分地运用了先进的信息技术、通信技术、计算机技术及其综合而成的互联网络技术,较好地引进了细分市场、分层服务等传统商业领域的先进经营手段,确立了服务的"顾客满意"理念和战略,开辟了电子商务等有效的网络营销模式。近年来,以 3G/4G 网络为载体的移动信息服务,也成为信息服务发展的热点领域,并出现诸如"手机图书馆"等信息服务新模式。据统计[10],到 2008 年 6 月,我国已有 18 家公共图书馆提供手机图书馆服务。可以预见,在未来随着物联网、云计算等新技术的不断涌现,会有更多新的信息服务模式继续涌现。

最后,在新时期信息服务策略的发展变化,还表现在信息服务的服务程序更加科学化、规范化、标准化,服务意识和服务技能不断增强,服务质量和服务效益不断提高。上述变化的出现,其根本原因则在于信息服务的市场化程度大大提高,使得经济规律在信息服务活动的规范化方面发挥了重要作用。

10.1.3 信息服务结构形式的变化

不难发现,信息服务的四个要素都得到了巨大的发展。但其发展不是平衡的,而是突破性的;各要素对结构的作用不是相同的,而是各有侧重的。信息服务各要素的动态发展,导致了各要素之间的关系及相应的结构形式的变化。这种变化表现为信息服务模式的变化和发展,以及信息服务的基本模式或生成模式与资本、技术等因素的结合而出现的大量的信息服务业商业模式。

信息服务提供商和服务手段与之前相比,呈现出明显的多元化趋势,传统的信息服务提供商由于网络的冲击,开始面临巨大挑战[11],电子邮件、搜索引擎、虚拟社区等网络信息服务成为主流。一站式服务和平台自助式服务成为新的信息服务模式。

10.1.4 信息服务管理模式的变化

从信息服务管理模式转变的角度来看,信息服务的管理经历了两个层面的转变:在宏观层面上形成了集行政管理、生产管理和法规管理于一体的国家管理模式;在中微观层面上出现了一系列以市场化运营为主要特征的管理模式。

1. 宏观层面管理模式的变化

在宏观管理层面,信息服务的管理已突破了以前的部门管理模式,形成了集行政管理、生产管理和法规管理于一体的宏观调控式国家管理模式。早在1992年,美国政府主管经济和社会统计标准化的"管理与预算办公室"(the Office of Management and Budget,OMB)成立了"经济分类政策委员会"(the Economic Classification Policy Committee,ECPC),专门研究新形势下产业经济及行业分类标准问题[12],NAICS就是在此基础上诞生的。

1993年末,我国国务院做出重大战略决策,把推动信息化工作提到国家高度,批准成立了"国家经济信息化联席会议",并开展了包括"三金"工程在内的卓有成效的工作,后又在此基础上,于1996年5月27日成立"国务院信息化工作领导小组",统一领导我国的信息化工作,并在当时的电子工业部设立办公室[13];随着我国信息化进程的加速,为强化管理职能,又在国务院设立"国家信息化工作办公室"。虽然这些举措主要不是针对信息服务的,但以信息资源开发和信息技术应用为基础的信息服务,身处其中,自然就跟着发生变化和发展。

近些年来,我国各级政府也对其予以高度重视。以"十一五"规划为例,信息产业部发布了《软件与信息服务业"十一五"专项规划》,一些地方政府陆续出台了信息服务业发展专项规划,如天津市信息服务业"十一五"规划、浙江省软件与信息服务业"十一五"发展规划、江苏省信息服务业"十一五"发展规划等。此外,大多数省份在其"十一五"期间国民经济和社会发展规划文件中都对信息服务业的发展做了专门论述。各省市在其"十一五"规划中关注信息服务业的基本情况如表10-2所示[14]。

表 10-2　各地"十一五"信息服务业规划情况

基本情况	省市自治区	数量
专门发布信息服务业专项规划	苏、川、津、浙	4
以较大篇幅专门论述信息服务业发展战略	皖、京、闽、粤、冀、豫、黑、湘、吉、辽、鲁、陕、沪、滇、渝、琼、鄂、晋	18
提及信息服务业概念,但没有详细论述	桂、青、藏、新、赣、蒙、黔	7
未提及信息服务业概念,只提及相关概念	甘	1
未提及信息服务业或相关概念	宁	1

由此可见,国家各级政府在产业发展规划中均高度重视信息服务业的发展,成为信息服务业宏观管理模式发生转变的内在需求。

此外,在学术研究领域,信息服务业自身的宏观管理模式的发展变化也得到了很多学者的关注和研究。学者们普遍认为,就宏观层面而言,政府部门和相关组织在信息服务业发展中扮演着管理者与引导者的角色,对产业发展具有重要影响。Oyebisi 等人[15]在考察尼日利亚信息服务业发展现状后指出,除了教育、社会基础设施、人口素质、社会资金积累和技术水平等因素之外,国家相关机构和社会组织内部及相互之间的交叉管理,造成信息服务业市场的混乱,阻碍了本国信息服务业的发展。Chen Ming-Kuen 等[16]则指出,政府和各种社会组织应该主动创造良好的投资环境、完善的法律保障体系、加大政府支持力度以及制定适当的市场进入准则和技术标准,鼓励企业积极投身于现代信息服务业的发展。国内学者王有刚[17]则认为,在信息服务业发展的过程中,政府必须加强对信息服务业基础建设的资金投入,创造倾斜性、保护性的政策环境,推进法制建设并为信息服务业的发展创造有利的法制环境,这些都是信息服务业发展的外部基本条件。

一些学者还论述了信息服务业各具体领域发展中政府应当扮演的角色和发挥的作用。如胡小明[18]指出,为发展信息内容服务业,政府首先应当采取各种措施培育市场;同时,政府信息资源应当公平、公开地向社会提供,如果需要收取一定的费用,也要遵循公开、平等的原则,由第三方规定价格,收取的费用不允许部门自用,以防止政府部门利用信息资源的管理权利进行寻租等腐败行为。王永奎等[19]则论述了政府在发展公共信息服务产业时应当发挥的作用,如规划和协调、重大公共信息项目的投资与管理、政策法规的制定与发布、基础研究和基础设施的提供等等。

2. 中微观层面管理模式的变化

信息服务的中微观管理也突破了行政和业务管理模式,引入经济管理和市场经营管理手段,形成了切实有效的集项目与客户于一体的管理模式,也就是现代企业的管理模式。在服务经济时代,信息服务业和交通运输、批发贸易、金融服务、法律服务等其他生产性服务业一起,构成为市场交易的基础设施。在这一阶段,信息服务业不仅仅是用来提升产业的科技水平和生产制造水平,还是消弭行业企业之间的融合与互动的过程中面临的各种信息不对称和信息不充分问题的保障,例如,为企业提供市场调研、需求评估、市场宣传、竞争对手情报收集等信息服务活动。在这一阶段,信息服务业开始进入高附加值阶段,同时,信息资源开始成为企业生存和发展壮大必不可少的资源,信息服务业具备成为国民经济中的主导产业的潜在条件。

消费性信息服务的需求变化则主要表现在信息服务手段和模式的进步。借助信息技术和互联网的帮助,信息服务提供商可以消除市场时空界限,向消费者提供远程医疗、远程教育、电子商务等各种依托虚拟平台的信息服务活动。与此同时,信息技术的进步,大大丰富了信息服务的内容,提高了信息服务的覆盖范围,人们开始希望通过同一网络和接口,获得来自不同介质和信源的多媒体信息服务,由此,"一站式"集成信息服务模式开始出现。

在学术研究层面,很多学者对信息服务业发展中微观层面的一些具体问题,如客户关系、人力资源、服务质量等也进行了研究。例如,Hayes[20]认为,随着信息服务市场的不断完善,信息服务企业和客户之间趋向于建立长远、稳定的关系,这种关系的存在是一种双赢的格局。Shah Rajesh等人[21]则非常强调员工对于信息服务企业的重要性,并认为,信息服务业是人力资本和知识高度集中的产业部门,知识型员工是信息服务企业生存和发展的基础与关键。企业需要建立一套完整的内部管理激励机制,确保企业员工的自信、乐观和活力。此外,一部分学者还关注信息服务产品的质量保障问题。例如Victor R. Prybutok等[22]指出,信息服务质量是信息服务企业性命攸关的问题,企业必须积极提升服务质量。Bharati等[23]进一步论述了提升信息服务质量的途径,并指出,应当通过对客户特点和需求状况的研究,不断提升企业员工的表现和技术水平,提高信息服务产品的用户满意度。

综上所述,信息服务的发展,尤其是互联网诞生以来的发展,出现了服务形式生产化、生产关系多样化、服务者企业化、服务对象社会化(亦即服务市场规模化)、服务内容商品化、服务策略市场化、服务管理规范化等重大变化。这些变化表明了信息服务的产业化进程和发展。

10.2 信息服务业形成的标志

信息服务产业化发展到一定程度,信息服务产业和信息服务行业就会应运而生,"信息服务业"就成了信息服务的重要存在形式,甚至可以说是主要存在形式。

问题是发展程度的"标志"是什么呢？或者说，信息服务产业化发展到什么程度，就标志着信息服务产业和信息服务行业的形成呢？

这是一个非常复杂的问题。大体上可以从国民经济产业成长规律、信息的社会化进程等角度进行分析。

10.2.1 信息服务业形成的经济服务化标志

"产业服务化"理论的提出者Shelp和Riddle[24]认为，尽管需求最终决定生产，但在需求结构变化不大的情况下，由于制度、生产要素、生产技术的变化，生产方式也会出现重要变化。在现代社会，无论是产品还是生产组织都变得越来越精巧和个性化，由此对服务的需求也不断增长，这些对服务的需求乃产生于这种生产方式的变化，因此主要体现为中间性服务和互补性服务（Intermediary and Complementary Services）；这是指：① 直接作为工业企业的中间投入；② 作为商品交换过程的一部分的流通和金融服务；③ 与新生产结构相适应的人力资本的形成所需要的服务；④ 对整个生产体系进行空间上协调和规制所需要的服务。由此可见，服务业对于经济发展的影响是多层面的，反过来，这也提示我们，判断信息服务业形成的标志之一，也可以从国民经济的服务化程度的角度进行分析。

产业结构理论认为，决定和影响一个国家产业结构的因素主要有三大类：一是需求结构，包括中间需求与最终需求的比例、个人消费结构、消费与投资的比例、投资结构等因素，二是供给结构，包括劳动力和资本的拥有状况及他们之间的相对价格、生产技术体系、自然资源的拥有状况等因素，三是国际贸易；在这些因素的作用下，产业结构不断合理化、高度化和均衡发展，也就是产业结构不断优化[25]。从上述理论出发，我们进一步可以从需求、供给和贸易三个角度对信息服务业形成的经济服务化标志做深入分析。

首先，社会需求结构不断变化，信息需求不断增长，信息产品的生产投资不断增加。无论是农业生产，还是工业生产，都产生了大量的信息，都出现了信息管理问题，信息成了重要的生产要素，成了控制物流和资金流的重要途径。同时，工农业生产部门越来越依靠信息的利用来提高生产能力和竞争能力，越来越依靠专门人员、机构或组织的服务来获取生产和营销所需的信息。另外，人们的消费结构不断发生变化，在衣、食、住、行消费为主的结构中不断增加认知学习、精神体验、价值判断等需要别人提供帮助的文化和信息消费内容，直至文化和信息消费成为个人消费结构中的主体。在这种情况下，为人们的文化和信息消费服务的信息产品生产和投资活动不断增加，资本流向发生重要变化。

其次，社会供给结构不断变化，服务业日益凸显。比如，一、二、三次产业中农业和工业的劳动力及国内生产总值的相对比重不断下降，而第三产业的劳动力和国内生产总值的相对比重却不断上升；同时，因新技术革命和高技术的发展，劳动密集型、资本密集型产业的比重逐步下降，而技术密集型和知识密集型产业的比重不断上升，知识和技术服务成为新宠；另外，信息资源成为继物质和能源之后的又一大社会资源，信息资源的开发与利用成了新的经济活动空间。

最后，国际贸易的格局不断变化，服务贸易占据着越来越重要的地位。随着国际运输、国际旅游、国际信息处理和传递等服务业的贸易活动在整个国际贸易中占有越来越重要的地位，以及《服务贸易总协定》的正式签订和不断完善，国际服务贸易对一个国家和地区的经济发展起到了至关重要的作用。我国商务部世贸司司长张向晨为2006年4月15日举行的第99届中国出口商品交易会（广交会）撰文时指出[26]，加入世贸组织四年多来，中国认真履行了各项加入世贸组织的承诺，在WTO分类的160多个服务贸易部门中，中国已经开放了100多个，占62.5%，服务贸易部门开放程度已接近发达国家水平。

通过上面的分析，我们可以清楚地看到，在多方面因素的综合作用下，第三产业在国民经济中的比重不断提高，经济服务化的趋势逐步显现。在这种情况下，各个国家和地区高度重视服务产业的增长。可以说，服务产业的增长出现了"水到渠成"和"顺水推舟"的局面。

在这方面最具代表意义的国家就是美国。美国与加拿大、墨西哥等国家一起，审时度势，制订了"北美行业分类体系"（North American Industry Classification System，NAICS），率先在国民经济行业分类体系中确立了"信息业"（主要是信息服务业）的门类地位，而且把原来的"服务业"门类分成"专业、科学和技术服务业"、"公司和企业管理业"等八个门类，并从1997年起按新的标准进行国民经济核算。

由此可见，国民经济行业分类体系中"信息服务业"的门类地位的确立是信息服务业形成的标志。按此标准，世界上最早形成信息服务业的国家是北美三国，时间是1997年。当然，也可把"信息服务业"或信息服务业所含行业作为国民经济行业分类体系中的小类、中类或大类的情况，用来衡量信息服务处在产业化进程中发展程度，或者说信息服务业的成熟程度。

10.2.2 信息服务业形成的经济信息化标志

经济信息化表征的主要是信息这一商品和生产要素在经济增长和发展中的重要性程度，是信息经济学的重要研究内容。20世纪60年代以来，关于信息经济的研究中提出了"信息服务业"的经济地位和行业构成，并形成了关于信息服务业行业归属的两种观点：

一是认为信息服务业是知识产业或信息产业的一部分。这种观点首先是在探讨知识产业时提出来的,如马克卢普(F. Machlup)在《美国的知识生产和分配》(*The Production and Distribution of Knowledge in the United States*)一书中认为知识产业包括"信息服务业",信息服务业包括专业知识服务(含法律服务、工程服务、会计和审计服务、医疗服务等)、金融信息服务(含储蓄服务、经纪等交易服务、保险和代理等金融服务、不动产等)、批发商的智能服务、其他服务产业(含知识获取、知识传递、知识交流等)、知识产业的管理等[27]。紧接着在探讨信息产业的行业结构时又更加明确地提了出来,如有人认为信息产业简称信息业,包括信息技术和设备制造业、信息服务业[28],还有其他众多的观点[29]。这些观点在信息产业的定义和范围上有所区别,但基本上都认为信息产业包含信息服务业。

二是认为信息服务业是第三产业(服务业)的一部分。这种观点更多的是出现在我国的相关研究中,主要是受1992年国务院颁布实施的《中共中央 国务院关于加快发展第三产业的决定》的影响。如孙敬华等[30]认为科技信息服务业是"第三产业的重要组成部分"。何尹莉[31]则认为,信息服务业不但是第三产业的重要组成部分,而且还兼备信息产业的"四高"特性和服务业的服务无形性、高需求收入弹性的特性,充分体现和代表了第三产业的发展趋势。同类观点还有很多,不再一一论述。

为了从行业发展实践的角度更好地看待这一问题,我们通过对国内各省市区的"十一五"规划中对于信息服务业行业地位的表述进行了统计分析,结果如表10-3所示。

表10-3 各地信息服务业行业归属

上位概念	代表地区
信息产业	闽、琼、豫、沪、渝
服务业	皖、黑、鲁、陕、青
生产性服务业	京、湘、吉、辽、晋
现代(新兴)服务业	冀、豫、鄂、藏、新、滇、赣、黔

可见,我国绝大多数省份在论述其信息服务业"十一五"发展方略的时候,均将信息服务业作为服务业的一个子行业,很多省份还将其特别具体化到了某一类服务业(如生产性服务业、现代服务业等)。由此可以看出,从产业发展的实践角度分析,第二种观点已经占据了较为明显的主导地位。

结合上述分析,从当前国际上通行的一、二、三次产业划分的情况来看,我们更倾向于第二种观点。理由是信息产业还只是有一定实践对应性的理论产业,而且是突出主题概念而不是生产概念的产业,并没有成为国民经济行业分类体系中有质和量的规定性的实际产业;如果我们把北美三国在NAICS中确立的"信息业"

(Information)理解为信息产业,那也与第一种观点的理解有很大的区别,起码在 NAICS 中的"信息业"并没有"信息技术和设备制造业",更何况在美国执行了近 60 年的"标准产业分类"(Standard Industry Classification,SIC)根本就没有"信息产业"的门类地位,因而有人在 NAICS 成为北美行业分类的新标准后,惊呼"美国的信息产业已不再包含'信息技术与设备制造业'了"就显得概念模糊了。其实,NAICS 中的"信息业"更准确的理解似乎是北美三国的"信息服务业"。因此,把第一种观点视为理论上的探索是值得肯定和鼓励的,若用这种观点说明现实中的信息服务业的归属就不妥了。而第二种观点虽然有过于笼统之不足,但从同一角度辨认两个概念之间的关系,以确保逻辑上的一致性,是我们要大力提倡和充分肯定的。

当然,上述两种观点也不是完全对立的,其区别主要在于出发点和视角不同,而对信息服务业内容范围的辨析虽然有多种结果,但没有太多本质上的区别,都是着眼于服务内容的划分。我们可以大胆地推测,当信息产业有朝一日成为实际的国民经济行业门类或第四产业时,这两种观点的区别就不是逻辑关系而只是抽象程度上的不同了。

值得注意的是,"信息服务业"是在信息经济的研究中提出来的,无论把信息服务业归入知识产业或信息产业,还是归入第三产业,都是因其在信息经济中的地位决定的。如果信息服务业的产出(不是产值)达不到国内生产总值的一定比例,比如所属产业体系中与信息服务业同级类别的行业数的平均比例(若有 N 个行业,则有 1/N 的比例),那么,信息服务业就难说已经形成,而只处在产业化发展中。

诚然,由于信息经济概念的产业操作性不强,人们对信息经济范围的理解、划定和测算可以很好地说明信息经济的历史发展过程和占一个国家或地区的国内生产总值的比例,却难以分清与其他产业的关系,并进行横向比较。

因此,从经济信息化角度考察,不管"信息服务业"被国民经济行业分类体系确定为哪一级类目,只要其国内生产总值达到相应比例,就标志着相应类别的信息服务业的形成。

通过上述从经济服务化和经济信息化进程的分析,我们进一步认为,信息服务业是在经济服务化和经济信息化进程中的产业化发展的结果,其标志就是信息服务业在国民经济行业分类体系中被确立为门类(或大类,可因国家和具体情况而异),并占有相应的国内生产总值比例。

至此,我们可以给信息服务业下这样的定义:信息服务业就是服务者以独特的策略和内容帮助用户解决问题的社会经济行为。从服务者的劳动性质看,这样的行为包括生产行为、管理行为和服务行为。

10.3 信息服务业的社会生态链和产业关联

当我们从产业角度分析信息服务业时,就要探讨信息服务产业的投入和产出情况,因为信息服务产业所开展的经济活动要消耗别的产业所产出的物质资料,要使用劳动力,相应地,信息服务产业所开展的经济活动所得到的产品或劳务,又可能成为别的产业的投入。这种产业之间的投入与产出关系,就是产业关联,其关系密切程度就是关联度。这种关联关系可以从信息服务业的社会生态链中加以识别。

10.3.1 信息服务业的社会生态链

信息服务业的社会生态链描述的是信息服务业在某种外部条件下与其他的国民经济行业之间的关系。如图 10-1 所示。

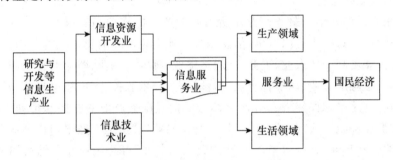

图 10-1 信息服务的社会生态链

从信息服务业的社会生态链看,信息服务业以研究与开发等信息生产业、信息资源开发业、信息技术业等产业为基础。也就是说,如果信息服务业得不到这些产业的支持,就无以为业;如果这些或某个基础产业没有发展到一定程度,信息服务业的发展就会受到整体或瓶颈限制。以我国为例,科学研究与开发、社会生产水平、信息技术、信息资源开发等方面有了长足的进步,信息服务业也出现了可喜的局面;但与美国等科技和经济发达的国家相比,我国信息服务业的基础产业还有较大差距,信息服务业也相对落后;在我国,与研究开发和信息技术业相比,信息资源开发业明显滞后,成了信息服务业发展的瓶颈。

另外,信息服务业又是国民经济中的服务业的组成部分,是其他众多服务业的基础。也就是说,信息服务业发展程度,直接关系到其他服务业的发展水平,如交通运输业、邮电通信业等服务业虽然与有关设施的状况密切相关,但与相关信息的服务能否跟上也不无关系。

同时,信息服务业还直接渗透到国民经济的生产和消费领域。尤其是在国民经济和社会发展信息化进程加快的时候,有效的信息服务对各生产领域不断提高社会生产率和市场竞争能力、对人们的物质生活和文化生活质量的提高,都有极其重要的意义。生产和消费领域的信息化,拓展了信息服务业的发展空间。

可见,信息服务业在国民经济和社会发展中是有基础的,能发挥重要的作用。早日确立信息服务业在国民经济中合理的行业结构和地位,不仅是对信息服务业的肯定,而且也是对信息服务业的鼓励。

10.3.2 信息服务业的产业关联

1. 信息服务业的前向关联和后向关联

信息服务业的前向关联和后向关联的区分,依据的是信息服务产业的产出和投入两端与其他产业之间的相互依存关系。

前向关联是指信息服务产业的产出在其他产业中的应用而形成的产业关联。前向关联表征的是信息服务产业对所关联的产业的推动和支持作用。从"信息服务业的社会生态链"中可以看出,信息服务产业在生产和消费领域的前向关联产业数量多、关联度高。像农业、工业、交通运输业、邮电通讯业、商业饮食业、物资供销和仓储业、金融保险业、地质普查业、房地产业、技术服务业、广播电视业、科教文卫体等事业,几乎是国民经济各行各业都需要信息服务产业的支持和推动。较为典型的如"商业经纪与代理业"、"证券经纪与交易业"、"房地产经纪与代理业"、"文化艺术经纪与代理业"、"技术推广与科技交流服务业"等经纪业在我国所属的"批发和零售贸易、餐饮业"门类、"金融业"大类、"房地产业"门类、"文化艺术业"大类、"综合技术服务业"大类中占有重要地位。

后向关联是指信息服务产业在其生产过程中因投入其他产业的产品而形成的产业关联。后向关联表征的是信息服务产业对所关联产业的拉动作用,以及所关联产业对信息服务业的支撑作用。从"信息服务业的社会生态链"中可以看出,信息服务产业的后向关联产业同样数量多、关联度高。主要的后向关联产业有科学研究业、信息资源开发业、信息技术业等。

由此可见,科学研究业的投入越多,作为信息服务业组成部分的出版业的产出也越多;计算机技术业中的软件产品生产越多,作为信息服务业组成部分的软件服务业的产出也越多。至于信息资源开发业,虽然没有权威的统计数据来说明,但信息资源开发越充分、信息服务业的产出越多的假设应该也是成立的。

需要进一步指出的是,信息服务业的前向产业关联和后向产业关联的关联度都较高,说明信息服务业部门的生产过程一方面明显依赖其他部门的投入,另一方面又依赖其他部门对本部门的需求。这表明信息服务业属于"中间产品型产业",与一般服务业属于"最终需求型产业"或"最终需求型基础产业"的情况有所不同。另外,信息服务业的产业关联在实际生活中也不是简单的前向关联或后向关联,而往往是环向关联,即既是某个产业的后向关联,又是该产业的前向关联,如"信息服务业——科学研究业——信息服务业"。

2. 信息服务业的空间关联和时间关联

信息服务业的空间关联主要是指以国家或地区为单位的产业关系及某个国家或地区的信息服务业的前后向关联情况。空间关联分析对明确信息服务业的优势区域,制定区域经济发展规划,促进区域经济发展,正确处理国家与区域之间、区域与区域之间的经济关系等都有重要作用。

信息服务业的时间关联主要是指信息服务业的投入与产出在时间序列上的关系,反映的是信息服务业的发展过程和发展基础的变化。我们可以假设,同等量的投入在不同时期因产业关联度的不同,信息服务业的产出却不相同。较为明显的是,在不同时期,科学研究业、信息资源开发业和信息技术业等信息服务业的后向关联产业的发展状况是不同的。当这些产业发展水平较低时,也就是信息服务业的发展基础较差,信息服务业在一定量的投入后的产出也较低;当这些产业的发展水平较高时,也就是信息服务业的发展基础较好,信息服务业在同等量的投入后的产出也较高。

毫无疑问,信息服务业的产业关联,无论是前向关联和后向关联,还是空间关联和时间关联,都是非常复杂的。如果我们能够有充分的数据条件,并进行深入的投入产出分析,就能发现信息服务业更全面、更准确的产业关联。

10.4 信息服务业的行业结构

信息服务业的行业结构主要是从国民经济行业分类角度来谈的。国民经济行业分类是以国民经济核算体系为基础的,国民经济核算体系是综合运用统计、会计和业务核算对国民经济运行过程及其结果进行全面计算和描述的宏观经济信息系统。我国目前的国民经济核算制度规定,国民经济核算体系以"国内生产总值"为核心指标。这也是国际上的通行做法。

10.4.1 信息服务业的行业划分原则

显而易见,信息服务业的行业划分要体现生产导向这一通行原则和信息服务业的特征。也就是说,信息服务业的行业划分要以信息服务的生产过程为主线,并以信息服务的特性作为信息服务业的质的规定性。信息服务的生产过程是指在一定的生产关系下，服务者以信息资源为劳动对象，借助信息技术等劳动资料，采用传递、处理、咨询或经纪等服务行为，经过需求对接、内容调研和综合集成等交互环节，形成可得、可见、可圈的信息服务产品，并帮助信息用户解决问题的全过程。

因此，在区分信息服务业的范围时要特别注意，不要把只符合上述过程中的某个环节或某个方面的生产活动归入信息服务业，如以信息和信息产品为劳动对象并借助信息技术等劳动资料的还有广播、电视等信息传播活动、教育活动和科学研究活动，我们不能把广电、教育和科学研究等归入信息服务业，因为它的行为方式和目的等方面与信息服务不同；同样道理，设备技术服务等也不宜归入信息服务业，因为它虽然也用于用户的问题解决过程，但不是以信息和信息产品为劳动对象。

在准确理解和把握信息服务业的生产过程特性的基础上，我们就可以对信息服务业进行行业划分。在信息服务业的行业划分过程中，我们要遵循以下基本原则：

（1）以产业活动单位为基本单位进行行业的划分和统计，而不以会计核算和业务核算的科目为基本单位。这里的产业活动单位泛指从事信息服务或以信息服务为主业的各种企业法人单位、事业法人单位、机关法人单位、社会团体法人单位和其他法人单位及其下属的进行独立核算但不能独立承担民事责任的单位和内部机构。这是国民经济行业划分普遍遵循的原则。

（2）以生产过程的同一性进行划分，而不以其所属行政管理系统分类。也就是把信息服务生产全过程中同属某个环节、同产某一产品或同用某种行为方式的经济活动归为一类，如调查类、处理类、提供类、咨询类、经纪类等。当然，无论是哪一类信息服务业的生产活动，都要坚持用户导向原则。

（3）最大程度体现信息服务的概念体系与可操作性的统一。只顾信息服务主题概念的体系结构和属种关系，以及只强调实际操作性的为分类而分类，都是不可取的，而应该把二者结合并统一起来。我们不能为了突出主题而忽视不该有的类目内容的交叉重复，也不能为了突出部门的独立性而忽视类目内容的主题联系。

（4）关注信息服务领域的新兴行业和高技术行业。这主要是由新兴行业和高技术行业的发展潜力和国民经济发展需要决定的。行业划分中要鼓励这样的行业的发展，如咨询业、互联网信息服务业等。

（5）方便数据用户的使用与鼓励信息服务业的发展的统一。作为行业统计基础的行业划分，带有一定的主观因素，适当照顾数据用户长期形成的习惯和合理意见是应该的，但这种照顾不能有碍信息服务业的发展。

（6）积极吸取行业分类标准的国际经验，有利于统计的国际可比性。北美行业分类体系已为世界其他国家创造了新的经验,我们要结合实际情况,积极吸取。这也有利于国际比较。

10.4.2 信息服务业的行业构成

信息服务业的行业构成不是一成不变的,也不是各个国家和地区互相一致的,变化和区别的主要原因是国民经济的发展战略和水平、信息服务业的地位和发展状况、行业划分的原则等。因此,当信息服务业的门类地位尚未确立时,有关信息服务业的专题研究和国际比较研究,就要再构信息服务业的类目体系。

从马克卢普(F. Machlup)50多年前提出的信息服务业构成以来,相关研究和观点有很多。这里主要介绍两种:一是北美三国从1997年开始施行的《北美行业分类体系》的"51信息业"门类,二是我们历经多次调整和运用全国经济普查数据进行实测并被多个地方政府应用的项目研究成果。

NAICS每5年修订一次,信息业(见表10-4)从最初的4个大类到2007年起基本定型的6个大类,从2002年突出"互联网出版和广播业"到2007年起不再以大类地位加以划分,不仅为北美三国的国民经济统计和分析带来极大便利,而且对促进信息服务业发展发挥了重要的作用,更是对其他国家和地区行业分类标准的修订产生了重大的影响。

我们再构的信息服务业类目体系(见表10-5)始于2000年,尝试着信息服务业的理论研究与国民经济行业管理的有效衔接,经过多次调整和实测验证,较好地体现了"最大程度体现信息服务的概念体系与可操作性的统一"这一原则,在多个地方政府的专项规划中得到应用。

表10-4 北美行业分类体系中的"信息业"

2012版/2007版	2002版	1997版
511 出版业(互联网部分除外)	511 出版业(互联网部分除外)	511 出版业
512 电影和录音业	512 电影和录音业	512 电影和录音业
		513 广播电视和电信业
		514 信息服务和数据处理服务业
515 广播业(互联网部分除外)	515 广播业(互联网部分除外)	
	516 互联网出版和广播业	
517 电信业	517 电信业	
518 数据处理、组织和相关服务业	518 互联网服务提供、网络检索门户和数据处理服务业	
519 其他信息服务业	519 其他信息服务业	

表 10-5　信息服务业类目体系

信息服务业类目	对应国民经济行业分类(GB/T4754-2011)中的小类
信息传输服务业	6311 固定电信服务，6312 移动电信服务，6319 其他电信服务 6410 互联网接入及相关服务，6490 其他互联网服务，6592 呼叫中心，6420 互联网信息服务，6321 有线广播电视传输服务，6322 无线广播电视传输服务，6330 卫星传输服务
信息处理服务业	6520 信息系统集成服务，6530 信息技术咨询服务，6540 数据处理和存储服务，6591 数字内容服务，6510 软件开发，6510 应用软件服务，6510 其他软件服务，7240 广告业，8521 图书出版，8522 报纸出版，8523 期刊出版，8524 音像制品出版，8525 电子出版物出版，8529 其他出版业
信息分析与咨询业	6940 金融信息服务，6790 其他资本市场服务，7221 律师及相关的法律服务，7222 公证服务，7229 其他法律服务，7231 会计、审计及税务服务，7232 市场调查，7233 社会经济咨询，7239 其他专业咨询
经纪与代理业	5181 贸易代理，5182 拍卖，5189 其他贸易经纪与代理，6712 证券经纪交易服务，6713 基金管理服务，6729 其他期货市场服务，6850 保险经纪与代理服务，7030 房地产中介服务，7250 知识产权服务，7262 职业中介服务，7263 劳务派遣服务，7269 其他人力资源服务，7292 会议及展览服务，7520 科技中介服务，8941 文化娱乐经纪人，8949 其他文化艺术经纪代理
公共信息服务业	7261 公共就业服务，8731 图书馆，8732 档案馆，9421 专业性团体，9422 行业性团体，9429 其他社会团体

信息服务业的行业构成问题本身不是目的，却是非常重要也非常复杂的问题，是分析信息服务业发展状况和产业关联状况时必须明确解决的问题，还有待进一步的研究。

10.5　信息服务业的发展机制

信息服务业如何能得以发展呢？在发展过程中受到哪些方面和因素的影响呢？这些方面和因素又是如何作用于信息服务业的呢？

概括地讲，影响信息服务业发展的方面和因素有法律法规、社会监督、政府政策、用户需求、行业组织、国际贸易、其他产业、信息技术、产业单位、经济规律等，这些方面和因素分别行动，发挥相应作用，并共同促进信息服务业的发展，如图 10-2 所示。

法律法规是信息服务业的有关政府部门、行业组织、产业单位和其他社会成员都要遵守的行为准则。其主要作用是规范和调动信息服务业的发展，表现在保护社会各成员的合法地位和社会权利、保障信息服务业的社会秩序和行为合法性、调动他们的积极性等方面。

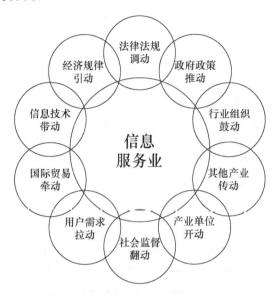

图 10-2 信息服务业发展机制

政府政策是信息服务业行政管理的主要机构和措施,政府有关行政机构通过及时制订和执行相关政策,推动信息服务业的发展。产业政策的目的是为了促进和完善市场机制的发育,从宏观和中长期角度干预和引导特定的产业活动,进而促进国民经济快速协调增长。如果偏离这样的目的,产业政策就可能因不公平、不合适而阻碍信息服务业的发展,而起不到积极的推动作用。

行业组织是信息服务的产业单位在自愿的基础上结成的社会团体组织,如"协会"、"学会"、"商会"、"研究会"等,其作用是鼓动会员单位通过参加相应的信息交流、情况沟通、学习培训等活动,进而增强会员单位的应变能力、决策水平等产业素质。

其他产业主要是指信息服务业的后向关联产业,也就是为信息服务产业提供基础和支撑的产业,如前面分析过的科学研究业、信息资源开发业和信息技术业等。这些产业对信息服务业起到了如前所述的传动作用。

产业单位是信息服务业的主体,也是信息服务业发展的主要力量。产业单位包括全额预算管理单位、差额预算管理和自收自支事业单位、企业和企业化管理的事业单位等类型。这些单位受法律法规约束和保护,依靠而不依赖政府政策,寻求而不回避行业组织和其他产业的帮助和支持,通过同行间的合作与竞争,开拓创新,发展壮大。

社会监督通过翻动作用促进信息服务业的发展。主要包括及时发现和制止有的产业单位和从业人员的违法、违规及对信息服务业良好秩序的破坏行为,热情帮助有关单位和人员改正错误,积极为更好地执行有关法律、法规和政策谏言献策等。

　　用户需求通过拉动作用促进信息服务业的发展。信息服务的用户包括生活领域的个人消费者和广泛的信息服务业的前向关联产业。由于信息服务的用户导向性、不可储存性等特点,用户需求对信息服务业的意义就显得更加直接和重大。没有用户需求的拉动,信息服务业就会失去发展的动力和目标。

　　国际贸易通过牵动作用促进信息服务业的发展。在信息和经济服务化、全球化日趋明显的情况下,信息服务的国际贸易成了服务贸易领域的重要组成部分,提高服务贸易的顺差是增加国内生产总值的重要渠道。因此,积极了解和满足信息服务的国际需求,是信息服务业不可回避的和必有所为的战略选择。

　　信息技术通过带动作用促进信息服务业的发展。大量的事实表明,信息技术的发明和发展远远超出技术本身的意义,新的技术带来新的服务项目和服务模式。最为典型的就是互联网技术,不仅在原有的定题服务、文献检索服务等基础上引申出相应的专题门户服务、搜索引擎服务等新的服务项目,还带来了融信息与技术于一体的网页服务、常见问题(FAQs)服务等新型服务,形成了互联网信息服务模式。这充分体现了信息技术,尤其是互联网技术对信息服务业的巨大的带动作用。

　　经济规律通过引动作用促进信息服务业的发展。信息服务业要遵循经济运动的一般规律,如供求规律、市场规律等;还要遵循信息经济运动的专业规律,如信息不对称规律、委托-代理规律、风险转移规律等;更要遵循信息服务经济的独有规律,如用户导向规律、问题-认知规律、利益后享规律等。信息服务业只有在这些规律的引导下,才能持续发展。

参考文献

[1] Computer services industry is booming, New York Times(03/04/02), From: http://www-1.ibm.com/services/clippings/0306_press_clip_206811.html.

[2] IBM 服务十年启动全面转型　服务产品化挑战未来十年[EB/OL]. http://www.ciw.com.cn/News/hotnews/2006-10-16/9164.shtml.

[3] IBM 告别硬件公司:软件与服务业利润 160 亿美元[EB/OL].[2015-2-25]. http://www.doit.com.cn/p/57857.html.

[4] 解读软件与信息服务业"十一五"专项规划[EB/OL]. http://gyj.bjfsh.gov.cn/html/chanye-fazhan/chanyeguihua/20070614/281.html.

[5] http://www.internetworldstats.com/stats.htm.

[6] 中国互联网络信息中心(CNNIC). 第 37 次中国互联网络发展状况统计报告(2016 年 1 月)

[EB/OL]. http://www.cnnic.com.cn/hlwfzyj/hlwxzbg/201601/P020160122469130059846.pdf.

[7] 同上.

[8] 同上.

[9] 胡昌平,等.面向用户的信息资源整合与服务[M].武汉:武汉大学出版社,2007.

[10] 侯人华.我国基于移动信息服务的手机图书馆发展综述[J].河北经贸大学学报(综合版),2009(2).

[11] 傅湘玲,臧强,岑咏华.网络环境下传统信息服务业的发展创新[J].图书情报工作,2001(5).

[12] Saunders, N. C. The North American Industry Classification System: Change on the horizon, Occupational Outlook Quarterly, Fall 1999: 34-37.

[13] 张琪."金"字系列工程与中国信息化建设的启动与发展.载于胡启立.中国信息化探索与实践[M].北京:电子工业出版社,2001:411-423.

[14] 陈建龙,王建冬.我国地方政府信息服务业发展模式和热点领域分析[J].图书情报工作,2009(24):55-58,77.

[15] Oyebisi,T O. Agboola,A A. The impact of the environment on the growth of the Nigerian it industry[J];international journal of information management;2003,23(4):313-322.

[16] Ming-Kuen Chen and Jong-Chin Shen. The Study in Promotion Strategy for Electronic Business of Taiwan Information Technology Industry[J]. Journal of the Chinese Institute of Industrial Engineers,2005,22:143-154.

[17] 王有刚.我国信息服务业发展模式探讨[J].特区经济,2005(12):313-314.

[18] 胡小明.政府在推进信息内容服务业发展中的作用[J].中国信息界.2003(12).

[19] 王永奎,袁伦渠.政府在公共信息服务中的定位[J].技术经济,2003(8):20-21.

[20] Hayes,Ian S. E—services Strategy Shift[J]. Software Magazine. 2000(6):26.

[21] Shah Rajesh,Girshick,Sahra. IT service management by projects: grid-based organization structure establishment and evolution[J]. 2005 international conference on Services Systems and Services Management. Proceedings of ICSSSM'05,2005:1335-1339.

[22] Victor R. Prybutok,Ranga Ramasesh: An action-research based instrument for monitoring continuous quality improvement[J]. European Journal of Operational Research 2005,166(2):293-309.

[23] Bharati,Pratyush;Berg,Daniel,Service Quality From the Other Side: Information Systems Management at Duquesne Light[J]. International Journal of Information Management,2005,25(4):367-380.

[24] 黄维兵.现代服务经济理论与中国服务业发展[M].成都:西南财经大学出版社,2003.

[25] 邬义钧,邱钧.产业经济学[M].北京:中国统计出版社,1997:27-39.

[26] 商务部称中国已开放百余服务贸易部门.http://info.jctrans.com/jck/jmxw/syzx/gn/2006417239855.shtml.

[27] Machlup,Fritz. The Production and Distribution of Knowledge in the United States[M]. Princeton University Press,1962:323-347.

[28] 刘昭东,宋振峰.信息与信息化社会[M].北京:科学技术文献出版社,1994:71-75.

[29] 文戈.困惑:何物"信息产业"?[J].情报资料工作,1994(1):21-24.

[30] 孙敬华,周雪松,李旭.我国科技信息服务业发展中存在的问题及对策建议[J].科技成果纵横,2005(4).

[31] 何尹莉.以信息服务业推动、提升成都市第三产业发展的若干思考[D].成都:西南财经大学硕士论文,2003.

第十一章 信息服务文化

前面章节分别介绍了面向企业、面向政府、面向公众的信息服务,以及信息服务业的形成和发展,从中可以看出,信息服务已渗透到社会生活的每一个角落,信息服务文化已初现端倪。那么,什么是信息服务文化?信息服务有哪些文化意义?信息服务文化的概念和功能分别是什么?如何建设信息服务文化?本章将重点围绕这些内容进行探讨。

11.1 信息服务的文化意义

信息服务活动在人类的生产生活中扮演着重要角色,信息服务在为人们提供便利的同时,具有丰富的文化意义。为了理解信息服务的文化意义,我们首先要了解是什么文化,文化具有哪些特征及意义。

11.1.1 文化的概念、特征及意义

1. 文化的概念

文化是一个争议颇多的多学科概念,不同学者对其有着各种不同甚至完全相反的看法。故而关于文化的定义是众说纷纭,莫衷一是。据美国文化人类学家 A. L. 克罗伯和 K. 克鲁克洪统计,1871 年至 1951 年间文化定义有 164 个。此后,法国社会心理学家 A. 莫尔统计显示,70 年代以前的文化定义有 250 个。康德 1790 年在其著作《判断力批判》中指出,文化是人作为有理性的实体为了一定目的而进行的有效的创造。英国人类学家泰勒 1871 年在其著作《原始文化》里对文化下了一个经典的定义:从广泛的民族学意义上来说,文化或者文明就是由作为社会成员的人所获得的,包括知识、信念、艺术、道德法则、法律、风俗以及其他能力和习惯的复杂整体。梁漱溟在其代表作《东西文化及其哲学》里提出:文化并非别的,乃是人类生活的样法。他认为文化包括物质生活、社会生活和精神生活三大领域[1]。总的看来,文化存在广义和狭义两种理解:狭义的文化是指精神文化,即一个社会的意识形态和精神产品。广义的文化是人类为了生存和发展,为了满足自己的欲求和需要,通过体力或脑力劳动改造自然界,改造人类社会,也改造人的主观世界,

改造人自身,从而取得的物质和精神的成果[2]。然而,早在20世纪60年代中期,前苏联的一些学者就对上述理解提出了批评,他们认为,文化是动态的,而上述理解把文化归结为人类创造的财富或取得的成果,使得文化带有静止的性质,类似"博物馆""贮藏库",并没有把文化看成是活生生的不断变化的过程[3]。

我国《辞海》认为,"文化从广义上来说,指人类社会历史实践过程中所创造的物质财富和精神财富的总和。从狭义来说,指社会的意识形态以及与之相适应的制度和组织机构。文化是一种历史现象,每一个社会都有与其相适应的文化,是一定社会的政治和经济的反映,又给予巨大影响和作用于一定社会的政治和经济。在阶级社会中,它具有阶级性。随着民族的产生和发展,文化具有民族性,通过民族形式的发展,形成民族的传统。文化的发展具有历史的延续性,社会物质生产发展的历史连续性是文化发展历史连续性的基础"。可见,该定义不仅指出文化是人类在社会历史实践中创造的财富,而且强调人类的思维、精神、意识以及语言、神话、艺术和宗教都有深刻的物质基础。文化的产生、发展和演变归根结底要受物质生产方式的制约,人们的物质活动和物质生产是文化存在的基本的和初始的条件,人们在生产自己生活所需的物质条件的过程中创造着文化,文化反过来又作用于物质生产方式。

从信息服务的角度考虑,在文化的诸多定义中,本书采取《辞海》中关于文化的广义上的定义。首先,这一定义强调人类在社会活动的过程中产生的成果,对各类社会行为具有普遍适用性,显然也适用于信息服务活动;其次,信息服务的产出具有丰富性,既有物质层面的成果,也有精神层面的成果,与之相适应的信息服务文化同样具有多样性,这一定义能够对信息服务活动中的文化进行全面的阐释。因此,《辞海》中文化的广义定义较适合于信息服务活动。为了更好地理解文化的内涵,需要关注以下四点:

(1)文化由人们通过社会劳动而创造。用马克思的话来说,"'劳动只有作为社会的劳动',或者换个说法,'只有在社会里和通过社会','才能成为财富和文化的源泉'"[4]。马克思这里所说的劳动是指"一般社会劳动",是文化存在和发展的源泉。前面章节在论述信息服务者的劳动性质时曾指出,信息服务者的劳动是一种集生产劳动、服务劳动和管理劳动于一身的、能够创造新价值的劳动,显然,信息服务劳动是一种社会劳动,也能创造文化价值。

(2)"文化"概念与"活动"概念紧密相连。事实上,早在20世纪70年代,前苏联的许多学者就将"活动"和"文化"结合起来,承认"文化"对"活动"的直接依赖性。"活动"的概念在前面章节中已有论述,这里强调该概念的社会实践性,即"文化"是人类社会活动的结果。具体地讲,"只有在人的活动的结果不仅对于它的创造者,而且对于其他人,以及在可能的范围内对于一切人都有意义的时候,这种活动才成为文化的源泉"[5]。总的来讲,社会活动包括诸多方面,其中包括物质活动和精神活动,显然,信息服务活动也包含在社会活动的范围内。

(3) 文化包含社会关系的全部总和。人是社会活动的主体,文化是由人在社会历史实践中创造的,而社会关系又是作为社会活动主体的人发展的标志和准绳。因此,文化包含社会关系的全部总和,其中,作为其他一切社会关系基础的生产关系在文化的创造过程中占据重要地位。

(4) 文化具有完整的系统结构。从系统论的观点来看,文化具有很强的系统性,可以分为物质文化和精神文化两大基本领域。但是,这种划分是相对的,现实的文化系统中这两个基本领域的要素彼此紧密联系、相互影响、相互渗透。随着科技的进步和社会的发展,物质文化和精神文化日益联成一体。一方面,精神文化中物质方面的作用不断加强,人们所熟悉的书刊、报纸、广播、电视等大众传播手段,以及新兴的计算机技术、通信技术和网络技术等成为满足人们日益丰富的精神文化需求不可或缺的手段;另一方面,物质文化中精神方面的作用也不断增强,科学不断转化为第一生产力,智能要素也在产品中得到越来越显著的体现。需要说明的是,不少学者都将文化分为物质文化、精神文化和制度文化三类,事实上,包括社会制度、组织形式等在内的制度文化是从精神文化中分离出来的,可以认为是精神文化的一部分,所以本书使用二分法,将文化分为物质文化和精神文化两类。

在此,还需强调两点:第一,"文化"是一个不作价值判断的中性词,所反映的是人类创造活动和成果的一切方面,不管是积极的还是消极的,进步的还是落后的,有意义的还是无意义的。例如,我国传统文化中精华就与糟粕并存。第二,这里所讲的"文化"是一个群体概念,是针对社会、民族、组织等而言的,不用于个人。例如,农业文化、少数民族文化、企业文化等群体层面上的文化概念是本书所要探讨的,但类似"某人的文化水平很高"中的个人层面上的"文化"则不在本书讨论范围之内。

2. 文化的特征

文化作为一个群体共有的信仰、价值观和行为准则,具备六大基本特征:

(1) 时空特征。文化并不是一个静止的概念,是随着环境的变化而不断发展的。文化不可能在一朝一夕间形成,而是一个持续的过程。在这一过程中,文化会受到所处时代及所属领域的影响,并随着时间和实践而不断演变,最终形成带有时代和领域色彩的特色文化。例如,中国传统文化、古埃及文化、欧洲古罗马文化、西方现代文化等。

(2) 财富特征。文化的财富特征指的是广义的财富概念,它不仅包含物质财富,也包括非物质财富。例如,人类社会在发展过程中形成的文明就是一种非物质财富;现代数字技术的发展形成的数字空间、创客空间就是一种物质财富。文化是人类在社会劳动中创造出来的物质成果和精神成果的总和,是人类最宝贵的财富之一。

(3) 人类特征。文化产生的前提和作用的对象都是人类。从某种意义上讲,文化即人化,能够帮助人类克服本能、兽性、蒙昧等自然状态的缺陷。文化自始至终都以人为中心,与人的生命、人格、价值、权利、自由和尊严息息相关,人类创造了文化,文化反过来"反哺"人类。例如,《独立宣言》作为美国的立国之本,是美国人创造出来的一种文化,同时反过来影响了美国人的气质和精神。

(4) 载体特征。文化是人类创造的一系列成果的物质载体和非物质载体。物质载体指具有历史、艺术或科学价值的文物,包括可移动的和不可移动的文物。非物质载体具有口头和行为等多种表现形式,包括作为非物质文化遗产媒介的语言、表演艺术、社会实践、仪式、节庆活动、有关自然界和宇宙的知识和实践、传统手工艺等。

(5) 关联特征。文化从社会生活中产生,与社会生活相互关联。文化与经济、政治、社会、生态等各类生产生活活动有着千丝万缕的联系。文化和社会活动是密不可分的,不同的社会活动孕育出不同的文化,不同的文化又反过来对社会活动起促进作用。

(6) 效用特征。文化具有认知、导向、交际、传承、整合等多种功能和效用。文化作为一个群体共同认可的价值观和行为规范,能使群体成员对这种价值观和行为规范有正确的认知,对群体成员的行为有导向作用,通过协调群体成员的行为发挥整合作用,也为群体成员的交际奠定共同基础。随着新加入的群体成员不断认可群体文化,文化就实现了传承功能。

3. 文化的意义

文化如同空气一样无处不在,在人类的生产生活中发挥着独特作用和重要功能。在许多情形下,文化作为一种精神力量,能够在人们认识世界、改造世界的过程中转化为物质力量,对组织发展产生深刻影响。文化对个人和组织都有着重要意义:先进的、健康的文化会促进个人和组织的进步;落后的、腐朽的文化则会阻碍个人和组织的发展。概括来讲,文化具有以下三个方面的意义:

(1) 文化对个人具有潜移默化和深远持久的影响。文化为个人的行动提供方向,是行为的内在驱动力,直接影响人们的思维方式和实践行为,对个人起到塑造作用。文化是通过人们比较和选择被认为是合理并被普遍接受的东西,代表了历史积淀下来的,并被特定社会或一定群体所共同认可、遵循的行为规范。某种文化的形成和确立,就意味着某种价值观和行为规范被认可和被遵从。从这个角度讲,文化具有规范并约束人的行为的作用。人既有社会属性,又有自然属性;既有理性的方面,又有非理性的层面。文化的作用是以社会规范"化"人,以发挥理性对人的行为的主导作用。

(2) 文化具有凝聚组织力量和维持组织秩序的作用。作为价值体系和行为规范,文化提供了关于是与非、善与恶、美与丑、好与坏等问题的判断标准,并可以将其内化为组织成员的一致的是非感、正义感、羞耻感、审美感、责任感等,以发挥文化的外部导向作用,形成组织成员的集体文化认同。文化体现了组织的目标以及成员的共同追求,能够形成强烈的感召力和向心力,从而使整个组织的力量凝聚起来,实现组织的持续发展。文化也代表了组织秩序与行为准则,只要组织文化起作用,那么由这种文化所确立的组织秩序就会被维持下去,这就是文化在维持组织秩序方面发挥的作用。

(3) 文化还具有传续功能。文化不仅能够用于当时,而且能够延续下去,泽及后人,起到承载和传递文明的作用,使个人可以在较短时间内掌握组织在长时间中积累的经验、知识和价值观念,使人类"站在前人的肩膀上"进行创造,对个人和组织的发展都具有积极意义。

以上关于文化概念、特征和意义的论述是下面探讨信息服务文化意义的基础和逻辑起点。

11.1.2 信息服务的文化意义分析

信息服务活动是社会活动的形式之一,人们在信息服务活动中创造文化,为信息服务赋予了文化意义。下面我们从服务者的文化载体意义、服务内容的文化传播意义、服务策略的文化标志意义、服务对象的文化继承意义四个方面来分析信息服务的文化意义。

1. 服务者的文化载体意义

服务者是信息服务活动中最具能动性的要素,是信息服务活动中文化的承载者。服务者的文化载体意义可以从三个方面来理解:

(1) 服务者是文化的实质载体。服务者以独特的信息产品和服务帮助用户解决问题,这种独特的信息产品和服务无疑属于人类财富的范畴。然而,以信息产品和服务形式存在的财富只是文化的外在表现,文化的实质是服务者在特定的社会历史条件下所拥有的能力、素质、兴趣、特点和偏好等。服务者通过特定的信息产品和服务这一中介作用于用户而体现出来。其中,获取和掌握用户信息需要的能力、信息资源开发和信息产品生产能力、解决问题的能力等是信息服务的文化实质的重要内容,而服务者正是文化实质的载体。

(2) 服务者是文化的历史载体。开展信息服务活动需要服务者具备一定的知识、技能和经验,这些知识、技能和经验并不是服务者与生俱来的,而是在后天的社会活动中通过吸收、借鉴和学习同时代人和前人的成果而逐渐形成的。服务者在这一过程中充当了文化的历史载体角色,将前人的知识和成果向下传承。

(3) 服务者是文化的创新载体。服务者在已有条件的基础上,充分发挥自身的主观能动性,开展信息服务创新,成为信息服务创新文化的重要来源,也只有借助服务者这一载体,信息服务的文化创新才有可能实现。例如,现在的数字公共文化服务就是由图书馆这个传统的信息服务者提出并倡导,并在图书馆、信息中心、博物馆、文化馆、社区等公共场所形成数字公共文化。

2. 服务内容的文化传播意义

服务内容包括特定的信息产品和信息服务两大类,其中,特定的信息服务是主要内容。无论是特定的信息服务还是产品,都是服务者知识、技能和智慧的结晶。服务者的知识、技能和智慧借助服务内容,以信息服务这一社会活动方式向用户传输。虽然对某一具体的信息服务活动来讲,这种知识、技能和智慧的传输是一对一的方式,但从整个社会的角度来看,社会上存在着成千上万的服务者,并且每一个服务者都有许多用户。这也促进了服务的产业化发展,例如知识密集型的法律服务、咨询服务等,服务提供者与服务接受者之间形成了复杂的网状联系,这样,服务者的知识、技能和智慧的传输方式就不再是一对一,而是多对多的模式。于是,服务内容就成为了服务者的知识、技能和智慧的传播中介,将不同时空的文化联结起来,这就是服务内容的文化传播意义所在。

3. 服务策略的文化标志意义

服务方式、服务手段和服务程序是服务策略的主要内容。在不同的历史时期或同一历史时期的不同发展阶段,三者都有不同的表现形态,并与经济、政治、生态等社会生活密切关联,反映了特定的历史时期或阶段信息服务活动的发展水平,这是服务策略的文化标志意义所在。从服务方式、服务手段和服务程序三个方面对比 21 世纪初的信息服务与 20 世纪 70～80 年代的信息服务,可以发现三个特点:

(1) 服务方式的多样化。20 世纪 70～80 年代的信息服务方式主要是由图书馆、科技情报研究所等公益性服务机构提供,并以文献阅览、外借、复制、专题情报服务等被动服务为主。而 21 世纪初的信息服务方式则多种多样,在能动性、内容、问题、时间、经营、空间等多维度上出现了许多新的服务方式。例如,智能化的主动服务逐渐增多,各种模式的增值服务蓬勃发展,服务时间间隔大大缩短等。

(2) 服务手段的现代化。从服务的技术手段来看,20 世纪 70～80 年代主要是书本式或卡片式目录、索引、电话、传真、缩微技术等传统技术,而 21 世纪初则更多地采用数据库技术、数据挖掘技术、专家系统、知识系统、远程传递技术、搜索引擎技术、互联网技术等现代技术;从服务的经营手段来看,20 世纪 70～80 年代以新书陈列、剪报、邮寄服务等传统手段为主,而 21 世纪初则涌现了公共关系、广告营销、核心竞争力、战略经营等诸多现代手段。

(3) 服务程序的科学化。20世纪70～80年代的信息服务程序通常是人为规定，比较主观、个性化，更多的是人工操作，随意性比较大；而21世纪初的服务程序更加科学化，会有相对固定的流程，而且多采用现代数字技术进行智能化、规范化和标准化服务，既提高了服务效率，也保证了服务效果。以审计服务为例，在信息技术被广泛应用于审计之前，通常是通过人工操作来核查和调整账目，随着信息技术的普及，应用于审计的信息系统为常规业务提供了一套标准的处理方法，能够有效处理大量的交易和海量的数据，在提高工作效率的同时也减少了业务错误的发生。可见，从服务策略可以知晓特定历史时期或阶段的信息服务水平，服务策略是信息服务的文化标志。

4. 服务对象的文化继承意义

服务对象是信息服务的出发点和导向，没有服务对象的信息需求，信息服务就没有存在的必要。服务者将特定的信息服务和产品提供给服务对象后，后者将信息服务和产品加以消化吸收，以此来解决自身所面临的问题。信息产品和服务的实质是蕴含在服务者的知识、技能和经验，并且这些知识、技能和经验传承了前人的知识和成果，而服务对象将其消化吸收，内化于问题解决活动之中，从而间接地继承了前人智慧的结晶，体现出服务对象的文化继承意义。

需要说明的是，服务者和服务对象作为信息服务活动中的能动性主体，表现出显著的人类特征，在文化创造过程中紧密相连并相互渗透。例如，服务者的文化历史载体功能是服务对象继承前人智慧结晶的前提和基础。同时，服务者和服务对象这两个要素是对立统一的，某一信息活动主体既可以是服务者，又可以是服务对象，他们在某种环境条件下是服务者，在另一种环境条件下则是服务对象，或者两个主体互为服务者和服务对象。从这个角度来讲，服务者和服务对象的文化意义是等同的。

11.2 信息服务文化的概念及功能

信息服务活动的文化意义有着丰富的内涵，信息服务活动已经创造出丰富的物质财富和精神财富，已成为文化大家庭中的一员，尤其是在服务经济和信息经济时代，信息服务创造了新的信息文明和服务文明。信息服务影响着人们的价值观念、思维方式、专业精神、职业道德、信息素养和行为表现，不仅对组织的使命、制度和氛围起到一定的决定作用，还能够促进整个行业知识体系的完善，为经济社会作出更大的贡献。随着信息服务的发展，信息服务文化也逐渐形成。接下来将探讨本章的核心内容：信息服务文化的概念及功能。

11.2.1 信息服务文化的概念

研究信息服务文化之前,首先考察两个与其密切相关的概念:信息文化和服务文化。毫无疑问,信息文化和服务文化分别是众多文化形态中的类型之一。信息文化和服务文化的形成必须具备两个充分条件:第一,信息活动或服务活动必须在人们的社会生活中得到普及和渗透;第二,信息产业或服务业得以形成。下面将分别从活动和产业这两个角度来分析信息文化和服务文化的概念来源。

1. 信息文化的概念来源

(1) 信息文化的形成基础。

从信息活动的角度来看,卡斯特(Manuel Castells)以20世纪70年代为分水岭,将信息技术革命的历史序列划分为微电子学的产生与发展、互联网的建立、网络技术与泛在的电脑运算、生命技术这几个阶段[6]。正是这些飞速发展的信息技术使得信息资源、物质资源和能量资源并称为现代人类社会资源体系的三大支柱,进而成为现代社会经济发展的重要战略资源。信息技术(包括电子技术、计算机技术、通信技术、网络技术、大众传播技术等)的扩散和应用逐渐改变了人们的生产和生活方式,信息的生产、传播、分配和使用等信息活动也渗透到人们的所有社会活动之中。

从信息产业的角度来看,随着信息活动的产业化发展,信息产业应运而生。虽然关于信息产业的概念和分类体系尚未达成统一,世界上也没有哪一个国家将信息产业在国民经济行业分类体系中确立为一个独立门类或大类,但是信息产业的基本内涵却是一致的[7]。诸如马克卢普(Fritz Machlup)对美国"知识产业"的测度、马克·尤里·波拉特(Mac Uri Porat)对美国信息经济的测度以及对与"信息产业"紧密相关的宏观经济的测度等都充分说明了信息产业占有相当比例的国内生产总值。可见,信息文化是在经济信息化的基础上形成的。但由于经济社会发展水平的不平衡而导致信息化水平的差异,使得信息文化并不是在世界范围内同时出现。即使在同一社会形态中,信息文化也不是唯一的文化类型,它也可以与其他文化并存,比如工业文化。

(2) 信息文化的发展阶段。

信息文化的形成经历了三个发展阶段:

① 萌芽阶段。20世纪70年代至80年代中期是信息文化的萌芽阶段,信息社会的到来是推动信息文化产生和发展的重要因素。里昂(Lyon,2004)将信息文化研究的起源追溯至后工业社会文化的研究[8]。而图书情报界在其中发挥了重要作用。20世纪70年代,在图书馆员的研究推动下,信息文化的概念在前苏联出现。随着市场经济的发展,企业在信息活动中扮演着越来越重要的角色,信息文化在

20世纪80年代中期被引入到企业中,很多学者都投入到企业信息文化的研究中。

② 初步发展阶段。20世纪80年代后期至90年代末期是信息文化的初步发展阶段,该阶段信息技术的快速发展极大地推动了信息化的进程。例如,在90年代盛行的微型计算机,开始走进人们的日常生活,办公的自动化程度大大提高。90年代发展起来的多媒体技术也大大改变了人们的生活方式、生产方式和交互环境,对社会进步和经济发展起到了促进作用。

③ 快速发展阶段。进入21世纪,信息文化步入快速发展阶段。在信息社会中,信息成为重要的战略资源,信息活动的类型和方式越来越多样化,人类活动与信息环境的交互每时每刻都在发生。在这一阶段,信息文化得到了迅速普及和推广,已经深入到国家、组织和个人等不同层面的信息活动中。例如,微信技术的发展迅速使朋友圈文化成为了一种国家乃至全球的现象;微信在传播方面不可比拟的优势促使许多商家将店铺开到了微信上,也因此出现了微商、微店及朋友圈代购等新的商业模式;在日常工作与生活中,微信的基本聊天功能也使其成为了人与人之间沟通的重要工具。从某种意义上,微信本身就是一种内涵丰富的信息文化。

(3) 信息文化的概念界定。

自信息文化出现至今,不同的学者从不同的角度对其进行了界定。Bauchspies(1998)将信息文化定义为"文化环境下的信息活动"[9];Chepaitis(1997)从信息伦理的角度指出信息文化包括与信息所有权和信息管理相关的价值观、信仰和行为,这些文化元素在特定的历史、社会和经济环境中不断发展[10];莫里(Maury,2013)从信息素养的角度指出信息文化通常是指一系列共享的知识与技能、社会行为规范、模式和价值观,还涉及对信息重要性的态度[11]。从现有研究可以看出,信息文化的概念内涵十分丰富。在此,本书将信息文化定义为在信息的生产、传播、交换、创新过程中形成的以信息和知识为核心,以信息科学技术为依托,对人类生产生活方式产生影响的文化。信息文化除具有文化的一般特征外,还具有数字化、开放性、虚拟性、交互性、平等性、个性化、快捷化、多元性、渗透性等独有特征[12]。

2. 服务文化的概念来源

(1) 服务文化的形成基础。

从服务活动的角度来看,服务活动自古有之,其普遍存在于人们的社会活动之中。随着生产力的发展和生产关系的变革,服务活动发生着巨大变化。工业化进程和社会化分工对服务活动产生了深远影响,服务种类日趋多样,服务方式和技术不断改善和发展。直至今日,服务活动仍处在时刻变化之中,服务活动的丰富性、复杂性和多变性为服务文化的产生和发展提供了基本条件。

从服务业的角度来看,服务业指的是生产和销售服务产品的生产部门和企业的集合。其中,服务产品具有非实物性、不可储存性和生产与消费同时性等特征。众所周知,以"服务业"为第三产业的"三次产业分类法"已是国际上通用的国民经济结构分类与统计方法。三次产业划分的思想是经济学家费歇尔在其20世纪30年代的著作《安全与进步的冲突》一书中提出的,他把第一、第二产业以外的所有经济活动统称为第三产业。这是一种根据社会生产活动历史发展的顺序对产业结构的划分。按照三次产业发展的历史,第一产业是指通过人类劳动直接从自然界取得产品的部门;第二产业是指对初级产品进行再加工的部门;第三产业是指为消费者提供最终服务和为生产者提供中间服务的部门。以美国为代表的西方发达国家的服务业在国内生产总值中占比达到70%以上。可见,服务文化在经济服务化的基础上得以形成。

(2) 服务文化的发展阶段。

服务文化的发展可以以21世纪为分水岭,分为两个发展阶段:

① 21世纪以前,产品销售在经济活动中占据着重要地位,这一阶段的服务文化的重要目的之一是增加产品的销售额,"顾客是上帝"就是这一理念的典型代表。服务文化的核心不是服务本身,更多为了促进产品的销售而存在,注重顾客的体验和主观感受。

② 21世纪以来,服务业发生了巨大的变革,不断衍生出新的服务类型,由此产生了多种新兴的商业模式和盈利模式。越来越多的服务能够直接创造利润,例如咨询服务、法律服务、大数据分析服务、云计算服务等等。服务文化开始以服务本身为核心,注重挖掘用户深层次的需求,旨在为客户创造更大的价值,而不仅仅使其得到情感上的满足。

(3) 服务文化的概念界定。

芬兰学者Gronroos(1990)认为服务文化是指这样一种文化:它追求优质服务,每个人都把向内部顾客和最终外部顾客提供优质服务作为生活的自然方式和准则之一[13]。这一定义表明,鼓励优质服务是服务文化形成的基础,且优质服务不仅面向外部服务对象,同样也面向内部服务者。中国企业文化研究会研究员陈步峰(2004)认为:"服务文化是以服务价值为核心,以顾客满意、赢得顾客忠诚、提升企业核心竞争力为目标,以形成共同的服务价值认知和行为规范为内容的文化"[14]。服务文化具有创新性、经营性、协调性、情感性、效益性、特色性和社会性等特征[15]。可以看出,学者们普遍将服务文化作为企业文化的组成部分,但本书所讲的服务者的概念不仅包含企业,还包括其他多种主体,与之相适应的服务文化也应有更宏观的界定。因此,本书将服务文化界定为服务者在提供优质服务过程中所形成的服务价值取向的总和,是一种在服务过程中形成的以人为本、以价值为核心的文化。

3. 信息服务文化的概念界定

(1) 信息服务文化的概念来源。

概念来源于实践,信息服务实践很早就存在,而且存在领域非常广泛。例如,原来的图书馆学和情报学领域里就有大量的信息服务活动。那么,早期的信息服务实践为什么就没有在社会范围内形成信息服务文化呢?事实上,与信息文化和服务文化的形成类似,信息服务文化的形成同样有两个充分条件:一是信息服务活动必须在人们的社会活动中得到普及和渗透;二是信息服务业在国民经济行业分类体系中被确立为一个独立门类或大类,并占有相应的国内生产总值比例,即信息服务业得以真正形成。其中,信息服务业的真正形成是主要条件。这两个充分条件分别对应着信息服务的"活动"这一自然存在形式和"行业"或"产业"这一带有社会规定性的存在形式。由于早期的信息服务实践并不具备这两个充分条件,所以当时并没有形成信息服务文化,但信息服务文化形成的因素在增长,这为以后信息服务文化的形成积蓄了力量。随着社会的发展,信息文化和服务文化开始形成,这两种文化的发展使信息服务文化形成的两个充分条件逐渐成熟,最终形成了信息服务文化。

那么,信息服务文化与文化、信息文化、服务文化三者之间究竟是什么关系呢?信息服务文化的概念又是从何演变而来的呢?从概念的外延来看,依据集合论的观点,"信息服务文化"分别是"信息文化"和"服务文化"的子集,而"信息文化"和"服务文化"又都是"文化"的子集,如图11-1所示。因此,信息服务文化自然就具有"文化"概念的一般内涵和特征。从概念的社会历史实践基础来看,信息服务文化概念从"信息文化"和"服务文化"两个概念中孕育而来。

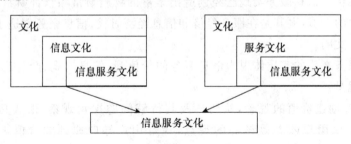

图11-1 信息服务文化的概念来源

① 信息文化中的信息服务文化。众所周知,信息服务活动是信息活动的重要类型之一。信息服务活动的开展以信息资源开发活动等其他信息活动为基础,没有这些基础性信息活动的支持,信息服务活动将很难进行,而信息资源开发业和信息技术业亦是信息服务业发展的基础。尽管信息产业不是有生产概念的实际产业,信息产业的分类体系尚存在争议,但仍可以从产业概念上认定信息资源开发业

和信息技术业都属于信息产业的范畴,且信息服务业包括在信息产业之中。从这个意义上讲,信息产业是信息服务业发展的重要基础。而且,信息资源开发业和信息技术业,尤其是信息技术业,是信息服务业的后向关联产业,信息服务业的发展要以信息技术业为物质基础,这就是信息服务文化后于信息文化形成的原因。由此,可以得出结论,信息服务文化孕育在信息文化之中,其是信息文化的子文化,在信息文化发展到一定阶段时得以形成。

② 服务文化中的信息服务文化。信息服务文化与服务文化同样具有密切关系。一方面,信息服务活动是一种服务活动,只是与其他一般的服务活动相比,信息服务活动具有诸多特性,前面章节对此已有论述,在此不再赘述;另一方面,信息服务业是服务业的重要组成部分,服务业先于信息服务业而存在。信息服务活动和信息服务业都需要相应的信息技术作为支撑。在电子技术、计算机技术、通信技术、网络技术等信息技术发明之前,虽然可以通过书本式或卡片式等传统技术开展信息服务活动,但形成信息服务业是不可能的。信息服务业的许多构成类目都是在信息技术得到广泛应用之后从传统服务业的业务中分离出来的。因此,服务业先于信息服务业形成,这就是服务文化先于信息服务文化形成的原因。信息服务文化孕育在服务文化之中,其是服务文化的子文化,在服务文化发展到一定阶段时得以形成。

(2) 信息服务文化的实质。

用户导向某种意义上就是文化导向,帮助用户解决问题时要切实运用文化的力量。信息服务在履行自身使命的同时,也在传承和创新背景文化,并形成独特的信息服务文化。信息服务实践已经创造出丰富的物质财富和精神财富,已成为文化大家庭中的一员,尤其是在服务经济和信息经济时代,信息服务创造了新的信息文明和服务文明。

信息服务文化的实质体现为信息服务的价值观、信息流观、产品观和服务观,具体地讲就是:

① 本着创造价值的观念,从用户及其待解问题视角观察,形成帮助用户解决问题并确保用户收益是核心的观点,观赏用户导向原则的价值观念和职业道德;

② 本着强化关联的观念,从信息流(信息及其流向、流速、流量)视角观察,形成揭示并优化信息流是基础的观点,观赏问题解决模式的思维方式和专业精神;

③ 本着个别定制的观念,从信息服务产品视角观察,形成产品内容要匹配用户及其待解问题的观点,观赏产业化发展的知识体系和影响力;

④ 本着综合服务的观念,从服务的专业性视角观察,形成服务质量主要体现为信息效用的观点,观赏综合集成的行为规范和社会贡献。

11.2.2 信息服务文化的功能

信息服务文化的功能是指其对社会和组织发挥的有利作用。由文化的两大基本领域可知，信息服务文化也可以分为物质文化和精神文化两大类，但对信息服务文化而言，其以精神文化为主，这是由信息服务活动的特性和信息服务产品的生产特性所决定的。一方面，"信息与服务相结合，以服务为重"，服务者为用户提供的特定服务往往是无形的；另一方面，虽然信息技术等物质因素在信息服务产品的生产过程中必不可少，但是信息服务产品最终的价值不在于其外在的物质形式，而在于产品的内容和对用户的效用。信息服务文化中精神方面的内容主要有信息服务理念、信息服务价值、信息服务原则、信息服务规章制度和信息服务行为规范等，它们在社会和组织发展过程中发挥着重要作用。

信息服务文化兼具信息文化和服务文化的某些功能，例如，认知功能、传承功能、交际功能等。除此之外，信息服务文化主要还有以下五个独特功能。

1. 引导功能

信息服务文化的引导功能可以从三个方面来理解：

(1) 引导服务者树立正确的服务方向，使服务者能够以用户的利益为前提，处处为用户着想，注重信息服务的质量和效果，通过实践和学习不断提高自身的服务技能和水平，形成良好的信息服务意识。

(2) 引导用户积极参与到信息服务活动中来，充分发挥他们的能动性，使用户更加深刻地认识到服务者的服务宗旨，即帮助自己解决所面临的问题，同时使用户明白信息服务活动是服务者与他们通过互动交流来共同解决问题的过程，用户自身的积极参与是不可或缺的因素。

(3) 引导和促进信息服务活动的产业化发展，建立和完善信息服务业的国民经济行业分类体系，制定行业制度和规范，促使信息服务业的全面建立和发展壮大，为国民经济发展做出更大贡献。

2. 凝聚功能

信息服务文化的凝聚功能包括两个方面的含义：

(1) 共同的信息服务理念和价值观将成千上万的服务者通过行业协会等社会组织形式凝聚起来，为信息服务业在国民经济行业分类体系中的地位得以早日确立积蓄力量。

(2) 对某一信息服务机构而言，共同的服务理念和意识具有无形的凝聚力，它使得所有服务人员的服务意识都主动、自觉地与组织的服务宗旨和战略保持一致，他们的信息服务行为也自觉遵守组织所要求达到的规范。

3. 制约功能

信息服务文化的制约功能同样包括两个方面的含义：

(1) 信息服务的行业规章、制度等是信息服务文化的组成部分，它们与行业道德、原则等一起对信息服务组织的信息服务生产和劳动起着规范和调节作用，信息服务文化通过鉴定信息服务组织的行为是否符合这些规章制度和道德规范而发挥制约功能。

(2) 职业准则、职业道德、信息服务组织内部的规章制度等对信息服务人员同样具有制约作用。信息服务文化通过对信息服务人员形成有形和无形的心理约束力，使后者能够更好地进行自我管制，规范自身的信息服务行为。有时，职业道德等"软制约"比规章制度等"硬制约"更有效。

4. 激励功能

信息服务文化的激励功能可以从两个方面来理解：

(1) 良好的信息服务理念能够激励服务者努力向用户提供优质的信息服务，以此来达到服务者利益与用户利益的统一。

(2) 对某一信息服务组织而言，信息服务文化使每个服务人员从内心深处自觉地产生积极向上的服务观念和行为准则，从而形成强烈的服务使命感和持久的动力。信息服务文化使得向用户提供优质服务成为服务人员自然的活动方式和重要的行为规范，使良好的信息服务理念融入到他们的服务意识之中，当信息服务文化转化为服务人员的心理需求时，服务人员的积极性和创造性就会被充分激发出来，使其更加主动地参与到信息服务活动中，努力为用户提供满意的服务，这就是信息服务文化的激励功能所在。

5. 形象功能

信息服务文化的形象功能是指良好的信息服务理念使服务者努力向用户提供满意的信息服务，从而赢得用户的尊重和信赖，在业内树立良好的服务形象。服务者良好的形象一方面对内具有强大的整合能力，能够提高组织内部人员对组织发展战略和服务宗旨的认可度；另一方面对外则能增强组织的竞争力，赢得更多的客户，促进组织自身的不断发展和壮大。同时，良好的组织形象对组织本身也是一种无形的压力，促使他们努力保持和完善这种形象，进而为用户提供更优质的信息服务。

11.3 信息服务文化建设

从前面章节可以看出，信息服务文化的形成是经济社会发展的需要，良好的信息服务文化对社会和组织的发展具有重要意义。例如，"以用户为导向"的服务理念被广泛接受并认同，因为该理念将服务者利益与用户利益很好地统一起来,能更好地促进组织发展。然而,实践证明,信息服务文化并不会随着信息服务的发展而自动形成和完善,需要大力建设才能成型,这就涉及信息服务文化的建设问题。

11.3.1 信息服务文化建设的主要做法

信息服务文化建设的主要内容有两个部分:一是核心内容,包括体现用户导向性的价值观、信息及其流向流速流量和服务模式构成的信息流优化、集成的系统的信息服务产品、用户导向原则的信息服务行为等;二是其他内容,包括基础性的如科学文化素质、信息素养,保障性的如技术条件、社会关系,战略性的如工作研究、情报研究等。

要建设良好的信息服务文化主要有以下五种做法。

1. 尊重背景文化

文化具有空间性特点,文化的空间性是指由于生态环境和社会人文环境的不同,文化表现出地域或组织的差异性。同理,信息服务文化也具有空间性特点。正所谓"各美其美,美人之美,美美与共,天下大同",在进行信息服务文化建设时要尊重地区或组织的背景文化,做到信息服务文化与背景文化的融合与统一。例如,某地区的信息服务业发展势头很好,如果想要制定该地区信息服务业的行业标准,则需要考虑当地的社会人文环境是否达到相应的水平;在制定某企业的信息服务行为规范时,需要考虑该行为规范是否与企业的管理制度相适应。

2. 传而统之

"传而统之",顾名思义是指将历史上积极的、进步的、有意义的信息服务文化传承下来并使之系统化,便于信息服务文化的传播并在实践中发挥作用。过去的信息服务文化虽然与历史联系在一起,但并不代表其没有现实性,其同样能在现在的信息服务实践中发挥作用。例如,"公益事业导向的文献信息服务"时期(20 世纪 80 年代以前)的信息服务方式与组织制度、"对外经营导向的有偿信息服务"时期(20 世纪 80 年代初至 80 年代末)的对外经营模式、"用户市场导向的企业信息服务"时期(20 世纪 80 年代末至 21 世纪初)的"市场导向"原则和"以用户为中心"的理念都在现今的信息服务实践中发挥着重要作用。过去的信息服务文化与现在的信息服务文化并不是对立的,而是紧密联系的。例如,"以用户为导向"的服务理念就是在"以文献(系统)为中心"和"以用户为中心"、特别是"以用户为中心"的服务理念的基础上演变而来的。

3. 统而传之

"统而传之"是指将过去的和现在的信息服务文化系统化并使之在社会实践中传播开来。将信息服务文化"系统化"是指对有形的和无形的信息服务文化成果

（包括信息产品和服务、信息服务规章制度、信息服务理念、信息服务行为规范等）进行归类、整理和加工，使其集中起来作系统的排列。信息服务文化的系统化是一项浩大的工程，需要各方的积极参与，而且其中很多工作是在信息服务实践中完成的。信息服务文化的传播方式和手段多种多样，既有积极主动的学习，也有潜移默化的影响；既可利用报刊、杂志、电视、广播等传统技术手段，也可使用互联网等现代技术手段，从而培育特色文化，塑造专业文化。需要说明的是，"统而传之"和"传而统之"两个过程并不是孤立的，而是首尾相连，构成一个完整的信息服务文化"流动圈"。

4. 确保言传行副

言传行副是把信息服务文化建设落到实处的必要条件。言传的内涵是指要对信息服务文化的"四观模式"实质、文化的核心内容和其他相关内容结合组织自身的实际情况加以充分准确地表达和展示。行副的基本要求是一方面要进行组织内部的制度建设，对组织成员进行正式或非正式的培训和教育，确保组织成员对信息服务文化有正确的认识，并能自觉践行组织的信息服务文化；另一方面还要建立审查制度，以确保信息服务文化的相关要求得以真正贯彻和落实。言传行副要求组织成员知行合一，将组织的信息服务文化作为指导行为的准则，使得组织的信息服务文化得到巩固和弘扬，从而实现建设信息服务文化的目标。

5. 确保可知可行可信

可知可行可信是信息服务文化建设的具体要求。可知是指信息服务文化在组织内外都能够被充分地理解和接受，这要求组织对内要建立有效的沟通交流渠道，对外要通过标识、网站、广告等多种途径加强宣传。可行是指信息服务文化在组织内部要具有可行性，组织成员要认同并能够自觉践行组织文化，组织在吸纳新成员时也要考虑其观念是否与组织文化相符合，组织应通过设置合理的人员结构和团队形式使信息服务文化能够被真正落实。可信是指信息服务文化在组织外部能够帮助塑造组织形象，成为组织的标志性特征，组织一方面需要提供质量可靠的产品，另一方面也要加强品牌建设，将内在的信息服务文化通过显性的外在形式表现出来，使得信息服务文化成为组织与外界沟通的有效形式。

以上简要介绍了建设信息服务文化所要遵循的五条主要的指导思想，而具体的建设途径和操作则需要各方主体的共同参与和努力。简单来讲，政府要大力倡导和推进，企业等信息服务组织要积极执行，个人则要积极贯彻和严格监督等。特别是政府，既是信息服务的主要服务者之一，又是信息服务活动的管理者，可以在信息服务文化的建设中发挥带头示范作用。同时，各信息服务业的行业协会等团体也承担着重要的责任，需要承担制定行业规范、宣传先进的服务理念和价值观、营造良好的行业环境等贯彻实施工作。

11.3.2 信息服务文化建设的范例

IBM(International Business Machines)是由托马斯·沃森(Thomas·J·Watson)于1911年在美国创立,是一家全球性的信息技术和业务解决方案公司。IBM致力于利用认知技术、大数据分析和云服务等,向各行业提供包括信息技术服务、融资服务、行业解决方案、培训与技能等在内的信息服务,助力企业重铸商业模式,帮助企业创造更多的商业价值。IBM是一家具有明确原则和坚定信念的公司。这些看似简单、平常的原则和信念经过不断的变革,构成IBM特色的信息服务文化。IBM杰出的信息服务孕育出其独特的信息服务文化,这些信息服务文化又反过来促进IBM取得一系列不可思议的成就。以"IBM三原则"为代表的IBM文化,是世界最优秀企业文化的典型标杆。一百多年里,"IBM三原则"从传统的"必须尊重个人、为顾客服务、必须追求优异"发展成为如今的"成就客户、创新为要、诚信负责"[16],具体可从服务者、服务内容、服务策略、服务对象四个方面来分析。

(1) 从服务者来看,IBM的信息服务文化建设始终强调尊重个人。尊重个人是几乎所有人都赞同的观念,但IBM是少有的将其列入企业文化建设,并将一直推行该理念。自IBM创立以来,沃森家族都知道,公司最重要的资产不是金钱或者其他东西,而是员工。在员工观念中,IBM的每一个员工都被视为公司的一分子,能够为公司创造价值,公司只是实现个人价值的场所。比如,IBM十分注重某些细节的设置,没有供特殊阶层使用的卫生间、办公室之类的设置,保持民主的工作环境,每个人不会因为职位的高低而受到不平等的待遇。员工彼此之间都是直呼其名,以避免等级分化氛围的出现,这是典型的个人主义价值观的体现。IBM以个人业绩承诺(Personal Business Commitments,PBC)为中心的绩效考核制度亦秉承以人为本,尊重个人的原则,最大限度激励并督促每位员工完成目标。PBC是一种以企业战略和经营目标为基础而层层分解目标和工作的考核方法。这种考核方法可以在总战略的基础上,将实现总战略的任务划分到各个部门,落实到各个员工,并且由员工自己向上级领导写出个人承诺,并通过跟上级领导密切的沟通,修正、完善个人计划,年底领导根据员工PBC实现的情况来做出绩效评估,决定薪酬福利的调整、晋升降职等[17]。PBC体现了IBM尊重个人的原则,能很好地把企业目标和员工任务结合起来,促进团队协作,有效提升员工的责任感和积极性,在实现企业目标过程中发挥了重要作用。

(2) 从服务内容来看,如今的"IBM三原则"强调要诚信负责。一方面,客户把很重要的事情委托给IBM来做,IBM的员工就一定要用诚信负责的精神让客户信任;另一方面,在IBM这样庞大的公司,随需应变战略不仅需要部门之间的协同还需要员工之间互相信任。例如,在渠道支持方面,IBM强调合规与诚信,与社会、政府、客户等高效协作,逐步建立起诚信的 IBM 渠道生态关系。在软件方面,2010 年启动的软件增值服务(Software Value Plus,SVP)通过增强透明度、开展专业培训、细化业务流程等途径,对与渠道商的合作负责到底,并提升伙伴技能。IBM 为了增强业务透明度,每年进行严格的内部合规审计,做得好的合作伙伴给予鼓励,对于违规的代理商等给予包括取消合同等在内的不同程度的惩罚,以确保向用户提供高质量的软件产品[18]。

(3)从服务策略来看,创新为要是 IBM 信息服务文化建设的发展动力。当 IBM 的大部分利润都来自软件和服务时,创新已不只是研发人员的责任,而是公司每一个人的责任[19]。除了在新产品、技术及服务等创新外,每一位员工的创新能力,以客户为中心的方法、过程及模式等创新亦同样重要。IBM 一直以来在专利方面都处于领先地位,为避免闭门研究的不足,如今的 IBM 坚持"以市场为导向,以客户为中心"的技术创新,要求研发部门不仅要把研发构想引入生产领域,更要先了解市场及客户需求再确定研发项目,并通过客户满意度等途径来量化虚拟服务的绩效。目前,IBM 已在全球 30 多个国家和区域建立创新中心,以针对不同地域客户的不同需求开展创新服务。全球范围内的各个创新中心广泛地将客户融入到其创新过程当中,利用全球及本地的各类市场、技术、培训等资源,使用先进的 IBM 硬件和软件实验室解决 IT 问题,并通过与领域专家合作,参与培训研讨会和活动等途径,不断创新产品及服务,致力于向客户提供最优解决方案,最大限度地帮助客户创造更多的价值[20]。

(4)从服务对象来看,IBM 的信息服务文化建设从"为顾客服务"发展为"成就客户"。IBM 是一个顾客至上的公司,因为只有顾客的消费,才能保证企业的发展。为了让顾客感到自己的重要性,无论顾客有任何问题,IBM 一定在 24 小时之内解决。如果不能立即解决问题,也会给予顾客一个圆满的答复。如果顾客打电话要求提供服务,通常都会在一个小时之内派人上门去服务[21]。而"成就客户"就是不仅让客户满意,而且要帮助他们成功。IBM 的战略转型使其文化变革为客户的委托人[22]。例如,为了改善中国的食品追溯、运输和销售方式,2016 年 IBM 与沃尔玛和清华大学电子商务交易技术国家工程实验室在食品安全领域展开合作。在该项目中,IBM 利用其区块链技术的强大优势,与清华大学的顶尖专家和来自沃尔玛拥有丰富经验的扩展项目专家组协同合作,构建全新模型,实现食品追溯解决方案,全方位提升食品供应链记录保存的信任度、透明度、精准度和高效性,以提高中国消费者餐桌上的食品安全。该项目充分体现了 IBM"成就客户"的价值理念,实现 IBM、合作伙伴及消费者三方的共赢[23]。

事实上,IBM 丰富的信息服务文化很好地践行了上述五条建设原则。首先,IBM 的管理制度具有鲜明的"美国化"特征,其尊重个人和以个人业绩承诺 PBC 为中心的绩效考核制度等宽松的管理环境、自由的创新理念反映了美国崇尚民主自由的民族情结,与美国文化很好地融合在一起。可见,IBM 的信息服务文化建设对其背景文化给予了充分的尊重。其次,随着信息服务活动的发展,服务对象扮演着越来越关键的角色。IBM 所坚持的"成就客户"就是在"为顾客服务"理念的基础上逐渐演变而来的。IBM 的信息服务文化建设传达了一种让技术从"为顾客服务"到"成就客户"的理念,始终传达了顾客至上的原则,体现了"传而统之"的思想。再次,IBM 的信息服务文化建设丰富但并不杂乱,例如,对服务者的"尊重个人"是为了让员工更好地工作,从而为用户提供更优质的服务;"诚信负责"的经营理念是为了让用户获得最优的体验,并建立对公司的信任;"创新为要"鼓励公司员工不断地开发出满足用户需求的服务与产品。这些信息服务文化元素最终都汇集到"成就客户"的核心理念上,形成一个具有系统性的有机整体,成为行业内具有代表性的优秀文化,体现了"统而传之"的思想。另外,在公司潜移默化的熏陶下,公司员工对"成就客户"核心理念产生了普遍认同,并将之内化为指导他们工作的行为准则,很好地诠释了"言传行副"。最后,经过一百多年对信息服务文化的建设,IBM 已经形成了一套较为完善成熟的信息服务文化体系,在行业之中和公司内部都产生了较大影响,员工能够自主践行公司的信息服务文化。同时,优秀的信息服务文化也提升了 IBM 的品牌形象,赢得了客户信任,真正做到了"可知可行可信"。

通过对 IBM 信息服务文化建设的分析可以看出,"尊重背景文化"、"传而统之"、"统而传之"、"确保言传行副"、"确保可知可行可信"对信息服务文化的建设具有指导意义,是信息服务文化建设需要遵循的普遍原则,并能够促进信息服务活动的有效开展。

参考文献

[1] 郭素芳.面向技术创新的创新文化研究[D].长沙:长沙理工大学,2007.
[2] 石云涛.中国传统文化概论[M].北京:学苑出版社,2006:2.
[3] [苏]A.H.阿尔诺利多夫,等.文化概论——文化的实质及其运动发展的一般规律[M].邱守娟译,李光谟校.北京:中国人民大学出版社,1989:5.
[4] 中共中央马克思恩格斯列宁斯大林著作编译局.马克思恩格斯选集(第三卷)[M].北京:人民出版社,1995:7.
[5] [苏]A.H.阿尔诺利多夫,等.文化概论——文化的实质及其运动发展的一般规律[M].邱守娟译,李光谟校.北京:中国人民大学出版社,1989:9.
[6] 曼纽尔·卡斯特.网络社会的崛起[M].夏铸九,等译.北京:社会科学文献出版社,2001:45-70.
[7] 陈禹.信息经济学教程[M].北京:清华大学出版社,1998:187-188.
[8] Lyon D. The roots of the information society idea[J]. Demetra,2004,21(70):127-137.
[9] Bauchspies R. Considering information culture: examining individual, organizational and soci-

etal forms[J]. Svensk Biblioteksfrskning,1998(3-4):5-31.

[10] Chepaitis E. Information ethics across information cultures[J]. Business Ethics:A European Review,1997,6(4):195-200.

[11] Maury Y. Empowering through information culture:participatory culture,a stepping stone? A theoretical reflection[M]//Worldwide Commonalities and Challenges in Information Literacy Research and Practice. Springer International Publishing,2013:236-242.

[12] 李杰,李晓霞.试论信息文化及其特征[J].北京理工大学学报(社会科学版).2007(2):102-105.

[13] 克里斯蒂·格鲁诺斯.服务市场营销管理[M].吴晓云,冯伟雄,译.上海:复旦大学出版社,1998:269.

[14] 陈步峰.构建服务文化 提升核心竞争力[J].企业文明,2004(5):13-17.

[15] 刘聚梅,陈步峰.服务文化理论与实践[J].河北省社会主义学院学报,2002(1):82-85.

[16] 黎群.IBM公司战略转型与文化变革的经验与启示[J].企业文明,2016(5):20-23.

[17] 张明敏.以IBM为例解析PBC考核制度[J].经营管理者,2013(10):267-267.

[18] 中国数字经济资讯与服务平台.IBM强调合规与诚信推动方案和区域拓展[EB/OL].[2017-07-16].http://www.doit.com.cn/p/87838.html

[19] 黎群.IBM公司战略转型与文化变革的经验与启示[J].企业文明,2016(5):20-23.

[20] IBM创新中心.IBM创新中心手册[EB/OL].[2017-07-17].https://www-356.ibm.com/partnerworld/wps/servlet/ContentHandler/isv_com_tsp_iic_overview

[21] 栾永斌.企业文化案例精选精析[M].中国社会科学出版社,2008.

[22] 黎群.IBM公司战略转型与文化变革的经验与启示[J].企业文明,2016(5):20-23.

[23] IBM.沃尔玛、IBM和清华大学共同探索区块链应用,将更加安全的食品送到中国消费者的餐桌[EB/OL].[2017-07-16].https://www.ibm.com/news/cn/zh/2016/10/19/D468881I72849Y25.html

第十二章 信息服务管理

我们知道,信息服务既有"自然"的"活动"存在形式,又有带有社会规定性的"产业"和"行业"存在形式,而不管是信息服务活动还是信息服务业,都需要一定的管理来保证其顺利发展,以达到既有的目标。本章将具体讨论信息服务管理的基本原理、信息服务的管理体系和信息服务具体要素的管理这三大问题。

12.1 信息服务管理的基本原理

所谓管理,是指在特定的环境条件下,以人为中心通过计划、组织、指挥、协调、控制及创新等手段,对组织所拥有的人力、物力、财力、信息等资源进行有效的计划、组织、领导、控制,以期高效地达到既定组织目标的过程。

信息服务管理是指在特定的条件环境下,对信息服务活动及信息服务产业进行有效的计划、组织、领导、控制,以提高信息服务效果,保证信息服务活动和信息服务产业健康发展。

12.1.1 信息服务管理的地位和作用

信息服务管理的地位和作用可以从信息服务管理的重要意义、信息服务管理学科领域的形成、信息服务管理的学科规则与艺术表现力的统一等三个方面来说明。

1. 信息服务管理的重要意义

信息服务表现为自然的信息服务活动和作为产业的信息服务业,信息服务管理的重要意义也体现在信息服务活动和信息服务业两个方面。

(1) 从信息服务活动的角度看。

信息服务既然作为一种"活动",那么,活动过程本身就需要计划、组织、领导和控制,即需要管理。同时,从信息服务活动的四要素来看,信息服务管理对信息服务活动来讲是必不可少的。服务者在实际经济生活中主要包括信息服务企业、社团及民办非企业单位、事业单位三大类,其中任何一种类型的服务者在进行信息服务活动中都需要管理来对其进行正确引导。信息服务企业管理的必要性自不必说,以图书馆这一典型的事业型信息服务单位为例,图书馆在不断克服内部矛盾和社会重大变革的影响下的变革和发展是图书馆的常态。图书馆如果在矛盾和变革过程中麻木不仁、应变乏术,就有被淘汰的危险[1]。因此,图书馆需要长期不断地进行有效管理;服务对象(用户)是服务者获取利润或实现价值的主要来源,其显然是信息服务管理中的重点;服务内容和服务策略也需要管理,管理得好,就能促进信息服务活动的顺利进行,否则,落后的管理理念和粗放的管理方法将使信息服务滞后于发展,阻碍应用的进步。

从信息服务活动的角度来看,信息服务管理更多体现为对某一信息服务主体的"管理"作用,即包括计划、组织、领导和控制等。具体的信息服务管理行为既与一般的企业的管理有类似之处,又需要考虑到信息服务活动的独特性。但总的来说,其作用在于让信息服务活动能够科学、高效、高质量地进行。

(2) 从信息服务业的角度看。

20世纪后期,随着信息化在世界范围内的快速发展,信息服务的产业化成为信息服务业发展的整体走向。随着产业化范围的扩大和产业化程度的提高,信息服务业在整个国民经济中的比重和重要性不断上升,已经成为全球经济发展的一个重要特征。

信息化发展走在前列的国家和地区根据自身的资源特点,纷纷出台相应的管理措施,扶持和促进信息服务业的发展[2]。我国政府也高度重视信息服务业的发展。我国《2006至2020年国家信息化发展战略》中明确指出:"广泛应用信息技术,改造和提升传统产业,发展信息服务业,推动经济结构战略性调整","完善知识产权保护制度","大力发展以数字化、网络化为主要特征的现代信息服务业,促进信息资源的开发利用","制定并完善信息服务业等领域的产业政策"。我国之所以十分重视对信息服务业的政策引导,是因为信息服务管理在引导信息服务业健康有序发展,推动其为国民经济做出更大的贡献中具有重要的地位。同其他产业一样,信息服务业也需要国家的统一规划和管理。事实上,作为新兴产业,信息服务业在其发展的过程中会出现许多新情况,遇到许多新问题,更加需要相应的管理来保证其健康有序的发展。

以我国互联网信息服务业为例。自2000年9月国务院颁布《互联网信息服务管理办法》以来,国家相关部门和单位陆续颁布了一系列互联网信息服务的管理办法和规定,包括《互联网电子公告服务管理规定》(2000年10月)、《互联网药品信息服务管理办法》(2004年5月)、《互联网新闻信息服务管理规定》(2005年9月)、《互联网电子邮件服务管理办法》(2006年2月)、《互联网视听节目服务管理规定》(2007年12月)、《全国人民代表大会常务委员会关于加强网络信息保护的决定》(2012年12月)、《互联网危险物品信息发布管理规定》(2015年2月)、《互联网信息搜索服务管理规定》(2016年6月)、《移动互联网应用程序信息服务管理规定》(2016年6月)等。出台这些管理办法和规定的目的都是为了对互联网信息服务业进行规划、指导和协调,解决其发展过程中出现的问题,促进其更好地发展。例如,在《互联网新闻信息服务管理规定》(2005年9月)颁布之前,类似的管理办法是2000年11月颁布的《互联网站从事登载新闻业务管理暂行规定》。但在2000年,我国的互联网新闻服务业还处在概念的形成过程之中,并没有成熟的商业模式。经过几年的发展,互联网新闻服务业已作为一个实际行业而存在,其发展的基础已趋于成熟。于是,《互联网新闻信息服务管理规定》在2005年应运而生,明确将"互联网新闻信息服务"作为一个行业,并采取了一些措施来促进该行业发展。

信息服务管理对信息服务业的发展起着规范和引导的作用,如果信息服务业的发展中缺少有效的信息服务管理措施,其发展就会缺少必要的方向性,甚至有违反商业规则、法律法规的危险。

当然,"信息服务活动"和"信息服务业"这两个方面的管理并不是截然分开的,例如,对服务者的管理亦包括对信息服务产业单位的管理。总而言之,信息服务管理的地位十分重要,其在经济实践中必不可少。

2. 信息服务管理学科领域的形成

信息服务管理是一个比较新的研究领域,产生于20世纪70年代。从20世纪70年代开始一直到90年代末,随着信息技术的大规模普及和应用,信息服务活动蓬勃发展,人们迫切需要从这些纷繁复杂的信息服务活动中寻找出一般的经验和规律,需要系统的理论来指导信息服务实践的发展,即信息服务管理的需求日益强烈。这段时期,主要是图书馆学与情报学领域的专家和学者对信息服务活动的相关管理问题、经济学领域的学者和官员对信息服务业的相关管理问题进行研究,取得了一系列成果。直到1997年,"北美行业分类体系"诞生,NAICS中将"信息业"(主要是信息服务业)确立为门类地位,并且美国、加拿大和墨西哥三国于1997年开始按照NAICS进行国民经济核算,即信息服务业在世界上首次真正形成,我们才可以说信息服务管理学科领域得以形成。可见,信息服务管理学科领域是多学科交叉发展的结果,其吸纳了图书馆学、情报学、经济学、信息经济学、产业经济学、管理学、企业管理、产业管理、服务管理等多个学科领域的成果,所包含的领域十分广泛,既包括对信息服务知识和技能(服务内容和服务策略)管理的研究,也包括对信息服务活动主体(服务者和服务对象)管理的研究,还包括对信息服务业管理的研究。由此可以看出,信息服务实践和信息服务管理学科领域的形成分别是信息服务管理经验能够成为教授、实践和不断发展的专门知识和技能的实践保障和理论保障。

3. 信息服务管理的学科规则与艺术表现力的统一

作为一个学科领域,信息服务管理既有学科所共有的发展规律,又有自身独特的发展轨迹,这是信息服务管理的学科规则所在。信息服务管理学科的知识理论来源于实践,但其又高于实践,在一定程度上超前于实践,最终其将在实践中得到检验。同时,"管理"是信息服务管理的学科核心所在,因而信息服务管理也具有管理学科的艺术特点,将在信息服务活动实践中展现其艺术表现力。由此可见,信息服务管理将其学科规则和艺术表现力很好地统一于信息服务实践。

12.1.2 信息服务管理的构想

依据管理领域范围的大小,信息服务管理可以分为信息服务产业(行业)管理、信息服务市场管理、信息服务单位管理(包括企业、社团及民办非企业单位、事业单位等)。其实,信息服务管理最终的落脚点还是在对信息服务产业活动单位的管理上。可见,对信息服务产业活动单位尤其是信息服务企业的管理是信息服务管理实践和理论研究的重点。下面我们将以信息服务企业的管理为例来探讨信息服务管理的构想。

1. 使命的确定与价值创造体系的建立

企业的使命是企业目标的陈述,为企业现在与将来的业务活动、产品、服务与市场状况,价值与信仰,与竞争对手的差异点等方面提供清晰的愿景。使命帮助企业决定其在关键市场的相互关系,为企业的各个层次提供进行独立决策的目标与方向。企业使命的确立还需要有与其相一致的企业文化[3]。信息服务企业的使命也是如此,其根本目的是企业创造价值总和的最大化。

信息服务企业的价值由企业股东或投资者价值(下称投资者价值)、客户价值、员工价值、社会价值四个要素组成(如图12-1所示),这四个要素共同构成了企业的价值创造体系:

(1) 投资者价值。投资者价值主要体现为投资者获取企业利润,获取利润是投资者投资创办企业的根本目的。投资者价值是企业价值的根本体现,是企业价值实现的资金保证,因为如果投资者不能得到相当的企业利润,就不会花钱创办企业,企业都不存在的话,就无所谓企业价值。

从信息服务企业的价值创造体系上看,投资者价值在整个价值创造体系中处于首要地位,这与企业获得利润的根本目标是密切相关的。投资者价值的实现是客户价值、员工价值、社会价值实现的基础。因此对于一个企业来讲,信息服务管理的价值最重要的体现之一就是通过对信息服务的管理过程为企业创造更多的投资者价值。

(2) 客户价值。客户价值是企业提供的信息产品和服务对用户的效用,其是企业价值存在的前提,客户价值得不到实现,投资者价值、员工价值、社会价值都无从谈起。

从信息服务企业的价值创造体系上看,客户价值在整个价值创造体系中处于前提地位。客户价值是企业价值存在的前提,客户价值得不到实现,企业的生存和发展都将成为问题,投资者价值、员工价值、社会价值也就无从谈起。因此能否通过特定的对信息服务的管理过程为企业的客户创造更多的价值是衡量企业信息服务管理水平的重要标准之一。

(3) 员工价值。员工价值是指企业满足员工的物质和精神需要,其是创造企业价值的基础,员工价值的增加能提高员工对企业的忠诚度和工作效率,从而为企业和社会创造更多的价值。

从信息服务企业的价值创造体系上看,员工价值在整个价值创造体系中处于基础地位。员工是企业的主要组成部分,员工价值是创造企业价值的基础,员工价值的增加能提高员工对企业的忠诚度和工作效率,从而为投资者、客户和社会创造更多的价值。因此能否创造更多的员工价值是评判企业信息服务管理成效的重要标准之一。

(4) 社会价值。社会价值体现在两个方面,一方面是企业为社会创造了财富,例如企业缴纳税收,这是社会价值的直接体现。另一方面是企业通过信息服务帮助客户解决问题后,客户所获得的效用会转移到其他社会领域,体现为新的社会收益,这是社会价值的间接体现。社会价值是企业价值的全面体现,其影响投资者价值、客户价值和员工价值的实现和提高。

从信息服务企业的价值创造体系上看,社会价值是企业价值的全面体现。因为社会价值的实现,既是企业有能力实现投资者价值、客户价值和员工价值的集中体现,又是企业有决心实现投资者价值、客户价值和员工价值的集中体现。

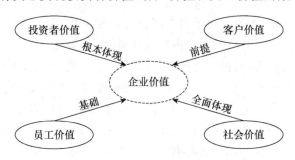

图 12-1 信息服务企业的价值创造体系

信息服务企业的价值创造体系是一个动态的、协调发展的有机体,其四个价值要素相互促进,相互制约。在企业生产经营活动的不同阶段,各价值要素可能会出现此消彼长的情况,例如,投资者价值增加,员工价值减少,但各价值要素都在合理的范围内波动是企业价值得以存在和实现的前提。我们提倡信息服务的用户导向原则,即首先保证用户价值的实现,而后寻求投资者价值的实现。在此基础上,兼顾员工价值和社会价值,努力使信息服务企业创造价值的总和达到最大化。以阿里巴巴集团为例,获得利润是企业生存的根本,但阿里巴巴的价值诉求并不简单停留在企业利润上,而是追求由投资者价值、客户价值、员工价值和社会价值组成的价值创造体系的最大化。

从投资者价值角度看,阿里巴巴在2003年创办淘宝网,两年之内战胜全球最大的同业公司易趣(Ebay),赢得了75%的市场份额。2005年,阿里巴巴又成为陷入困境的雅虎中国的实际控制人,从而使自己从一个技术应用型公司发展成为掌握一流技术的公司。2005年,为了解决网络支付的信用难题,其旗下支付宝推出"全额赔付"支付,提出"你敢用,我敢赔"承诺。2007年把已经实现盈利的电子商务项目拿出来,在香港联交所成功上市。阿里巴巴通过对所提供的信息服务项目的高效管理,创造了巨额的企业利润,为投资者创造了丰厚的价值。

从客户价值角度看,阿里巴巴旗下的淘宝网、天猫、支付宝等品牌产品打破了时间和空间的限制,并通过大规模的数据集和一流的大数据分析技术,对所提供的信息服务进行针对性管理,为企业和个人客户节约了交易成本,给客户带来了巨大的效用。

从员工价值角度看,阿里巴巴把提高员工待遇,改善员工福利,满足员工的物质和精神需要作为企业发展战略的关键,并为此采取了诸多措施。例如,奖励优秀员工公司股份,表现优秀的员工年终奖可以拿到月工资的十几倍,甚至高达十余万;为员工购买体检卡以保证员工的身体健康;向员工提供无息借款(工作2~3年可贷20万,工作3年以上可贷30万,贷款期限最长为5年,贷款总额达30亿元);创立5亿元教育基金,为员工孩子提供部分入学名额等。随着企业市值的提高,阿里巴巴的员工已经步入互联网行业内福利待遇最高的从业者行列。

从社会价值角度看,阿里巴巴把社会责任融入其商业模式,不仅使自己成为全球最大的电子商务企业,更让数十万中小企业打破来自时间、空间的限制,在一个简单实用的平台上更充分地发挥他们的商业智慧,帮助他们为整个社会创造财富。

阿里巴巴遵从一个简单的商业逻辑,即"赚更多的钱,采购更多的原料带动上游,出售更多的商品拉动消费,创造更大规模的实体,带动更多的人创业和就业,上缴更多的税收"。在这个简单的商业逻辑的背后是阿里巴巴的价值创造体系,阿里巴巴对其信息服务管理的价值正是通过这个价值创造体系而体现出来的。

2. 运营模式的选择与价值的创造

运营模式又称商业模式、盈利模式或企业设计等,企业选择合适的运营模式有利于企业价值的创造和获取。对信息服务企业来讲,运营模式主要涵盖三个方面的内容:① 企业信息服务产品的生产和设计;② 企业客户的管理;③ 企业获取利润的方式。这三个方面的内容涉及企业的信息产品和服务质量管理、信息服务流程管理、信息需求和服务能力管理、人力资源管理、客户关系管理、竞争战略管理、信息服务营销管理等。

3. 发展战略的制定与价值的最大化

为实现企业价值的最大化，信息服务企业必须实施战略管理，制定相应的发展战略。信息服务战略管理是寻求企业内部条件、外部环境与企业使命三者之间的动态平衡，以实现企业价值的最大化，形成企业竞争优势的过程。信息服务战略管理过程由战略规划、战略实施、战略控制三个阶段组成[4]，每个阶段又包含若干步骤。战略管理的首要任务是明确企业的使命，其次是围绕企业使命，在充分分析企业面对的外部环境威胁、机会及内部条件的优势、劣势的基础上，制定企业全局性和长远性的发展规划，包括战略目标、总体战略和职能战略等。再次是战略实施，按照战略规划的要求，调动分配企业资源，保证战略目标的实现。最后，要对战略实施过程进行控制，并根据信息反馈进行战略调整。信息服务战略管理是一个制定战略、贯彻实施战略，并不断调整修正战略的动态过程，其具体内容包括信息服务竞争战略管理、信息服务产品和质量战略管理、信息服务营销战略管理等。

4. 组织架构与价值实现的保障

组织架构是组织的框架体系，科学合理的组织架构是企业价值实现的保障。由于组织架构是帮助企业实现其目标的手段，而组织目标产生于企业使命和发展战略，因此，企业的组织架构应与其发展战略相适应。对于信息服务企业而言，组织架构一般包括前台服务系统、后台支持系统、监控支持系统、内部信息反馈系统和市场监控系统五大系统[5]，对这五大系统的设计和优化是信息服务管理的重要内容。

12.1.3 信息服务管理构想的实施

以上对信息服务管理的构想进行了分析，下面将从业务的开展、结果的评估、管理的创新、构想的优化、人力的保障和危机的应对这六个方面探讨信息服务管理构想的实施。

1. 业务的开展

业务的开展是企业赖以生存的基础，对信息服务企业来说，其主要业务是利用自身的资源条件，生产各种不同类型的信息产品，开拓客户市场，向客户提供尽可能完善的信息服务。当然，企业还要随时捕捉市场需求的变化，开发新的业务。信息服务企业的业务管理是其日常管理的重要内容，包括购买原材料、生产产品、联系客户、提供信息服务等一系列环节。

2. 结果的评估

信息服务管理中，还需要对企业政策实施的影响、客户使用企业信息服务产品的效果等进行度量、分析和评价,以便及时调整产品策略,改进服务质量,减少信息产品和服务的负面市场效应,从而赢得更多的客户。

3. 管理的创新

面对竞争日益激烈的市场环境,管理创新是关系到现代企业生存和发展的重要问题。企业的管理创新一般从管理思想和观念的变革开始,其具体方法和途径有组织架构创新、管理制度创新、业务流程再造、产品创新、技术创新等,信息服务企业的管理创新也可以借鉴类似的方法。需要强调的是,用户导向原则是信息服务企业必须坚持的服务原则和理念,同时,信息技术在组织架构创新、业务流程再造、产品创新等创新方法和途径中发挥着重要作用。

4. 构想的优化

企业的生存环境总处于不断变化之中,因此,信息服务管理的构想也不是一成不变的,其也需要根据环境的变化和企业战略与目标的变化进行调整和优化,以达到最佳的管理效果。

5. 人力的保障

企业管理中,人力资源管理历来是重要内容,信息服务企业也不例外。与制造者类等企业有所区别的是,信息服务企业的业务大多需要员工向客户提供"接触"服务(包括面对面服务或通过电话、传真、互联网等技术手段进行的远程接触服务),员工信息服务素质和能力的高低直接决定着客户满意度的大小。因此,优秀的人力资源是实现企业价值的重要保障。

6. 危机的应对

面对复杂多变、竞争日益激烈的市场经营环境,企业发展所面临的风险越来越大。例如,由于员工信息服务操作的失误,造成客户大面积地流失,给企业形象带来较大的负面影响,或者竞争对手采取某种手段不断蚕食企业的市场等。因此,企业需要进行危机管理,在危机爆发前,对所有可能导致危机发生的因素进行有计划、有组织、有系统地预测、分析、防范,并在危机爆发后,以最迅速而有效的方法,将危机损失降低到最低。

12.2 信息服务管理体系

信息服务的管理体系,可以从信息服务的主体来考察。从最微观的角度来看,信息服务的主体为企业、机构、服务人员;往上一级是微观层面,涉及信息服务市场及种种信息服务行为;再抽象一步是中观层面,涉及行业协会及各种专业团体;而从最宏观的角度来看,则是信息服务顶层设计、政策管理层面。这四个层次的信息服务管理,构成了信息服务管理体系。

12.2.1 信息服务企业和机构管理

信息服务企业和机构管理即信息服务产业活动单位的管理,包括两个方面的含义:一是把信息服务企业和机构当成被管理者,对其实施管理;二是信息服务企业和机构实施自我管理。我们在此重点探讨信息服务企业和机构的自我管理。

总的来看,信息服务企业和机构管理的内容主要包括战略管理、生产管理、业务流程管理、组织管理、人力资源管理、质量管理、信息服务需求和服务能力管理、竞争管理、营销管理、用户关系管理等。信息服务企业的管理是通过对信息服务企业价值创造的过程进行全面管理,从而使得企业创造的投资者价值、客户价值、员工价值和社会价值之和最大化。该管理过程既包括政府、社会对信息服务企业的价值引导,也包括信息服务企业为了创造更多的价值而进行的企业内部管理。信息服务机构主要包括社团及民办非企业单位和事业单位两大类,它们的管理与信息服务企业有类似的地方,但同时,由于信息服务机构大多数都不以营利为目的,其管理与企业也有所区别。例如,由于信息服务机构的运作经费大多来自于上级拨款或社会赞助,非营利性信息服务机构更加注重降低生产成本和提高信息服务的质量与效果,在管理过程中更强调整个价值创造体系的动态平衡。

我们以图书馆管理为例进行说明。由于服务环境、用户需求的变化信息技术的飞速发展,图书馆管理一直处于变革之中。例如,20世纪六七十年代开始,美国、英国等西方发达国家就开始使用现代化管理手段对图书馆馆藏、人事制度、读者服务等进行管理[6,7];约翰逊(Ian M Johnson)于20世纪末对拉丁美洲和加勒比海地区的图书馆服务进行调查后发现,该地区的图书馆和信息服务缺乏现代管理技术,并提出了许多提高其管理技能的建议[8];我国学者也尝试将人本管理、知识管理等现代管理思想和方法应用到图书馆管理中去[9,10];21世纪以来,中国香港特区建立了地区性图书馆领导人协会;斯托瑞(Colin Storey)在2007年提出了图书馆的"战略规划管理"、项目管理等团队管理方式逐步应用到各个图书馆、乃至成本核算的革新[11],都表明图书馆管理始终处于与时俱进的变革中。

12.2.2 信息服务市场和行为管理

信息服务市场是信息产品和服务交易的场所,包括有形的市场和无形的市场,是信息服务生产者、经营者和需求者之间经济关系的总和,涵盖了信息产品和服务从生产到消费之间的整个分配、交换过程和流通领域。

信息服务市场有其自身的运行机制,例如供求机制、价格机制和竞争机制等,但市场不是万能的,有可能出现"市场失灵",需要对其进行管理,以保证信息服务市场的合理运行与健康发展。信息服务市场的管理实质是对市场主体行为的管理,信息服务市场的行为主体主要有生产者、经营者和需求者三类。信息服务市场的管理既超脱于生产者、经营者和需求者的利益,又代表和维护着这三方的利益,通过组织、协调、控制与监督,使信息服务市场上的各种交易活动得以顺利进行,从而发挥信息服务市场的积极作用。信息服务市场管理的主要手段一般有以下三种:

(1) 经济手段。经济手段是指运用各种经济措施如信贷、利税、罚款等调节信息服务市场的供求关系,刺激信息产品的生产和消费,引导信息服务市场的活动。例如,为支持信息服务企业的发展,日本政府制定一系列财政、信贷和税收等方面的优惠政策鼓励和扶持信息服务企业的发展。这些优惠政策有:规定地区信息网络免征地点税;为鼓励各城市及地区建设信息网络,银行发放低息贷款1300亿日元;拨给电信公司(NTT公司)无息贷款700亿日元等[12]。这些都是利用经济手段进行信息服务市场管理的典型例子。

(2) 行政手段。行政手段是指发挥行政主管部门、工商管理部门、公证仲裁等部门的职能作用,制定信息服务市场的发展政策,以施行各种行政命令,监督和管理交易各方的经营活动。例如,2015年9月5日,国务院对外公布发布《关于促进大数据发展行动纲要》(以下简称《纲要》),系统部署了大数据发展工作。《纲要》提出从政府大数据、新兴产业大数据、安全保障体系三个方面着手推进大数据领域十大工程建设;要全面推进大数据发展和应用,加快政府数据开放共享,深化大数据在各行业创新应用;通过建设数据强国,提升政府治理能力,推动经济转型升级。此外,《纲要》还提出,要在2017年底前形成跨部门数据资源共享共用格局,在2018年底前建成国家政府数据统一开放平台[13]。这个《纲要》的发布对于规范信息服务市场秩序,引导并推动信息服务市场发展发挥了重要作用。

(3) 法律手段。法律手段是指依据经济合同法、知识产权法、反不正当竞争法等法律法规调节合同纠纷,制止违约行为,取缔非法经营,保护参与交易各方的合法权益,保证信息服务市场的有序发展。例如,欧盟自2010年11月开始对谷歌陆续启动了各类反垄断调查、诉讼,迄今已长达六年[14];印度、韩国等国家先后在2015年、2016年对谷歌发起了反垄断指控;美国专车公司巨头UBER在2016年4月遭到美国法院的裁决,面临操纵专车价格的反垄断诉讼[15]。2015年2月15日,欧盟正式通过的《一般数据保护条例》(General Data Protection Regulation,GDPR)以欧盟法规的形式确定了对数据的保护原则和监管方式[16]。2016年11月7日,《中华人民共和国网络安全法》由第十二届全国人民代表大会常务委员会第二十四次会议通过,自2017年6月1日起施行,该法律从网络安全支持与促进、网络运行安全、网络信息安全、监测预警与应急处理、法律责任等方面制定法律规定,以更好地维护网络安全[17]。

12.2.3 信息服务行业管理

信息服务行业管理主要通过行业协会的形式来实现。行业协会是指由同一行业的企业法人、相关的事业法人和其他组织依法自愿组成的、不以营利为目的的社会团体[18]。行业协会的宗旨和功能是加强同行业企业之间的联系,沟通本行业企业与政府的关系,协调同行业利益,维护会员企业的合法权益,规范行业秩序,促进行业发展,繁荣社会经济。

首先以我国互联网行业的管理实践为例。2006年11月,中国互联网协会向社会公布了《"恶意软件定义"细则》(以下称为《细则》),并于2007年6月成立了反恶意软件认定委员会。《细则》对强制安装、难以卸载、浏览器劫持、广告弹出、恶意收集用户信息、恶意卸载、恶意捆绑、其他侵犯用户知情权和选择权的恶意行为等八种现象进行了详细的解释说明,只要涉及任意一项,便可以被认定为恶意软件。《细则》保证了"恶意软件定义"的可操作性,方便广大互联网用户理解、掌握和自行判断恶意软件的特征。如果有网民举报某款软件具备恶意软件的性质,协会反恶意软件认定委员会将与第三方恶意软件测评机构一起要求该公司相关软件立即停止"恶意"行为。如果该公司拒绝执行,将会被中国互联网协会列入黑名单,并向社会公布。如果该公司是中国互联网协会成员,将有可能被除名。

再以我国软件行业的管理实践为例。为了推进信息化建设和信息服务管理的规范化、标准化,保障信息化建设的健康、有序和可持续发展,大连市于2007年12月出台了由大连软件行业协会制定的《信息服务管理规范》(以下称为《规范》)[19]。《规范》确定了用户在信息系统规划、研究、实施和运营维护中需要的信息服务范畴、功能、流程,对服务提供者的行为进行了约束,并衡量其服务水平,评估其服务绩效,从而为信息服务活动提供依据,为政府业务的持续性发展提供支持,以便更好地保障经济、社会发展战略的实施[20]。

可见,行业协会等组织在信息服务行业的管理中发挥着重要作用,其是宏观经济管理的重要环节。

12.2.4 信息服务政策管理

信息服务政策从属于信息政策。信息政策是指在某一范围内,政府或组织决定实施宏观信息管理的导向和行为准则,是实现某种目标的原则性文件,信息服务政策一般具有体现决策者的意志、时间性强、灵活多变、具有一定的实践性等特点。

信息服务政策的核心作用有两个,即导向作用和行为准则作用。为了有效发挥信息服务政策的核心作用,有必要对信息服务政策进行管理。

信息服务政策管理的目的主要包括四个方面:① 确立信息服务业的地位;② 确立信息服务的行为准则;③ 确立信息服务业的管理体制;④ 规定信息服务业发展的总目标与总方针等。

我国的信息服务政策管理内容十分丰富,主要包括:信息服务机构政策管理、信息资金投入政策管理、信息资源政策管理、信息服务业政策管理、信息市场政策管理、信息技术政策管理、信息教育政策管理、信息人才政策管理、信息奖励政策管理、信息合作政策管理。这些信息服务政策管理的内容相辅相成,相互补充,构成完整的信息服务政策管理体系。

具体而言,信息服务在我国的行业分类中隶属于"软件与信息服务业"。国家为了有效管理软件与信息服务业,相继出台了一系列政策文件,其中包括国家中央层面的政策文件,例如《关于加强技术创新,发展高科技,实现产业化的决定》(1999年8月)、《关于鼓励软件产业和集成电路产业发展有关税收政策问题的通知》(2000年9月)、《国务院关于加快发展服务业的若干意见》(2007年3月)、《电子信息产业调整和振兴规划》(2009年4月)、《国务院关于促进信息消费扩大内需的若干意见》(2013年8月)、《国务院关于北京市服务业扩大开放综合试点总体方案的批复》(2015年5月);也包括国家部委层级的政策文件,例如信息产业部《关于加快推进信息产业自主创新的指导意见》(2006年8月)、财政部《国家税务总局关于嵌入式软件增值税政策的通知》(2008年6月)、商务部《中国进出口银行关于服务外包产业发展融资支持工作的指导意见》(2012年8月);还包括地方层级的政策文件,例如厦门市信息产业局《软件和信息服务业相关政策汇编》(2009年9月)。

从中央顶层设计到各部委宏观政策管理再到地方具体产业政策管理,我国逐步形成体系化的信息服务政策管理体系。

12.3 信息服务要素的管理

信息服务的四要素是从信息服务自身结构中抽象出来的构成成分,它们存在于所有的信息服务形式中。不论是信息服务的"自然"活动,还是信息服务业的发展,信息服务管理都可以看作是对信息服务四要素的管理。下面我们将以信息服务要素为分析对象,从信息服务要素的角度对信息服务管理作一番考察,并以腾讯集团为例,从服务者、服务对象、服务内容和服务策略四要素的角度阐释信息服务管理的实践和价值。

12.3.1 服务者管理

服务者是相对于服务对象而言的,有个人和组织两种存在形式,例如为读者提供服务的图书馆馆员是服务者,为政府提供行政决策服务的信息咨询公司也是服务者。而且,服务者的个人和组织形式根据所属行业和业务性质的不同又有许多不同的类别。因此,对服务者的管理分布于信息服务管理体系中的不同层级,例如,信息服务企业和机构对其内部人员的管理、对信息服务企业和机构的管理、对信息服务市场和行为中生产者和经营者的管理、对信息服务行业(产业)中社团组织的管理等都属于服务者管理的范畴。

从服务者的两种存在形式来看:① 对以个人形式存在的服务者的管理可以运用人力资源管理的相关理论和方法,例如,加强对员工的培训,给员工合理的授权,培育企业文化等;② 对以组织形式存在的服务者的管理主要有市场管理和行业管理等办法。

腾讯集团作为商业企业,是信息服务活动中典型的服务者。从移动互联网行业角度来看,腾讯为信息用户提供的各种信息产品和服务都必须遵循国家和地方的相关法律法规以及政策条例。无论是腾讯集团提供的社交平台、游戏平台,还是建立在微信平台之上的移动支付服务,都必须遵从互联网行业规范,这是信息服务行业对服务者的管理体现。与此同时,在腾讯集团内部,为了提供某一种特定的产品或服务,需要具有不同专业知识和技能的员工相互配合,公司需要对不同岗位的员工提供团队协作培训,这些就是腾讯作为服务者进行自我管理的充分体现。

12.3.2 服务对象管理

服务者面临的服务对象非常广泛,其用户的类型多种多样,有个人用户,也有企业、政府等组织用户。服务对象管理主要包括客户(用户)关系管理和用户需求管理两个方面的内容。

(1) 客户关系管理。客户关系管理是一种旨在改善企业与客户之间关系的管理理念,并实施在企业内部直接与客户接触的环节,如市场、销售、技术支持等部门。实施客户关系管理的目的可以从两个方面来理解:一是通过提供快速、个性化的服务来保持现有的客户并吸引更多的客户;二是通过优化内部工作流程以减少获取客户和保留客户的成本[21]。将客户关系管理理论应用到信息服务用户管理中来,就是要利用各种方法和手段,努力提高用户的满意度和忠诚度,巩固已有用户,发展新用户,实现服务者价值和用户价值的统一。需要提及的是,信息服务者可以充分利用自身的信息技术优势来加强用户关系管理,例如呼叫中心技术、数据仓库和数据挖掘技术、专家系统和人工智能技术、互联网技术等。

(2) 用户需求管理。用户需求是向用户提供信息服务的依据，从本书前面章节所介绍的"面向企业的信息服务"、"面向政府的信息服务"和"面向公众的信息服务"中可以看出用户需求管理具有重要意义。通过对用户需求的有效管理，服务者可以掌握用户需求的总体状况和变化情况（包括现实需求和潜在需求），及时调整服务策略（如增加或减少服务人员、设施等要素的投入，调整服务价格等），使用户需求和服务者自身服务能力保持平衡，以便更好地为用户提供信息服务。用户需求管理主要包括需求预测、需求诱导、需求与供给的平衡管理等内容。

腾讯所提供的不同产品和服务面向的是不同的目标用户群体，因此其对不同产品和服务的目标用户群体采用不同的用户管理方式。以微信为例，微信有两类典型用户：普通用户和公众号运营用户。对于大多数的普通用户，微信对其提供各类基本的社交功能，通过聊天满足一对一社交需求，通过微信群等满足多对多社交需求，通过朋友圈实现公共讨论与分享。而在向普通用户提供各类基本功能之后，微信又分析自己可便捷地记录用户的各类行为数据（活跃程度、点赞等等）来推广特定服务，例如朋友圈广告等；而对于公众号运营用户，微信则提供一个大型的公众号管理系统，一方面为用户提供包含内容发布、自动回复等功能的公众平台系统，另一方面利用系统来管理用户的各类行为，例如系统自动的反抄袭检测等。

12.3.3 服务内容管理

服务内容管理是指对特定信息产品和信息服务的管理。信息产品管理包括产品生产管理、产品库存管理、产品质量管理等内容。特定信息服务的管理不仅包括服务质量的管理，而且包括对服务技能和经验的管理。

服务内容管理实质上是一种"知识管理"，因为这些特定的信息产品和服务对组织而言是一种知识，服务内容管理就是对这些知识进行归纳、序化、共享，利用集体的智慧来提高组织的应变能力和创新能力。当然，服务内容管理的实质也是对人的管理，因员工或内部人员流失造成许多宝贵的业务经验和技能的流失，从而给组织带来巨大损失的例子屡见不鲜。

服务内容管理可以采取类似知识管理的方法，具体措施有：把信息服务经验和技能当作资产来管理，建立知识库，促进员工的知识交流，建立尊重知识的内部环境等。这里，我们以腾讯的知识管理为例。腾讯的知识管理大体可以分为三个时代：论坛时代、社区时代、移动互联网时代。腾讯在 2008 年开始启动知识管理，在没有任何行政支持的情况下，腾讯开始以论坛的形式做知识管理，根据不同主题和兴趣领域划分圈子，创建 K 吧，由专职运营人员负责平台策划和发展方向把控，让所有的圈子牛人（吧主）做内容运营。论坛的主要运营形式为文章，运营六年里以来，论坛共拥有 2934 个 K 吧，超过 35 万篇文章。

在论坛运营两年后,腾讯发现,以文章为主要呈现形式的论坛虽然已经把一部分用户聚集了起来,但并不符合当代员工的需求,因为用户都是经历过漫长学习生涯的职场人,他们已经厌倦了文章的表现形式,他们需要更好玩的设计来驱动知识间的输入和输出,所以从 2010 年起,腾讯的知识管理转型为社区形式。该社区运营有两个原则:一是让内容更轻,提倡碎片化的知识分享,并以互动问答为主。如有人会在社区提问"正直"对腾讯的价值,马化腾亲自出面做回答,这种知识不仅实现了知识点的碎片化处理,还取得了非常好的传播效果;二是通过趣味性留住用户。如在原有文章的基础上增加了投票、活动、微博文化传播、直播间、乐问模块等,这些改善让知识管理平台的运营效果有了爆炸性的增长。运营至今,投票发起 1 万多次,参与总人数超过 84 万、活动发起 1.7 万次,参与总人数 42 万,微博发布 35 万条,直播间每周超过 1 000 次登录,乐问 3 700 个问题,2.3 万个回答,197 个专家参与互动。

随着移动互联网的蓬勃发展,腾讯引入知识管理(Knowledge Manage,KM)的 APP 应用,让用户可以摆脱 PC 时代对平台登陆的地域限制,随时随地访问 KM 平台。不过,在知识管理平台的跨屏联动中,腾讯并没有将 PC 版的知识管理平台全部迁移到手机端,而是提倡仅将核心功能移动化。手机端 APP 上线以来,已经有超过三分之一的"腾讯人"使用,每个月的页面浏览量(Page View,PV)达到了 113 万。

腾讯构建的知识管理平台,一方面便于管理者在平台上发起活动、投票;另一方面可鼓励员工在平台上多发布一些有趣、有用、好用的内容。而通过定期对知识管理平台的访问人数、访问情况和用户行为的分析研究,又可以不断地对知识管理平台进行优化改善;另外,腾讯在平台运营方面,不仅鼓励员工发表文章,发表问题,通过互动的方式吸引更多的员工参与,创造更多的内容;而且还能筛选出高质量的内容,通过曝光,给员工提供更多有益的知识[22]。

12.3.4 服务策略管理

服务策略管理主要是指对服务方式和手段的管理,服务方式和手段是特定的信息产品和服务到达用户手中的通道,因此,服务策略管理在某种程度上也可以看作是一种"渠道管理"。

对于大多数信息服务活动来讲,服务者与用户是直接"接触"的,并没有经过中间环节,这在很大程度上得益于现代信息技术的普及与应用。在这种情况下,服务策略管理的主要有三种方式:

(1)对信息服务方式进行评估,选择最合适的服务方式。例如,新的信息产品和服务刚推向市场时,可以采取免费提供服务的方式,待时机成熟后,再采取收费服务。另外,在自身资源条件允许、且有市场需求的情况下,也可以考虑开展增值服务。

（2）对经营手段进行调整，选择最合适的经营手段。例如，邮寄服务的周期太长，可以考虑快递服务。此外，可以使用现代经营手段提高服务效率，比如广告促销或举办大型展览等。

（3）对信息服务技术进行升级或改进，选择最合适的现代技术。例如，对原有服务技术进行升级或直接采用更先进的信息技术。例如原先基本以电话咨询作为第一步骤的售后服务，现在也逐渐采用新的互联网技术，转型为以售后服务平台为主，电话咨询为辅的方式。

对需要中间商参与的信息服务活动来讲，服务策略管理则需要根据服务者的内外条件，确定合适的渠道长度和宽度，选择合适的中间商，而且要加强对中间商的跟踪和监督，定期对渠道和市场环境进行评估，并在必要时对渠道做出适时调整，努力降低成本，提高服务效率。

成功的服务策略管理是腾讯集团迅速发展的重要因素。腾讯集团服务策略管理主要体现在两个方面，即经营战略的选择和服务技术的升级。这里我们以腾讯的移动支付业务来予以说明。

（1）通过选取合适的经营战略服务于自身的信息服务产品。腾讯集团在推出微信支付不久，迫切需要大规模推广该产品。于是，选择与央视合作，在2015年羊年春晚推出了"摇一摇红包大战"营销模式，仅春晚期间微信摇一摇就达到110亿次。这个在业界颇为惊动的一个成功案例就是服务策略管理的具体体现。

（2）通过对旗下的服务产品不断进行技术改进和升级，力图将具有更好用户体验的服务技术应用于服务产品中。而这样新技术的推出在方便各类用户的同时，也拓宽了微信的市场。例如，腾讯移动支付领域的应用技术通过不断的更新，从起初只有在2014年1月5.2版本[①]推出的微信红包的功能，到后来逐步使用了二维码支付（2014年8月，5.4版本）、摇一摇（2015年2月，春节前夕）、条码支付（2015年12月，6.3.8版本）等新的技术，从而不断拓宽微信移动支付市场。如麦当劳、星巴克、必胜客等大型餐饮企业已通过微信移动支付实现了店内线上支付，而像北京、上海等地众多的中小店铺也均通过微信二维码开通了线上支付功能。

最后，需要说明的是，信息服务的四个要素相互作用，紧密相连，其存在于任何一个信息服务活动中，并不能截然分开。因此，对信息服务四个要素的管理一般是同时进行的，而且还是相互渗透。例如，对服务策略的管理离不开对服务者的管理，而用户管理又包含着服务策略管理的内容等。例如，腾讯集团如果不注重吸纳各行各业的人才并科学的对各部门进行组织管理，就无法在移动支付领域应用到

---

① "微信"软件版本号，即5.2版本、5.4版本等，与其他软件一样，都是软件的版本标志，用于在软件更新历史中，标记同一软件的不同类型，以方便开发人员及用户识别并使用。"微信"已从2011年的1.0版本更新至2017年的6.5.10版本，并处于持续发展和变化之中。

类似扫码技术这种少见于互联网领域的例子；而腾讯移动支付能既服务于麦当劳这样的大型企业,又能满足许多中小店铺的需求,这也跟其诸如二维码支付等各种有着良好用户体验的服务策略密切相关。

参考文献

[1] 周文骏."图书馆管理"随想[J].图书馆研究与工作,2008(2)：2-4.

[2] 王均林,赵长海,杨淑萍.国外信息服务业的发展状况[J].图书馆论坛,2000,20(3)：53-56.

[3] (印)乔杜里(Chowdhary,N.).服务管理[M].盛伟忠,马可云,等译.上海：上海财经大学出版社,2007：117.

[4] 柴小青.服务管理教程[M].北京：中国人民大学出版社.2003：21.

[5] 张念萍,窦均林,唐建民.服务型企业的组织架构优化步骤与原则[J].广西社会科学,2004(9)：59-60.

[6] 王琪.美国图书馆管理之启示[J].情报资料工作,2001(年刊)：357-358.

[7] 王世伟.英国、香港图书馆管理与服务拾贝[J].图书馆学研究,2004(10)：2-5.

[8] Johnson I M. Management Development for Libraries and Information Services in Latin America and the Caribbean[J]. The International Information & Library Review. 1999,31(4)：225-244.

[9] 吴立志.人本管理在图书馆管理中的应用[J].现代情报,2004(2)：88-90.

[10] 敬卿,王群.知识管理在图书馆管理中的应用策略[J].图书馆论坛,2006,26(6)：179-182.

[11] 刘兹恒.图书馆管理思想与模式的变革[J].中国图书馆学报,2008,03：72-73.

[12] 俞鸿雁.日本、美国发展信息服务业的做法和启示[J].图书馆建设,2001(3)：11-13.

[13] 国务院.促进大数据发展行动纲要[EB/OL].[2017-07-10]. http://www.gov.cn/zhengce/content/2015-09/05/content_10137.htm.

[14] 欧盟谷歌恩怨六年反垄断指控何去何从[R/OL].[2016-05-19]. http://tech.sina.com.cn/i/2016-05-19/doc-ifxsktvr0894485.shtml.

[15] Uber CEO 卡兰尼克否认反垄断指控称没有事实依据[R/OL].[2016-04-02]. http://www.pangxiekeji.com/other/article-13271.html.

[16] 彭星.欧盟《一般数据保护条例》浅析及对大数据时代下我国征信监管的启示[J].武汉经融,2016(9)：42-45.

[17] 中华人民共和国工业与信息化部.中华人民共和国网络安全法[EB/OL].[2017-07-10]. http://www.miit.gov.cn/n1146557/n1146614/c5345009/content.html.

[18] 蒋浩,杨万东,杨天宇.产业经济管理[M].北京：中国人民大学出版社,2006：257.

[19] 大连软件行业简报(2008 年 1 月)[R/OL].[2008-8-31]. http://www.dlsii.gov.cn/xxk-bxx.asp?id=92.

[20] 郎庆斌,孙鹏,王永丹.信息服务管理规范分析[J].中国信息界,2007(6)：46-48.

[21] 长城战略咨询(GEI).客户关系管理的概念和起源[R].企业研究报告,2001(10)：1.

[22] 腾讯邱明丰：腾讯KM,不只是知识管理[R/OL].[2014-11-25]. http://www.kmpro.cn/html/yanjiuyuan/xingyezixun/KMxinwen/13519.html.

第十三章　信息化生态中信息服务的创新和前景

信息服务的创新与其他领域的创新一样，既要充分考虑时空背景和政策环境，也要深入挖掘相关的理论基础。信息化生态理论可谓是信息服务创新的重要的理论基础。信息服务的不断创新，将迎来信息服务领域的美好前景。

13.1　信息化生态

生态学的理论和实践表明，一定时间和空间内，生物群落与其环境之间将会借助物种流动、能量流动、物质循环、信息传递和价值流动而相互联系、相互制约，形成具有一定自调节功能的复合型生态系统[1]。信息化生态也是如此，人类社会在信息化过程中，在信息技术的支撑下，信息人、信息技术产业、信息内容产业、信息服务产业等多个重要主体相互关联起来，形成了特殊的生态系统结构。信息服务是信息化生态中的重要组成要素，它占据着独特的生态位，并在信息化生态衍化、发展、演变过程中起着至关重要的作用。

13.1.1　信息化生态的含义

在进化论的视角下，随着信息对社会各行各业的逐渐渗透，进而形成社会在信息的作用下的进化过程，并最终达到某种平衡的生态系统。信息化生态概念是在信息生态概念基础上发展起来的。

1. 信息生态

信息生态所描述的主要是信息流及其与其他方面关系。Davenport等[2]在《信息生态学：掌握信息与知识环境》一书中写到，信息生态关注人们如何真正的运用信息（怎样搜集、表达、共享、传递，甚至怎样忽略信息）以及信息怎样满足人的需求，并说明了理想的信息人员不仅能存储信息，并且能整理、裁切信息，提高信息的风格样式，能提供信息的情境，以及选择喜欢的媒介形式来表达信息。他认为信息生态是一种"隐喻"的概念，它隐喻以一种系统观来看待组织内的信息环境问题。作者指出，组织的信息生态包含 3 个层次的环境，即信息环境、组织环境和外部环境，其中信息环境是核心，它的构成要素包括信息人员、信息行为、信息文化、信息制度、信息过程、信息策略和信息架构等六个方面。

除了企业信息生态这种偏微观的概念界定以外，还有学者从更宽泛的角度对信息生态进行了定义。Nardi 等[3]在其著作《信息生态：用心使用技术》中认为信息生态可以看成一定环境里由人、实践价值和信息技术构成的一个系统，在这个系统中，信息技术不是核心的要素，但是不可缺少的有机成分，核心要素是信息技术支持下的人和人的实践活动。作者提出了信息生态应具有的一些特征，如信息生态是多种要素相互联系的复杂系统；信息生态中存在关键性"物种"；信息生态具有持续改变、多样性和协同进化的特点，以及信息生态具有地域性。

可以看出，信息生态虽然也强调信息人、信息行为、信息策略、信息文化等因素的协同，但最为关键的因素是具有一定文化知识水平的人，即"信息人"，包含信息生产者、信息传递者、信息服务者、信息消费者、信息使用者和信息监督者等在内的信息人才是信息生态的主体。这些主体与相关因素一起构成信息生态系统，同时又成为其他更大系统中的生态位。

2. 信息化生态系统

信息化生态所描述的主要是信息化及其在经济社会中的独特地位和巨大作用，是信息生态系统发展到一定阶段的产物。我们已经知道，信息化是指信息产业的持续壮大并促进国民经济各行业和社会生活各方面的转型和升级的历史进程。这里的信息产业包括信息技术产业、信息资源（内容）产业和信息服务产业等新型产业类别。从微观来看，信息化有企业信息化、政府信息化、家庭信息化、商业信息化、校园信息化、商业信息化、教育信息化、产业信息化、工业信息化、农业信息化、军事信息化、经济信息化等多种形态。可以看出，信息化进程涉及国民经济和社会生活的方方面面，不仅促进方方面面的变革和进步，持续壮大的信息产业还成了新经济的主导产业，甚至是支柱产业。如我国"十三五"规划纲要就着重安排了"信息化重大工程"，包括宽带中国、物联网应用推广、云计算创新发展、"互联网＋"行动、大数据应用、国家政务信息化、电子商务和网络安全保障等八大工程。

长期以来，人们对信息化相关问题的认识也不断深化，已经认识到信息化自身的生态系统，包括以下七个维度（如图 13-1）的认识：

（1）人本论。这是关于信息化理念进化的问题，强调的是信息化要以人为本，在相应环境中处理"人"、"机器"（或称"技术"）、"信息"三者的关系时建立以人为本的信息化秩序。

（2）阶段论。这是关于信息化进程分析的问题，强调的是信息化进展的测评要因地、因时制宜，结合经济社会发展的阶段性特征，从初期的以信息基础设施和信息技术装备为主要标准，到进一步的以信息资源和信息系统建设为主要标准，再到以人们的信息行为和所需的信息服务为主要标准，求得经济、政治、文化、社会、生态文明等多位一体的和谐进步。

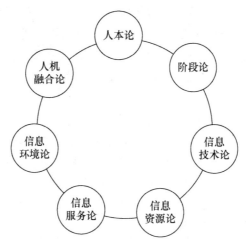

图 13-1　信息化生态系统

（3）信息技术论。这是关于信息化切实权衡的问题,强调的是如何充分应用相应的信息技术帮助人们更快更好地解决实际中的生产和生活问题,以及研发新的信息技术帮助人类解决尚未攻克的难题,并最大程度降低技术应用带来的消极影响,需要对其投入与产出加以权衡。

（4）信息资源论。这是关于信息化统一规范的问题,强调的是如何将已有人类文明记录以及新的认识和改造世界的记录数字化,并成为机器可识别的数据化,进而能够发挥基础性作用的资源化,需要制订统一的数据标准和相应的工作规范。

（5）信息服务论。这是关于信息化优先定位的问题,强调的是如何在不断完善信息基础设施和技术装备、不断优化信息资源和信息系统的同时,根据信息服务对生产和生活的帮助功能和作用,大力激发人们的信息需求,努力扩大信息消费,持续激励信息行为,优先发展信息服务业。

（6）信息环境论。这是关于信息化生态构建的问题,强调的是如何在信息化所处的阶段,协调处理好信息技术、信息资源与信息服务之间的以人为本的内部关系,以及与经济社会其他方面的外部关系,需要建立良好的生态。

（7）人机融合论。这是关于信息化战略制衡的问题,强调的是当信息化水平发展到更高阶段时,信息资源极大丰富,信息技术高度智能,信息行为成为自觉,信息服务十分便利。这时,如何实现人际和人机和谐共处,并确保社会公平,需要战略思考,合理制衡。

可以说,信息化生态包括信息化生态系统和信息化生态位两方面含义。信息化生态系统是指由信息技术、信息资源和信息服务组成的基本结构在某阶段的特定环境下以人为本的动态调节和整体发展系统。信息化生态位是指信息化生态系统在更大的经济社会系统中发挥支撑和引导作用的独特地位。

13.1.2 信息化生态中的信息服务生态位

在信息化生态的大环境下,信息服务俨然成为经济发展模式转变的主要方向。凭借信息服务的帮助、释疑、解惑等功能,信息服务可以在信息化生态因子的作用下保障信息流的流转、传输,构建信息服务生态链。

1. 信息服务生态链

信息服务生态链是指在信息服务生态系统中,以信息服务机构为核心,由参与信息生产、信息收集、信息组织、信息传输、信息提供、信息利用等活动的多种类型信息服务生态主体组成的、具有信息流转功能的链式依存关系[4]。信息服务对信息化生态系统各要素的功能关系如图13-2所示。

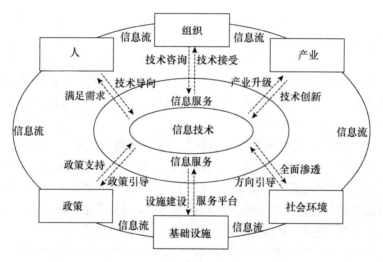

图13-2 信息服务生态链

在我国"十三五"信息化重大工程中,要构建"物联网基础设施和服务平台、公共云服务平台、统一开放大数据平台"等若干信息服务平台。除了信息服务平台,信息服务本身也包含多种服务内容,如法律服务、通信服务、互联网信息服务、计算机系统服务、软件服务、经纪与代理服务、咨询服务、图书馆服务等。可见在信息化生态系统中,信息服务生态链极其关键,它是连接信息化生态各主体的纽带,其作用不可替代。

信息服务生态链可以描述为,信息服务置身于信息社会的生活、经济与政策大环境中,以信息、信息技术等信息资源为内容,以信息消费者(人、组织、产业)的信息需求作为发展定位,为信息消费者提供具有特色的信息服务。在这个过程中信息服务者通过信息技术、信息资源和服务策略与信息消费者紧紧联系在一起,以信息服务机构为服务枢纽,以畅通的信息交流为服务条件,以其内外的环境机制为服务的生态保障,紧跟信息社会发展的大方向,结合自身信息服务优势逐渐形成了信息服务生态链。

2. 信息服务生态位

信息服务生态位是指信息服务在信息化生态系统中所处的特定位置。信息服务生态位普遍连接和服务于信息化生态中的各个主体,对于信息化进程来说十分重要,处于优先定位的地位。信息服务生态位的保持和发展要求信息化进程中合理地选择和调整其定位,使其有利于信息服务者的发展和壮大,有利于信息服务生态系统整体协调发展。

信息服务生态位的定位应该遵循如下原则:

第一,清晰定位。信息服务定位时必须明确、清晰,不能随便定位或者没有定位而任其发展。在信息服务生态系统中,信息服务应有确定的信息功能、明确的服务对象,明确的信息技术资源、人力资源、内容资源的范围、数量和质量要求,明确的服务空间和服务时间,明确其在信息环境中所充当的角色及所承担的社会职能,明确所利用的现代信息技术设施与手段。保持信息服务生态位的相对稳定,可以适应环境,完善自我,形成优势。

第二,宽度适当。信息服务在信息化生态系统各维度上的宽度必须适当,不能太宽也不能太窄。如果信息服务生态位太宽,则容易引起信息服务之间的生态位重叠,即占有和利用近似的信息资源,或者资源重复建设,并进一步导致信息服务者之间的恶性竞争。如果信息服务生态位太窄,有可能造成整个信息服务生态系统的生态位空缺,即有用户提出一定信息服务需求,却无信息服务者提供相应的服务。那么必然会导致信息服务生态链或生态链网的缺失或断裂,甚至会造成信息服务生态系统的失衡,不利于其可持续、健康发展。宽度调整时应采用错位策略,通过优化功能、资源、时空等生态位结构,对信息服务生态位的重叠部分进行分离,使信息服务者在信息服务功能、服务对象、信息资源、信息服务空间与时间方面与其他信息服务者尽可能减少信息生态位重叠。

第三,协同发展。当信息服务者的生态位近似或重叠度较高,且错位难度较大时,应当遵循整体性和协调性的原则,采用协同发展的策略,共同占有相同的信息生态位,通过合作式竞争与资源共享,在竞争与合作的相互作用中达到动态平衡,通过理性的竞争与合作达到共存和协同发展,最终实现互利互惠、协调共生。共生关系能给信息服务者带来好处:一方面,互利共生可获得各方信息服务者各自的优势资源互补,产生"共生放大效应";另一方面,可以避开在整体上的竞争关系。

相同或相近生态位上的信息服务者不仅要考虑到自身利益,同时也要考虑到相关信息服务者的利益。

第四,动态调整。信息服务者不仅要构建恰当的生态位,而且要根据环境的变化对信息服务生态位做出及时、适当的调整。如果墨守成规,保持原有的生态位不变,则有可能导致战略失误,错失良机,甚至威胁自身的生存。事实上,信息服务者的职能和任务、服务内容、服务策略以及信息服务用户的需求状况是随着时间不断变化的,信息服务者应根据这些变化,通过扩展、压缩和移动等方式及时地对不合时宜的信息服务生态位进行调整。生态位扩展本质是指信息生态位宽度的扩大,即在已有的生态位基础上,对潜在生态位进行开发,通过信息技术创新、服务项目创新、信息资源引入和信息时空拓展等方式,寻找更有利的发展空间。生态位压缩是宽度的缩小,通过减少原有信息服务生态位上的因子,取消相对劣势的信息服务项目,将优势信息服务项目打造成精品信息服务项目,在整个信息服务系统中形成其独特的竞争力。生态位移动是指从一个生态位转移到另一个完全不同的生态位。科学技术的发展会创造出新的信息资源和新的信息空间,信息服务能力较强的信息服务者可以抓住机遇,转变其信息生态位,从而获得更好的发展。

13.2 信息服务创新

信息服务创新是指为谋求信息服务的科学发展而采用原创、集成、引进等方法对有关要素及其联系进行开发和改变的过程。这一定义明确了信息服务创新的目的是为了信息服务的科学发展,也就是以人为本的全面发展、协调发展和可持续发展;明确了信息服务创新的主要方法是原创、集成和引进等;明确了信息服务创新的对象是信息服务的要素及其联系;明确了信息服务创新的标志是对象的开发和改变。可见,信息服务的创新过程体现了"创意-革新-发展"的基本模式。

信息服务的创新离不开人本思想的指导、发展的现实基础、信息技术的支撑、信息资源的开发、信息环境的改善、人机融合的战略。以人为本的思想的价值取向可以保证用户导向原则更好的实施;大数据、云计算、虚拟现实等新一代信息技术为信息服务创新提供了重要的技术保障;信息环境不断进化,使得新的信息服务需求不断衍生,倒逼信息服务不断创新,使其重要性与日俱增且不可替代;信息资源的开发使得信息服务内容不断组合,信息服务的经济功能和社会功能更加突出,成为重要的战略平台;人机融合更多克服了人与计算机之间的物理界限,创新服务手段更加友好、更加可用和易用。如图13-3所示。

图 13-3 信息服务创新示意图

在信息服务实践中,信息服务创新包括活动创新和产业创新,下面进行进一步的分析。

13.2.1 信息服务活动创新

前文已述及,信息服务的产业化过程与其所处的社会生产关系和社会活动关系密不可分。由此可知,信息服务活动的创新与社会生产、交换、流通、消费结构的创新有着直接的关系。在此基础上,信息服务四要素的创新进化也造就了信息服务活动的创新,如表 3-1 所示。

表 13-1 信息产业增长的要素比较

阶段	产业增长要素	组织形态	竞争力	创新模式	空间
信息工业为主	资金+需求拉动	等级	规模、市场份额等	工业创新+技术创新	相对封闭
信息技术为主	技术+无形资产投入	向分散化、网络化转变	个性+变化+创新	创新信息系统	逐步走向开放
信息服务为主	知识、技术、产业应用、价值链	网络	知识创新	网络化、立体式创新	开放、网络化、一体化、平台化

信息产业经过衍化,目前进入到以信息服务业占很大比重的阶段。与"信息工业为主"和"信息技术为主"的阶段相比,信息服务四要素在组织形态、竞争力、创新模式等方面都体现出了很强的创新性。产业增长的关键要素方面,是源于新型信息服务需求;网络化、开放式的组织形态对应信息服务者的创新;知识创新对应信息服务内容的创新,而这也是信息服务竞争力的体现;信息服务策略的创新形成了丰富的、立体式的服务策略体系。当然,信息服务环境的优化是信息服务创新的重

要推手。

1. 信息服务环境的优化

信息服务创新是基于一定环境进行的,环境的特点及其变化必然影响信息服务创新的内容和方向。国家创新发展中自主创新主体的需求变化、组织机制变革、社会信息资源共享、信息技术集成等诸多因素共同构成了信息服务的创新环境。具体来说,信息服务环境包含创新发展的社会环境、急剧变革的需求环境、泛在便捷的技术环境等,主要表现为数字化、网络化和虚拟化,并具有信息资源海量化、信息获取渠道多元化、信息载体多样化、信息传递和交流扁平化等特征。在国家创新发展的大环境下,信息服务的创新环境也将不断优化。

2. 信息服务者的创新

信息服务者要主动适应信息服务环境的变化,深刻认识到用户及其问题和需求的独特性、多样性、多变性等特征,以及信息服务产品和特定服务的增值性、针对性、可用性等要求。

信息服务者创新的主要路径有:

一是改变服务者的机构及其业务性质。服务者的机构及其业务性质基本上可分为经营性与非经营性两类。改变的依据除了自身的战略定位外,还可以是与用户有待解决的问题和所需的帮助相对应的业务性质。如经营性企业法人单位的服务者团队改变为独立核算的产业活动单位,或者设立为下属法人单位;非经营性信息服务单位以相应的服务业务为基础,设立社团组织或公益机构等。

二是调整人员、资产和文化结构。当作为专业机构的服务者发展到一定阶段时,总会遇到这样或那样的发展瓶颈,如更专业的技术和管理人员欠缺、资金资本或物质资本短缺、发展战略和机构使命空缺等等。这时就要进行有针对性地查漏补缺,调整结构,增强动能,优化发展空间和发展机制。

三是切实进行协同集成服务。当服务业务发展到相当程度或遇到难处时,就要考虑开展协同集成创新活动,包括加入专业协会或联盟等组织,联合具有比较优势的机构、团队或专家个人组建共同体等。

3. 信息服务内容的创新

信息服务内容的针对性开发、利用的目的是提升信息服务内容的效益和质量,更好地实现服务增值,为信息服务用户提供充分的信息保障,帮助他们解决信息问题。在信息社会环境下,知识的流动、扩散与转移的信息服务需求更加明显,它常常"穿越原始边界",越来越多的专业用户不再满足于信息服务者为其提供一般性服务,而要求通过信息服务内容的共享将分散在本领域及其相关领域的专门知识信息加以集中组织,进行二次开发,甚至要求进行知识重组和重构,从中提炼出对用户的研究、开发与管理创新思路等至关重要的知识信息供其使用。因此,信息服务内容的创新建设要求从社会发展的全局出发,整合信息资源,以创新应用为中心代替以资源为中心,做到信息服务产品更加准确、更加全面、更加专业、更有价值,所提供的服务让用户更加信任、更能接受、更愿享用。

4. 信息服务策略的创新

随着用户需求的变化和信息服务内容的创新发展,信息服务者不仅要充分利用信息基础设施和信息服务内容开发利用作为服务保障,更加重要的是信息服务策略的创新,以此来保证信息服务活动的创新。对用户进行知识引导、帮助其进行筛选、分类和知识的深加工,充分利用信息技术将信息服务者和用户紧密连接,创造交流互动的关联,实现服务的个性化和专业化。信息服务策略创新的关键环节是提供服务方式方面的多种选择,保证信息服务与信息技术的同步发展;优化服务的技术手段和经营手段,突出技术系统、资源系统与服务系统的互动;培育和增强与用户之间在共同目标下的融合关系,构建起面向用户的信息服务保障平台,真正体现用户导向性。

5. 信息服务对象的创新

毫无疑问,信息服务活动创新最主要的动力来源于用户需求的改变。用户需求的改变主要表现在以下几个方面。

第一,信息服务需求的动态化。组织,乃至产业的业务系统是多维的,具有动态性和开放性。用户业务活动的开展要求各主体之间进行动态的信息交流和协作;

第二,信息服务需求的专深化。随着信息技术及其对经济发展推动作用的增强,知识信息的利用深度也不断加深。用户全方位与综合化的信息需求往往需要利用本单位、本部门、本行业甚至利用多类型机构的服务才能满足;

第三,信息服务需求的数字化与网络化。信息技术的应用从根本上改变着用户信息需求结构,信息服务需求也随之由传统型为主向数字化与网络化为主发展;

第四,信息服务需求的多元化。这与需求的专深化并不矛盾,其体现的是不同用户需求的来源多元。

在社会发展所凸显出的全方位、综合化信息需求下,用户利用信息服务已不再限于单纯利用信息服务获取所需信息的线索和信息本身,而对信息内容的全面性、形式的多样性、来源的广泛性、类型的完整性、信息内容的可得性和易用性提出了新要求,这需要利用多类型的信息服务才能得以全方位、系统化、全程化保障。因此,信息服务对象创新要紧紧围绕需求发现、需求创造和用户培训等方面开展。

看得出,信息服务活动创新是基础性创新,既有单个要素的创新,也有包含多个要素的综合创新;信息服务活动创新可以驱动信息服务活动的高频变革和高效开展,也将促进信息服务新业态的陆续诞生和信息服务业的持续发展。

13.2.2 信息服务的新业态

把信息服务置身于信息化生态,还要注意到分析信息服务发展的多个视角,既要分析信息视角的信息服务,又要分析服务视角的信息服务,既要考察信息服务的技术问题,又要考察信息服务的经济问题。信息化生态中信息服务的新业态可划分为技术型、融合型、消费型和生产型[5]。

1. 技术型信息服务新业态

技术型新业态,是指信息技术创新本身所带来的信息服务新业态,即直接因为信息技术创新,尤其是新的信息技术形态出现而催生出的信息服务新业态。这种影响最集中地体现在邮政、电信、大众传播等以现代化信息传播技术为载体的信息传输服务业领域。

从信息服务的对象上看,这类服务既包括面向企业用户的生产性信息服务业,也包括面向个人用户的消费性信息服务业。一般而言,这类服务所提供的是面向大众的普遍性服务,因此一方面,这类行业往往具有垄断性或国家控制的特点;另一方面,这类行业在新技术出现的早期,其技术的可替代性较小,往往具有较高的行业附加值,而在新技术进入成熟期和普及期后,随着技术可替代性的提升,市场竞争日趋激烈,行业附加值往往趋于下降。

新一代信息技术是一个包括网络通信、新材料、传感器、海量计算等多种相关技术在内的技术群,其技术的外延已经超出了传统的计算机和网络的范畴,因此直接依托于新一代信息技术的技术型信息服务业新业态的行业外延也得到了进一步拓展,不仅包含各种与网络和计算机应用密切相关的信息服务业态,而且扩展到嵌入式系统、工业控制、智能终端、卫星定位系统等新领域。

(1) 计算维度的技术型信息服务新业态。计算维度的新一代信息技术主要是指以云计算和大数据计算等为代表的一组旨在改变传统的系统计算模式,并大规模提高计算能力的技术群。

(2) 通信维度的技术型信息服务新业态。通信维度的技术型信息服务业,主要指融合云计算的计算模式和嵌入式的数据采集终端技术,通过对各种异构网络的整合,为用户提供一体化的通信服务的一类新技术。从技术的主要类型上看,通信维度的技术型信息服务业新业态主要包括两个发展方向:一是以面向物理世界的通信控制为主的物联网技术;二是面向个人用户提供泛在通信服务的技术,包括三网融合、移动信息服务等。

(3) 控制维度的技术型信息服务新业态。控制维度的技术型信息服务主要以嵌入式软件服务为代表。所谓嵌入式软件,就是嵌入在硬件中的操作系统和开发工具软件。从嵌入式软件服务目前的发展态势和未来技术走向来看,可以将目前嵌入式软件产业形态按照其所生产产品的面向对象的不同，划分为产品级、产业级和网络级三类嵌入式产品。而实际上，嵌入式软件之所以成为催生新一代信息服务业业态的技术平台，恰恰是在第三个阶段，即随着嵌入式硬件条件的不断提升和物联网的兴起，嵌入式软件产品逐渐朝向以强调互动和协变的网络型产品过渡的过程中出现的。

2. 融合型信息服务新业态

融合型新业态，是指新的信息技术普及之后，对依托旧有信息技术的信息服务业业态的升级和融合，从而产生出的信息服务新业态。

从信息服务业自身融合产生新业态的途径来看，融合型信息服务业出现的模式包含以下两种：

第一种模式，是所谓替代性融合（Convergence in Substitutes），是指新的信息技术对旧有信息服务业业态的升级，或者直接涵盖了旧有的多种信息技术，从而产生新的信息服务业业态。如目前业界普遍关注的"三网融合"技术，就是对过去的互联网、电信网和广播电视网的技术上实现融合对接，而这种技术上的融合，又导致基于上述三种网络的各类信息服务业态之间相互融合，从而催生出诸如位置服务（互联网＋移动通信网）、移动电视（广电网＋移动通信网）、IPTV（互联网＋广电网）等各种新的信息服务业态。

第二种模式是所谓互补性融合（Convergence in Complements），即一系列具有功能或产业互补性的产业或服务，在同一标准下形成的兼容性集合，并由此而催生的信息服务业新业态。这种模式从表面上看，与信息技术的进步无关，但其本质实际上还是新的信息技术普及后，主导新信息技术的行业企业处于强化对行业产业链控制力的需求，对信息服务的上下游产业链环节进行整合，从而产生新的信息服务业态。比如2002年IBM收购普华永道，使IBM具备了为企业提供从策略变革、应用科技服务、应用管理服务、市场营销服务到财务管理、人力资产管理服务、客户关系管理服务、供应链管理及采购服务一体化的整合业务解决方案的能力，2004年底IBM出售其PC业务并彻底转型为软件和信息服务提供商。

一是计算维度的融合型信息服务新业态。随着云计算平台的逐渐普及，电信运营商开始推出基于云计算平台的融合型信息服务，这是一种基于信源的融合服务。固网电信运营商和移动电信运营商拥有庞大的用户需求和用户群体，从而具备协调多个行业、整合多个环节的资源和能力。在云计算模式下，企业信息服务外包模式将逐渐从原来的应用程序开发外包和系统维护外包的人/月模式，转变成为整体基础设施外包和服务外包的租用服务模式。这种新的服务外包模式的优势在于其复用性更强，能够大规模地降低企业IT运维成本。基于这样一种融合与集成的技术架构，云计算服务商可以很方便地发挥集成优势和规模优势，为企业用户提供低成本和更专业的信息服务。

二是通信维度的融合型信息服务新业态。通信维度的融合型信息服务业新业态以"三网融合"技术为依托,这是一种基于信道的融合服务。在三网融合的技术模式下,通过将电信网、电视网和互联网上的不同服务业态进行组合,就能够形成各种全新的信息服务模式。举例来说,IP电话就是一种十分典型的基于网络融合而提供的融合型信息服务,它属于利用互联网和IP技术开展的电信业务,通过数字化传输技术,把语音、压缩编码、打包分组、分配路由、存储交换、解包解压等交换放在互联网上处理,通过TCP/IP协议实现语音通信。较典型的服务产品如Skype等。再如,中国移动推出的飞信(Fetion)服务也属于这种融合型信息服务形态。飞信服务融合了语音(IVR)、GPRS、短信等多种通信方式,除具备聊天软件的基本功能外,还支持通过PC、手机、WAP等多种终端登录,从而实现了互联网和移动网间的无缝通信服务。

三是控制维度的融合型信息服务新业态。控制维度的融合型信息服务业新业态,主要表现为基于信宿的融合服务。近年来,随着智能移动终端的大行其道,集成了多媒体播放、游戏娱乐、网络访问、卫星定位、蓝牙传输等多种功能的移动终端,使得基于信宿的技术融合,成为融合型信息服务新业态的重要技术载体。

3. 消费型信息服务新业态

消费型新业态,是指在面向终端消费者的信息服务领域,由于信息技术变革对人类信息行为带来的影响,进而间接催生出的信息服务业新业态,主要集中在依托信息传输和信息处理服务基础设施的衍生增值服务上。电话、电报兴起后出现的私人电报传呼服务、私人电话服务等;个人计算机兴起后出现的PC软件服务、电脑游戏、个人信息处理等服务;网络兴起以后,电子商务、网络社区、网络门户等等新的信息服务业态均可以归入这一领域。这类服务面向个人用户的个性化需求,因此服务的针对性更高,附加值也更高。

当前,在互联网对人类信息行为空前改变的背景下,人们对于新的信息服务的技术接受度正处于前所未有的高水平上,可以预见,未来消费型信息服务新业态将面临更加广阔的发展空间。

(1) 计算维度的消费型信息服务新业态。平台化服务是计算维度新业态的演化结果之一。在新一代信息技术的背景下,计算模式朝向于计算和通信一体化的新模式演化的结果,是用户最终成为全球网络的内容生产者。在这样一种技术模式变革的召唤下,可以认为,最为典型的平台化信息服务模式,就是社交网络服务。社交网络服务,是指以一定社会关系或共同兴趣为纽带、以各种形式为在线聚合的用户提供沟通、交互服务的互联网应用。这种以人与人关系为核心的方式建立的社会关系网络映射在互联网上就形成了以用户为中心、以人为本的互联网应用。

比如博客、微博、Mashup、RSS 订阅等 web 2.0 应用,以及诸如 MySpace、Facebook、Twitter、Flickr 等社交网络平台。这些服务的核心理念,就是以平台化服务为网络用户的根据特定需求而快速结盟的网络群体行为模式提供条件。

(2) 通信维度的消费型信息服务新业态。以聚合化服务为例。时间上的"即时化"与空间上的"此在化",共同构成了新一代信息技术快速聚合不同时空维度的异构行为链条的能力。所谓聚合化服务,是指"聚集多领域的资源和能力,整合各种信息、内容和应用,将不同主体提供的各种业务和服务有机地结合在一起提供给客户,从而满足客户泛在化和一体化的需求,并为客户创造额外价值的一种服务。成功的聚合化服务的前提,是庞大的用户群体所带来的规模化效应。一个佐证是,目前市场上成功的聚合化服务案例,比如腾讯的 QQ 平台、盛大的游戏平台、中国移动的飞信社区、淘宝网的网购平台等无不是依托于现有的庞大的存量用户群体而展开的。需要指出的,这一点与前文所提到的"平台化服务"具有明显不同:平台化服务的核心,是用户主动参与互动和社会交往的意愿,而这种意愿并不会因为用户群体的庞大技术而有所增加;而聚合化服务则更多带有一种主动推送的意味,在大多数时候,接受聚合化服务的用户相对更加"被动",当然聚合化服务最终也要有良好的用户体验作为基础,但在用户最早接收服务时,却并不一定完全是出于自身的主动意愿,因此聚合化服务提供商完全可以依托自身庞大的用户群体开展各种聚合服务创新,这实际上已经成为当今互联网服务商最成功的主流盈利模式。

(3) 控制维度的消费型信息服务新业态。目前,在人们日常生活的衣、食、住、行、用各个方面都可以见到很多基于新一代信息技术的智慧化服务的踪影。在食品安全控制领域,目前基于 RFID 的食品安全智能控制体系已经成熟。在居住领域,智能楼宇、智能家居等应用也早已走进了人们日常生活之中。在出行服务方面,目前车联网服务已经较为成熟。在日用产品的智能化服务方面,基于全球网络的智能服务应用更是层出不穷。从全球范围来看,当云计算、移动互联网、物联网将全世界的各种信息融合为一个整体呈现在我们面前时,网络所连接的无数人的智慧,将汇聚在一起,形成一种全球性的智能。

4. 生产型信息服务新业态

生产型新业态,是指在面向企业生产的信息服务领域,信息技术的普及应用,以及与之相伴生的企业生产、运营和管理模式变革,所共同催生出的各种生产性信息服务新业态。信息技术的普遍应用,从深层次上改变了企业的组织架构和业务模式。

当前,新一代信息技术的出现,同样也是深深扎根于企业业务模式的变革之中的。而随着信息技术融入商业程序而成为基本的管理工具,技术就能为企业提供优化的生产和管理流程,使管理知识得以分享以及将其在不同的时间和项目之间进行合理化转移,孕育协同增效和继续学习。在这一过程中,会在企业生产经营的各个环节催生出种种新的信息服务业形态。可以说,这类信息服务新业态在整个信息服务业发展的历程中是最活跃、也是最关键的一部分。

(1) 计算维度的生产型信息服务新业态。以企业"云重构"为例。在未来,云服务模式在企业中的推广应用,将对企业的经营和运作模式产生重构性效应。在云平台下推进企业间的业务链重构,是基于云架构的企业信息服务业态的重要内涵,即通过对企业不同价值链条的动态整合,形成一种全新的网状、弹性、自组织的业务流程管理格局,从而引发一场"战略性的、企业级的、贯穿整个价值链的深度变革"。这种端对端的企业价值流程管理的根本任务,是让企业之间实现面向任务的快速协同。信息服务不再是面向局部的、特定领域的提供服务,而是深深嵌入到企业价值链运作的各个环节,并帮助企业建立横跨不同业务流的信息链,为企业运作的各个主体提供工作所需的信息资源,例如为企业建立企业云的所有参与者的业务渠道通用的客户表示、构建多层次、多维度的复杂账户管理体系等等。

(2) 通信维度的生产型信息服务新业态。在新一代信息技术的背景下,异构网络的融合、云计算等模式下企业创新活动的模块化和组件化趋势,都使得企业经营边界不断模糊化,企业间联动成为决定企业经营效果和竞争能力重要方面,这又进一步导致企业间的价值链之间相互交叉、相互缠绕,形成有机的价值网络体系。

基于这种价值网络的管理模式而形成的信息服务创新模式的基本特征可以表述为:在新一代信息技术所提供的技术平台的基础上,通过大量分布式和智能化的信息技术手段的应用,信息服务商通过整合行业内的优质信息资源和管理咨询、技术咨询、政策咨询、人才服务和金融服务等不同价值链,形成能够帮助提升企业信息链各个环节的价值的综合集成技术和战略管理能力。企业可以将市场调研、风险评估、创意生成、方案制定、产品研发、运作管理和市场推广等各个环节中的信息咨询和信息服务工作外包给信息服务提供商,并由他们统一调配行业信息资源,形成保障企业生产经营活动的最优化解决方案。这种模式不需要打破原有的产业单元或经济个体的组织方式,而是依赖于云计算、物联网、语义网、智能网络等信息技术平台作用的充分发挥,消弭异构平台整合时所出现的信息不对称以及资源要素配置不合理的问题。

(3) 控制维度的生产型信息服务新业态。物联网、传感网和移动互联网等技术驱动的时空一体化的智能网络,是无数嵌入物理实体内部的传感器、存储器和软件芯片组成,因此称为"嵌入式智能"。它借助物联网和移动通信技术,实现智能化识别、定位、跟踪、监控和管理,通过对企业运作流程中简单和低层次的事件处理的模块化和云计算化,帮助企业实现生产流程的智能化和精细化管理。比如精准农业和智能耕种,利用无线传感器技术对农场作物的温度、湿度、露点、光照等环境信息的监测和自动控制,并通过数据分析掌握作物质地和生长过程中的日照、温度、湿度的确切关系。在工业领域也应用颇多,尤其是油田勘探、冶金等环境恶劣、流程复杂、涉及大量物理环境的参数采集和整合的大型工业应用。

13.2.3 信息服务业创新

相对于信息服务活动创新和信息服务新业态,信息服务业创新就显得更加复杂,也更有战略意义。根据信息化生态系统及其信息服务生态位,信息服务业创新可划分为生产视角的产业创新和管理视角的行业创新。信息服务产业创新主要包括理念创新、定位创新、结构创新和战略创新,信息服务行业创新主要包括文化创新和管理创新。

1. 信息服务理念创新

信息服务理念创新是指信息服务生产实践中科学合理的指导思想和逻辑思维的形成、变革和进化,体现了信息化生态的人本论思想。近些年来,信息服务生产实践越来越重视个性化服务项目的开发和运营,有针对性地帮助用户解决特定的问题。与此同时,人性化理念也逐步养成,强调问题解决的同时,注重用户的行为体验和心理感受。这与全社会"以人为本"思想的形成和强化是分不开的,与信息化发展中突出人的因素是息息相关的。当前,信息服务要树立人本思想,坚持和强化用户导向性,既帮助用户解决问题,又提高用户的信息素养。

2. 信息服务定位创新

信息服务定位创新是指信息服务生产实践中精准合情的阶段特征和比较优势的判断、跨越和演化,体现了信息化生态的阶段论思想。信息化进程的不同阶段,也意味着信息服务业的后向关联产业,即产业基础有别,以及信息环境、信息政策、信息素养、信息需求、信息行为能力等方面的变化。比如,信息化进程经历的信息技术装备为主、信息资源开发为主、信息行为推广为主的不同阶段,信息服务的基本模式相应地出现了从传递模式到使用模式再到问题解决模式的演化。因此,信息服务的生产实践要结合当时和当地的信息化进展、用户的需求来源和素养习得、产业规模和效益、产业组织和市场结构、行业类别和生产特性等内外条件及其变化情况,精准分析并确定符合自身情况的生产类别和目标市场,选择具有比较优势的行为起点、路径和目标。

3. 信息服务结构创新

信息服务结构创新是指信息服务生产实践中切实可行的业务方向和细分市场的确定、调整和发展,体现了信息化生态的技术论、资源论和环境论思想。信息服务的结构既有宏观结构,又有中微观结构。宏观结构指的是信息服务作为生态位之一,在信息化生态系统中与其他生态位的关系。我们已经知道,信息服务在信息化建设中要解决好优先定位的问题,而信息技术主要是切实权衡的问题,信息资源主要是统一规范的问题,信息环境主要是生态构建的问题。信息服务的中微观结构指的是在选择和应用适合用户信息素养的技术工具、获取和开发适宜用户有待解决的问题的信息资源等基础上,所确定的业务结构、市场结构、产品与服务结构。业务结构可以结合技术型、融合型、生产型和消费型等众多信息服务新业态,根据自身的理念和定位,组合成长性和互补性俱佳的新业态,形成切实可行、方向明确的业务结构;市场结构要处理好竞争性与垄断性、多能与一专、泛在与细分的关系;产品和服务结构不仅要解决好信息服务产品与特定服务的主次问题,更要与市场结构和业务结构衔接匹配。

4. 信息服务战略创新

信息服务战略创新是指信息服务生产实践中切实可期的竞争优势和协同策略的规划、转型和发展,体现了信息化生态的融合论思想。信息化不同阶段的信息服务业不仅在后向关联产业、用户需求和素养等发展基础方面有别,而且面临的政治、经济、社会、技术等发展环境方面也各异,因而其战略目标要因势利导,在全面深入地分析自身的优势、劣势、机遇和威胁的基础上加以确定,并适时调整或转型。当前,随着以人为本的先进理念和智能科技的快速发展及其在信息服务生产实践中的广泛应用,人机关系已不仅仅是机器辅助人类、人机交互的关系,人机交融关系将成为重大战略问题有待人们去妥善解决,也将成为信息服务战略创新的重大机遇和挑战。

5. 信息服务文化创新

信息服务文化创新是指信息服务管理实践中社会可知的价值体系和专业形象的确立、修正和提升。信息服务生产实践已经创造出丰富的物质财富和精神财富,在履行自身使命的同时,也在传承和创新优秀传统文化、信息文化和服务文化等背景文化,并形成独特的信息服务文化,尤其是在服务经济和信息经济时代,信息服务创造了新的信息文明和服务文明。另外,文化力量对信息服务生产实践的作用也越来越明显,像品牌效应、思维定势、行为习惯等的助推作用,专业精神缺失、价值取向相背、行为意向偏离等的消极影响,分别从正反两个方面证明了信息服务文化建设的重要意义。

6. 信息服务管理创新

信息服务管理创新是指信息服务管理实践中业界可信的组织架构和预防功能的建立、改进和完善。信息服务管理有其自身的独特性,这是由信息服务相对于其他服务、信息产品相对于其他产品的独特性和信息服务的专业精神及发展前景决定的。以信息服务监管为例,无论是信息传输服务业、信息经纪与代理服务业、信息处理服务业,还是信息分析与咨询服务业及公共信息服务业,对不专业、不道德、不合法等现象的监管,均涉及具体的复杂的服务行为动机、信息产品质量、信息流秩序、信息服务策略、信息用户目的等众多要素。因此,各级监管部门就要根据信息服务的基本规律,建立相应的监管机制,仅靠现行的行政许可制、业务备案制、举报投诉制是远远不够的,还可探索以独立的第三方为纽带的用户反馈制、业务专家审计制等监管机制,既有助于应急处理,又可完善管理的预防功能。

13.3 信息服务的发展前景

21世纪以来,服务经济对信息服务产业的发展产生了积极的影响,特别是众多国际信息产业巨头开始剥离制造环节,向着研发、营销,以及嵌入式、智能化和延伸服务的转型,实现产品价值链功能性的重大跨越,这些改变使得"服务化"成为信息产业发展的重要方向。

关于信息服务的发展前景,我们要思考这样一些问题:信息服务业在国民经济行业体系中将处于什么地位?信息服务学在学科体系中将处于什么地位?信息服务领域的创新创业将会怎样?信息服务对人类的生产生活将产生怎样的影响?

国外学者[6]研究表明,全社会的知识积累是各领域创新经济增长的重要动力,而全社会的知识积累取决于信息的产生和有效传播。信息技术的不断更迭降低了信息扩散成本,能够提高知识传播效率,有助于提高劳动力的受教育水平、加速新技术的导入进程。

在信息社会,信息技术正发挥着相比以前各个时期更加重要的作用。信息作为新技术形成了不同以往的特殊动力,对地区变革具有催化作用;已成为特别重要的战略资源,正取代劳动和资本成为领导生产的因子,为高效的生产和流通以及经济领域各方面的服务所依赖。正如Sapprasert所说,"本世纪在改变人类行为上比任何其他社会力量起更大作用的将是信息通信技术。[7]"此外,由于服务活动对于信息技术天生友好,一旦信息技术与服务部门融合,服务业将得到快速发展。由此可见,信息技术的不断进步和突破,为信息服务产业提供了坚实的技术基础,使得信息服务业也成为当前全球经济发展的热点产业。

13.3.1 信息服务业高度发达

信息服务产业的发展取决于社会发展相关因素的支持,如政策、信息技术和产业主体的信息服务需求、行为模式等。从政策方面来看,各国早已将信息服务业提升到国家战略的高度;从信息技术发展来看,信息通信技术也一直得到提前布局、研发、创新;从产业主体的信息服务需求、行为模式来看,由于社会分工的更加精细化、市场竞争的激烈程度、有效信息的分散化等原因,产业主体保持着旺盛的信息服务需求。因此可以判断,信息服务产业发展将保持持续增长的态势。

1. 政策的有力保障

在互联网浪潮席卷全球的背景下,我国政府一直高度重视信息服务产业的发展。进入"十一五"以来,我国政府更是将信息服务业发展提升到国家战略的高度。《2006—2020年国家信息化发展战略》明确提出"发展信息服务业,推动经济结构战略性调整"、"大力发展以数字化、网络化为主要特征的现代信息服务业"。国务院《关于加快发展服务业的若干意见》(国发[2007]7号)也明确指出要"积极发展信息服务业,加快发展软件业,坚持以信息化带动工业化"。2011年3月发布的"十二五规划纲要"中,有关发展信息服务业的表述达到5处,内容涉及新一代信息技术、农业信息服务、高技术服务业、家庭服务业和服务贸易等多个领域。2015年发布了《促进大数据发展行动纲要》(国发〔2015〕50号)以及《国务院关于积极推进"互联网+"行动的指导意见》(国发〔2015〕40号)。2016年3月发布的"十三五规划纲要"中,也有多处提及信息服务业,涉及电信普遍服务、生产型服务业、农业信息服务、公共文化服务、金融信息服务、创业就业信息服务等。这表明当前国家对发展信息服务业的战略性支撑作用的认识更加深入,发展举措也更加具体细化。

2. 新一代信息技术的创新发展

以发达国家为例,在云计算、物联网等技术的推动下,欧、美、日、韩等国纷纷推出各种雄心勃勃的新一代信息技术发展计划。IBM与美国信息技术与创新基金会(Information Technology and Innovation Foundation,ITIF)共同向奥巴马政府提交了题为《经济复苏的数字之路:创造就业、提高生产力和振兴美国的刺激计划》的政策建议。奥巴马对上述提议做出积极回应,并把"宽带网络等新兴技术"定位为振兴经济、确立美国全球竞争优势的关键战略[8]。欧盟执委会发布《欧盟物联网行动计划》[9],描绘了物联网技术应用的前景,并提出要加强欧盟政府对物联网的管理,消除物联网发展的障碍。日本IT战略本部颁布了日本新一代的信息化战略——"i-Japan"战略,该战略将政策目标聚焦在三大领域:电子政府和电子自治体、医疗健康信息服务、教育与人才培育[10]。韩国通信委员会出台了《物联网基础设施构建基本规划》,将物联网市场确定为新增长动力,提出"通过构建世界最先进的物联网基础实施,打造未来广播通信融合领域超一流信息通信技术强国"的目标[11]。

3. 产业主体旺盛的信息服务需求

新一代信息技术对于现有经济社会的信息架构和产业主体信息行为模式的深层次改变,使得全新的信息服务模式即将出现;可以说,信息技术一代一代的演变,其与信息服务是内在一致的,它以服务为内核,也以服务为实现价值的最终形态。中国科学院信息领域战略研究组编写的《中国至2050年信息科技发展路线图》中则把新一代信息技术对服务提出的新需求归纳为"基于知识的网络服务",它需要实现显性与隐性知识的复杂结合,并解决信息不对称与信息透明要求的矛盾。同时,建立广泛且实用的知识本体和相应的领域知识系统与知识网格,并形成相应的技术标准和协议,利用网络服务方式提高传统领域的效率和人类的生活水平,促进人性化的互联网现代服务业和新媒体等。可以看出,随着信息技术对产业渗透的逐渐深入,产业主体的信息服务需求也将更加强烈。

4. 信息服务业营收稳步增长

国家统计局2016年1月发布的数据显示,我国2015年全年第三产业增加值占GDP的比重为50.5%,比上年提高2.4个百分点,高于第二产业10.0个百分点。这是2013年服务业占比首次超过工业后,服务业又一个里程碑式的变化。2015年服务业税收已经占到整个国家税收的一半以上,服务业税收占54.8%,服务业税收的增量占整个税收的增量达80%,其中与互联网相关服务业的税收增长19%[12]。软件和信息技术服务业收入稳步增长,2014年底收入较2010年底增长近3倍,软件业出口收入达到487亿元。像北京、上海等发达地区,其服务业和信息服务业占比远远高于全国平均值。在可预期的将来,信息服务业在我国将成为国民经济的支柱产业,成为服务业的重要组成部分。

13.3.2 信息服务事业前景向好

"举而措之天下之民,谓之事业。"信息服务事业是指信息服务者所从事的,具有一定目标、规模和系统的对社会经济发展有正向影响的社会活动。随着信息技术的发展,信息服务职业不断精细化,信息服务基础不断夯实,信息服务事业前景向好。

1. 信息服务的网络基础愈加完善

《第37次中国互联网络发展状况统计报告》[13]的数据很好的印证了这一结论。截至2015年12月,中国企业使用计算机办公的比例为95.2%,使用互联网的比例为89.0%。其中,服务业使用计算机的比例达到95.9%,使用互联网的比例达到90.0%。此外,开展在线销售、在线采购的比例分别为32.6%和31.5%,利用互联网开展营销推广活动的比例为33.8%。其中,即时聊天工具营销推广最受企业欢迎,使用率为64.7%;电子商务平台推广、搜索引擎、营销推广分列二、三位,使用率分别为48.4%和47.4%。

在此基础上,企业广泛使用多种信息工具开展交流沟通、信息获取与发布、内部管理、商务服务等活动,且已有相当一部分企业将系统化、集成化的信息服务系统工具应用于生产研发、采购销售、财务管理、客户关系、人力资源等全业务流程中,将互联网从单一的辅助工具,转变为企业管理方法、转型思路,助力供应链改革。

2. 企业对信息服务业的认可度日渐提升

2015年,云计算、物联网、大数据技术和相关产业迅速崛起,多种新型服务蓬勃发展,不断催生新应用和新业态,推动传统产业创新融合发展。从认知角度看,超过50%的企业对这三类新技术有所知晓;从应用角度看,超过10%的企业已经采用、或计划采用相关技术。服务业对一站式服务、个性化服务、社会化协作平台等创新服务模式的认知比例分别为69.2%、51.4%和41.1%,已开展或计划开展相应创新服务模式的比例分别为22.0%、14.9%和10.1%[14]。超过七成的企业认为,信息服务将在解决企业生存和发展息息相关的若干方面发挥正向作用。

可以确定,随着互联网与传统服务业的深度融合,以信息网络技术和互联网思维为基础,信息服务模式不断在实践中演变发展、推陈出新,推动信息服务业迅速壮大,"互联网+"战略下的信息服务业将在国民经济中占据更加重要的地位。

3. 信息服务职业不断精细化

职业是参与社会分工,利用专门的知识和技能,为社会创造物质财富和精神财富,获取合理报酬,并满足精神需求的工作。传统的信息服务来源于图书馆,信息服务职业主要包括文献借阅、信息咨询服务、信息检索服务等工作。随着互联网的产生和发展,信息服务职业的外延在不断泛化,信息服务工作也由图书馆向全社会各行业辐射。现阶段,即时通信服务、搜索引擎服务、新闻推送服务、网络娱乐服务、电子商务服务、网上支付服务等信息服务是用户数量最多的信息服务,并且吸纳了很大一部分的工作人员,职业队伍不断壮大。

随着信息服务从基础功能向外延伸的态势更加明显,信息服务在提升用户黏性的同时逐渐成为连接用户生活中各类服务的综合性平台。比如即时通信服务,在为用户提供基础的信息沟通服务之余,还不断致力于移动支付领域的开拓,并以此为纽带连接用户的购物、出行、娱乐类商业需求和医疗、政府办公、公共交费等民生服务。在这样的发展趋势下,信息服务职业也将愈加精细化。

13.3.3 信息服务学成长成熟

信息服务学尽管还不够成熟,但是信息服务生产和管理实践领域的突飞猛进正呼唤相应理论和学科的理论指导,也为信息服务学的成长提供了充足的养分。可以预见,在未来若干年内,信息服务学的位置将会得到更多学者和产业界实践一线人员的认可。

1. 研究格局不断提升

近些年来,信息服务的学术和应用研究呈现出良好的发展局面,从旨在互相启发的多学科综合研究,到完成共同目标的多学科合作研究,再到政产学研用协同创新研究,越来越多的学科领域、越来越多的相关方面共同关注信息服务有关问题,相关学术交流活动空前活跃,专门研究成果层出不穷,形成了令人欣喜的研究格局。国际方面,以"Information Service"作为检索词在 web of science 数据库中题名检索近十年(2007—2016)的研究论文,发现研究论文数量最多的 10 个领域是计算机科学信息系统(Computer Science Information Systems,686 篇)、电子电气工程(Engineering Electrical Electronic,490 篇)、计算机科学理论方法(Computer Science Theory Methods,483 篇)、图书馆学情报学(Information Science Library Science,378 篇)、计算机跨学科应用(Computer Science Interdisciplinary Applications,323 篇)、电信工程(Telecommunications,365 篇)、计算机人工智能(Computer Science Artificial Intelligence,246 篇)、管理学(Management,243 篇)、计算机软件工程(Computer Science Software Engineering,201 篇)、商业管理(Business,186 篇)。国内方面,以"信息服务"作为检索词在 CNKI 数据库中题名检索近十年(2007—2016)的研究论文,数量最多的 10 个领域是图书馆学情报学(5 598 篇)、计算机软件及应用(1894 篇)、农业经济(770 篇)、档案及博物馆(534 篇)、信息经济学(486 篇)、新闻与传媒(389 篇)、自然地理学和测绘学(372 篇)、互联网技术(303 篇)、农业基础科学(292 篇)和工业经济(284 篇)。

2. 理论体系初步形成

一个学科是否有发展未来主要决定于其理论根基。从信息服务当前研究现状与发展趋势来看,其基础理论已经基本奠定、专门理论不断衍生,形成了初步的理论体系。用户导向的信息服务理论,作为基础理论越来越显现出其生命力,已被越来越多的研究者和从业者认可接受。在信息服务的专门理论方面,以用户需要和行为理论为代表的信息服务用户理论、以信息构建理论和大数据理论为代表的信息服务内容理论、以知识共享理论和信息技术创新理论为代表的信息服务策略理论、以信息服务系统理论和集成服务理论为代表的信息服务者理论、以信息生产力理论和互联网治理理论为代表的信息服务业理论等,有力地推进了信息服务研究的纵深发展。另外,以模式方法和 Citespace 软件工具为代表的信息服务方法工具也不断完善。

3. 人才培养体系日臻完善

信息服务业快速发展的同时,国内外的有关机构已经意识到信息服务人才培养的重要性,并纷纷设置信息服务相关的课程,以培育该领域的专门人才。信息服务类课程的设置和调整,是相应专业建设的重要内容,与信息服务领域的科学研究和学科建设,与信息化实践进程,与国民经济和社会需求等诸多方面息息相关。其核心课程名称在本科专业教育中因此先后出现过"参考咨询"、"读者工作"、"用户研究"、"信息服务与用户"、"信息服务"、"信息服务学"等变化情况,其扩展性课程先后出现了"情报分析与研究"、"咨询学"、"竞争情报"、"社群信息学"、"健康信息服务"等,其相关课程更是层出不穷,如"信息系统与设计"、"信息资源与服务"、"信息构建"、"信息素养"等。另外,在硕士研究生和博士研究生培养计划中设有信息服务方向。可见,在普通高等专业教育的各个层次均开展了信息服务专门领域的教育教学活动,而且呈现出与时俱进的良好态势。加上成人教育、专题培训等渠道的发展和有力补充,信息服务领域的人才培养体系已较为完善。

13.3.4 创新发展引领未来

2016年5月,我国政府发布了《国家创新驱动发展战略纲要》,其中提到"发展支撑商业模式创新的现代服务技术,驱动经济形态高级化。以新一代信息和网络技术为支撑,积极发展现代服务业技术基础设施,拓展数字消费、电子商务、现代物流、互联网金融、网络教育等新兴服务业,促进技术创新和商业模式创新融合。"[15]可以看出,信息服务业完全有机会成为"双创"的主战场。

1. 人口红利将在信息服务业中凸显

我国人口红利在信息服务业中主要体现在信息服务的劳动力供给和信息服务产品消费等方面。信息服务业的劳动者具有较高的科学文化素质和专门知识技能。信息服务产品消费主要是满足文化需求,而不是物质需求。虽然我国劳动年龄人口占总人口比重在下降,人口红利从工农业生产等局部的暂时的情况看似乎出现了拐点,但对信息服务业来讲,则将迎来劳动力供给和信息服务产品消费的良好局面。当前,随着信息服务业未来发展空间的逐步拓展,政策引导以及在经济发展中占比越来越重要,以及信息服务业自身的特性,如知识技术高度密集、渗透性强等,信息服务的从业人员也将越来越多,并且年龄结构呈现出年轻化的趋势,这都为信息服务业的发展创造绝对的有利条件,从而使信息服务业呈现出"高投资"、"高效益"和"高增值"的特征。

2. 信息处理服务业优势扩大

信息处理服务业是信息服务业结构中的重要组成部分,包含了计算机系统服务、数据处理、基础软件服务、应用软件服务等。以我国信息服务业子行业增加值和比重的对比为例,根据我国第二次经济普查的数据来看,中国信息处理服务业增加值有7 000多亿,占信息服务业总增加值的34.5%,而且信息处理服务业的行业机构有约21万个,从业人员有将近196万人。随着近些年来大数据、云计算等信息技术驱动信息服务新业态的产生,信息处理服务业的优势将进一步扩大。

3. 信息分析与咨询业异军突起

信息分析与咨询业是信息服务业的高端产业,包括证券分析与咨询、律师及相关的法律服务、公证服务、市场调查、社会经济咨询和其他专业咨询等。我国第二次经济普查的数据显示,我国信息分析与咨询业的增加值约为2 300亿元,占总增加价值比重为11%,拥有服务机构约11万家,从业人数110万人。通过信息处理服务业和信息分析咨询业的比较可以发现,我国信息服务业整体还处于相对较初级的发展阶段,还以信息处理为主,而深层次的分析、咨询尚未占到主导地位。随着我国产业结构调整和信息服务产业升级,在不远的未来,信息分析与咨询业将会异军突起。

4. 公共信息服务业空间巨大

早在2004年,中共中央国务院就出台了《关于加强信息资源开发利用工作的若干意见》[16]。《意见》对公益性信息服务提出了如下的明确要求:"支持和鼓励信息资源的公益性开发利用"、"增强信息资源的公益性服务能力"和"促进信息资源公益性开发利用的有序发展。"公共信息服务业关系到弱势群体(如农民、残障人士、下岗职工等)的生存状态和发展空间。截止到2014年底,我国农民共有约6.1亿[17],这是一个庞大的公共信息服务用户群体。此外,随着信息技术发展,智慧城市的建设,尤其是政府职能的转变和电子政务的发展,公共信息服务业的范围也在逐渐扩大,从主要面对弱势群体,进化到同时面对弱势群体、社会大众(如交通信息服务、新闻信息服务等)、经济组织(市场的基本信息服务、浅加工的信息服务等)等多种主体,形成作为更大范围的基本保障的公共信息服务业。可以预见,用户导向原则的普遍遵循,以及信息公平理念的渗透,公共信息服务业呈现出宽阔的发展空间。

综上所述,我们完全有理由相信,信息服务既是信息化进程的主力军,生产生活的重要帮手,还是经济社会发展的主要引擎,满足文化需求的生力军,将担当起人类全面发展的重大历史使命。

参考文献

[1] 戈峰. 现代生态学[M]. 北京:科学出版社. 2002:177.

[2] Thomas H. Davenport, Laurence Prusak. Information Ecology:Mastering the information and Knowledge Environment. London:Oxford University Press,1997:34-35.

[3] Bonnie A. Nardi, Vichi O'Day. Information Ecologies:using Technology with Heart. Massachusetts:TheMIT,1999:45.

[4] 娄策群,等. 信息生态系统理论及其应用研究[M]. 北京:中国社会科学出版社,2014:190.

[5] 王建冬. 信息技术与互动的信息服务新业态研究[D]. 北京:北京大学,2012.

[6] Benhabib J. Spiegel M. Human capital and technology diffusion[M]. Handbook of econoic growth. Esevier:935-966.

[7] Sapprasert K. The impact of ICT on the growth of the service industries[EB/OL]. [2014-05-

24]. http://iri.jrc.ec.europa.eu/concord-2007/papers/strand6/Koson%20Sapprasert.pdf.

[8] The Digital Road to Recover: A Stimulus Plan to Create Jobs, Boost Productivity and Revitalize America[EB/OL]. [2015-04-1]. http://archive.itif org/index.php? id=212.

[9] Internet of Things-an Action Plan for Europe[EB/OL]. [2014-04-01]. http://eur-lex.europa.eu/LexUriServ/LexUriServ.do? url=COM:2009:0278:FIN:EN:pdf.

[10] i-Japan 戰略 2015[EB/OL]. [2014-04-01]. http://www.soumu.go.jp/main contenU000030866.pdf.

[11] South Korea, through "the infrastructure of Internet of things constructs basic planning" [EB/OL][2015-04-01]. http://wimaxmobile.us/archives/3176.

[12] 2015 年 4 季度和全年我国 GDP 初步核算结果[EB/OL]. [2016-02-03]. http://www.stats.gov.cn/tjsj/zxfb/201601/t20160120_1306759.html.

[13] 中国互联网络信息中心(CNNIC). 第 37 次中国互联网络发展状况统计报告(2016 年 1 月). http://www.cnnic.com.cn/hlwfzyj/hlwxzbg/201601/P020160122469130059846.pdf.

[14] 中国互联网络信息中心(CNNIC). 第 37 次中国互联网络发展状况统计报告(2016 年 1 月). http://www.cnnic.com.cn/hlwfzyj/hlwxzbg/201601/P020160122469130059846.pdf.

[15] 中共中央国务院印发《国家创新驱动发展战略纲要》[EB/OL]. [2016-05-23]. http://politics.people.com.cn/n1/2016/0520/c1001-28364670.html.

[16] 中共中央办公厅. 中共中央办公厅、国务院办公厅关于加强信息资源开发利用工作的若干意见[EB/OL]. [2016-03-02]. http://www.chinaird.com/policy/034.html.

[17] 中国统计年鉴 2015[EB/OL]. [2016-04-21]. http://www.stats.gov.cn/tjsj/ndsj/2015/indexch.htm.

后　　记

　　交稿之前,在可用于写书的时间里常有欣慰,偶有欣喜。欣慰的是撰写工作获得进展,欣喜的是经过长期和深入思考后选取到满意的措辞。

　　付梓之后,迟迟不敢写此后记,担心难以简要叙述本书的撰写过程,还担心难以准确表达对本书有贡献的前辈和朋友们的感激之情,更担心本人对具有美好前景的信息服务学能做出怎样的新贡献。

　　本书的撰写工作历时15年。2002年,北京大学信息管理系情报学专业首批博士生毕业,并获得管理学博士学位。我有幸成为其中之一,在赖茂生教授的精心指导下,步入了信息服务研究领域,完成了博士学位论文《信息服务论》,尝试着"以信息服务基本的、普遍的和发展的问题为研究对象,对信息服务进行了宏观理论研究,旨在探索和建立由信息服务基本理论、活动理论、产业理论和发展理论组成的信息服务论基础理论体系。"

　　这15年,我兼任过北京大学学生工作部部长、北京市高校学生工作学会理事长、西藏大学副校长和常务副校长等社会工作,做过美国加州大学欧文分校(UC, Irvine)的访问学者,但魂牵梦萦的学术领地只有信息服务研究。一直作为专业必修课的"信息服务"课程(课程名称从当初的"信息服务与用户"到2005年改为"信息服务"再到2016年改为"信息服务学")和30多篇我指导的信息服务方向硕博士学位论文,承载了我的学术思考。

　　这15年,我国在经济全球化进程中开始融入世界贸易组织,开启"全面建设小康社会"的伟大征程,步入移动通信的"数字时代",并确定了经济建设、政治建设、文化建设、社会建设、生态文明建设"五位一体"总体布局。信息服务活动和信息服务产业迎来了重大机遇,取得了重大发展,为信息服务理论研究奠定了坚实而丰富的实践基础。我有幸与众多专家学者一起努力推进信息服务理论的发展和应用。

　　这15年,我的学术苦旅始终牢记先生们的谆谆教诲,包括周文骏先生的"选定领域方向,不断深入研究"、徐克敏先生的"大胆质疑,努力创新"、王万宗先生的"发挥自身优势,理论联系实际"、赖茂生先生的"坚持问题导向,开阔学术视野"等等。同时,秉持北京大学所推崇的独立思考的优良品格,逐步强化工作和生活中的信息意识、服务意识及信息服务视角。

　　借此机会,再次感谢北京大学的教育和培养!

后　记

感谢北京大学信息管理系各位老师和我任职过的单位同事的指教和帮助！

感谢信息服务领域广大学者及其科研成果和众多企业家及其实践经验！

感谢参与信息服务教学过程的老师和同学们及其宝贵意见建议！尤其是申静教授，在我援藏期间代我主讲信息服务课程，并在原来的讲义基础上，充实了第七、八、九章的案例分析，完善了第十一、十二章的有关内容。

感谢我所指导的硕士和博士研究生们及其研究成果！尤其是王建冬博士和韩秋明博士，对本书的撰写工作给予了很大的帮助。

感谢北京大学出版社王华同志的辛勤劳动！

感谢我家人的理解和支持！

百步无轻担。信息服务对国民经济和社会发展所具有的重要意义及其美好前景，催人奋进。习近平主席在2014年国际工程科技大会上的主旨演讲中指出："信息技术成为率先渗透到经济社会生活各领域的先导技术，将促进以物质生产、物质服务为主的经济发展模式向以信息生产、信息服务为主的经济发展模式转变，世界正在进入以信息产业为主导的新经济发展时期。"继续努力探索和完善信息服务学理论，并针对重要领域的重大问题开展创新性应用研究，是我由衷的选择。也唯有如此，我才能为信息服务学的学科建设和应用发展做出新贡献。

陈建龙

2017年5月17日于燕园